자치분권 시대의 로컬미학

자치분권 시대의 로컬미학

초판 1쇄 발행 2019년 11월 8일

지은이 임성원
펴낸이 강수걸
편집장 권경옥
편집 박정은 강나래 윤은미 이은주
디자인 권문경 조은비
펴낸곳 산지니
등록 2005년 2월 7일 제333-3370000251002005000001호
주소 부산광역시 해운대구 수영강변대로 140 BCC 613호
전화 051-504-7070 | 팩스 051-507-7543
홈페이지 www.sanzinibook.com
전자우편 sanzini@sanzinibook.com
블로그 http://sanzinibook.tistory.com

ISBN 978-89-6545-633-9 03600

* 책값은 뒤표지에 있습니다.
* 이 도서의 국립중앙도서관 출판예정도서목록(CIP)은 서지정보유통지원시스템 홈페이지(http://seoji.nl.go.kr)와 국가자료공동목록시스템(http://www.nl.go.kr/kolisnet)에서 이용하실 수 있습니다. (CIP 제어번호: 2019042866)

자치분권 시대의 로컬미학

지금 여기, 우리가
발 딛고 살아가는 곳에서
로컬미학을 생각하다

임성원 지음

산지니

머리말

'지금 여기, 수처작주 입처개진(隨處作主 立處皆眞).'

요샛말로 최애하는 '지금 여기'에다 옛 『임제록』에 나오는 화두 '수처작주 입처개진'을 조합하니 그럴듯하다. 리듬감이 살아나고 겹말 같지만 그럴수록 의미는 오롯하다. 중언부언하노라면 염불의 효과도 있다. '지금 여기, 머무는 곳마다 주인이 돼라, 서 있는 모든 곳이 진리의 자리다.' '지금 여기, 머무는 곳마다 주인이 돼라, 서 있는 모든 곳이….'

머무는 때와 곳마다 주인공이 되면 모든 때와 곳은 곧 진리의 자리라고 옛사람은 말한다. 이 일을 할 때 저 일에 끌리지 아니하고 저 일을 할 때 이 일에 끌리지 아니하는 일심(一心)이라면 다만 '지금 여기'가 있을 뿐이다. 지금 여기는 시간과 공간의 추상성을 탈각한 자리다. 지금이라는 시간성과 여기라는 장소성이 살아 숨쉬는 현장(現場)이 바로 로컬의 자리다.

사는 곳 가까운 데서 나는 제철 음식 '로컬 푸드' 열풍은 이미 전 지구적 현상이다. '뉴스 가치는 거리에 반비례한다'라는 근접성 이론을 바탕으로 '로컬 페이퍼'도 서구를 중심으로 자리를 잡았다. '가까운 정부가 가장 좋은 정부(Nearest government is the best)'를 내건 로컬 정부도 있다. 지금 여기라는 로컬의 재발견이 목하 진행 중이다.

한국은 어떠한가. 로컬은 아직 두렷하지 않다. 지방과 지역이 거리를 배회한다. 이들 말속에는 상처와 소외의 어두운 그림자가 어른거린다. '지방소멸', '지방방송', '지역감정', '지역이기주의' 등 부정적이고 가치 없는 것을 뜻하는 접두사로 전락하기도 한다. 오랜 식민의 역사 끝에 이제 지방과 지역은 소멸의 길로 치닫고 있다.

지방과 지역은 자치와 분권을 통해 로컬로 거듭나야 한다. 그러려면 안으로 자치, 밖으로는 분권이 필요하다. 분권이 중앙에 빼앗긴 권리를 되찾는 복권(復權)이라면 자치는 되찾은 권리를 바탕으로 삶을 책임져 나가는 주체성의 회복이다. 어미 닭은 밖에서 쪼고 알 속의 병아리는 껍질 안에서 쪼는 자치분권의 줄탁동시(啐啄同時)야말로 로컬로 가는 길이다.

로컬의 시대는 로컬을 살아가는 사람들의 미적 삶의 문제를 들여다보는 '지금 여기의 미학'을 요청한다. 발 딛고 살아가는 지금 여기에 천착해 들어갈 때 비로소 삶의 주인공이 될 수 있기 때문이다. 소멸 위기에 놓인 지방 혹은 지역의 문제를 진단하고 지금 여기의 美, 부산의 美, 기장의 美를 살피는 것은 '지금 여기, 수처작주 입처개진'의 실천을 위해서다.

차례

1장

'지금 여기'의 美

나는 누구인가

'여하시 부모미생전 본래면목(如何是 父母未生前 本來面目).'

부산 기장군 장안읍 임랑리 산1번지 묘관음사에 가면 초입에 이런 글귀를 새긴 빗돌이 하나 서 있다. 바다를 따라 나 있는 기찻길과 절집을 들고 나는 도로가 한데 만나는 건널목 앞에 빗돌이 서 있는 까닭에 방문객들은 잠시 숨을 고르고 빗돌을 찬찬히 들여다보게 된다. '임제종찰 묘관음사'라는 안내와 함께 '부모에게 나기 전에 어떤 것이 참 나인가' 하고 묻고 있다.

귀 기울이면 파도 소리가 저 멀리서 아련하고, 그 소리의 적막을 깨듯 갑자기 요란스러운 기차 소리가 들리는 바닷가 기찻길 옆 묘관음사는 한국 불교사를 빛낸 고승들이 저마다의 화두로 수행 정진해 선풍을 드날린 곳으로 유명하다. '동국제일선원(東國第一禪院)'이라는 편액이 산문 안에 걸릴 만도 하다.

묘관음사의 이름을 오늘에 우뚝 세우는 데 주인장 노릇을 한 향곡(香谷, 1912~1978)과 그의 제자 진제(현 조계종 종정)를 비롯하여 청담, 성철, 서옹, 월산 등 이름만 들어도 알 만한 선지식 혹은 큰스님들이 제집 드나들 듯 여기를 다녀갔다. 무엇이 이 선승들을 바닷가 절집으로 이끌었을까.

묘관음사에는 일주문이 없다. 다만 동해남부선 철길이 속세와 정토를 가르는 완강한 경계 노릇을 한다. 가로로 늘어선 기찻길 앞에 세로로 세워진, 마치 일주문을 대신하여 들어선 듯한 빗돌의 '일주탑'에 새겨진 글귀는 참선 수행의 실마리라는 화두 중 하나다.

이상하게도 묘관음사에 갈 때마다 이 화두가 '부모에게 나기 전에 어떤 것이 참 나인가'보다는 '부모가 나기 전에 어떤 것이 참 나인가'라고 읽히고는 한다. '부모가 나기 전'인지라 '부모에게 나기 전'보다 묻는 이의 자취는 행방이 더욱더 묘연해지고, 그래서 화두는 더욱 근원적인 물음이 되고 만다.

부모 이전으로 한 생을 더 거슬러 올라가는 까닭에 이 화두와의 숙연을 떠올리게 된다. 그렇게 자꾸 근원을 캐다 보면 한 소식을 얻을 수 있을까. 제대로 화두를 잡아 보지 않았기에 몸에 달라붙을 정도로 익숙한 것인지는 알 수 없는 노릇이지만 말이다.

어린 시절 묘관음사 옆에는 외가에서 가꾸던 뽕나무밭이 있었고, 여름날 바다에서 나와 검붉은 오디를 따 먹던 추억이 지금도 절집에 갈 때마다 머리에 맴돈다. 절집 앞 임랑 바다에는 유년의 시간이 출렁이고 있다.

임랑 바다에서 자란 어머니는 어린 시절 재 지내러 갔을 때 먹은 묘관음사 절집 밥이 꿀맛이었다고 되뇌고는 했다. 그 앞바다에서 어린 나와 어머니는 바다 안쪽 깊이 섬으로 자꾸만 헤엄쳐 들어가던 아버지를 물끄러미 바라본 적이 있다. '부모에게 나기 전에 어떤 것이 참 나인가', '부모가 나기 전에 어떤 것이 참 나인가'.

화두는 결국 '참 나(眞我)'로 귀결할 것이다. 이 삶의 주인공은 누구인가. 도대체 나는 누구이고 나의 진면목은 어떠한가. 고향

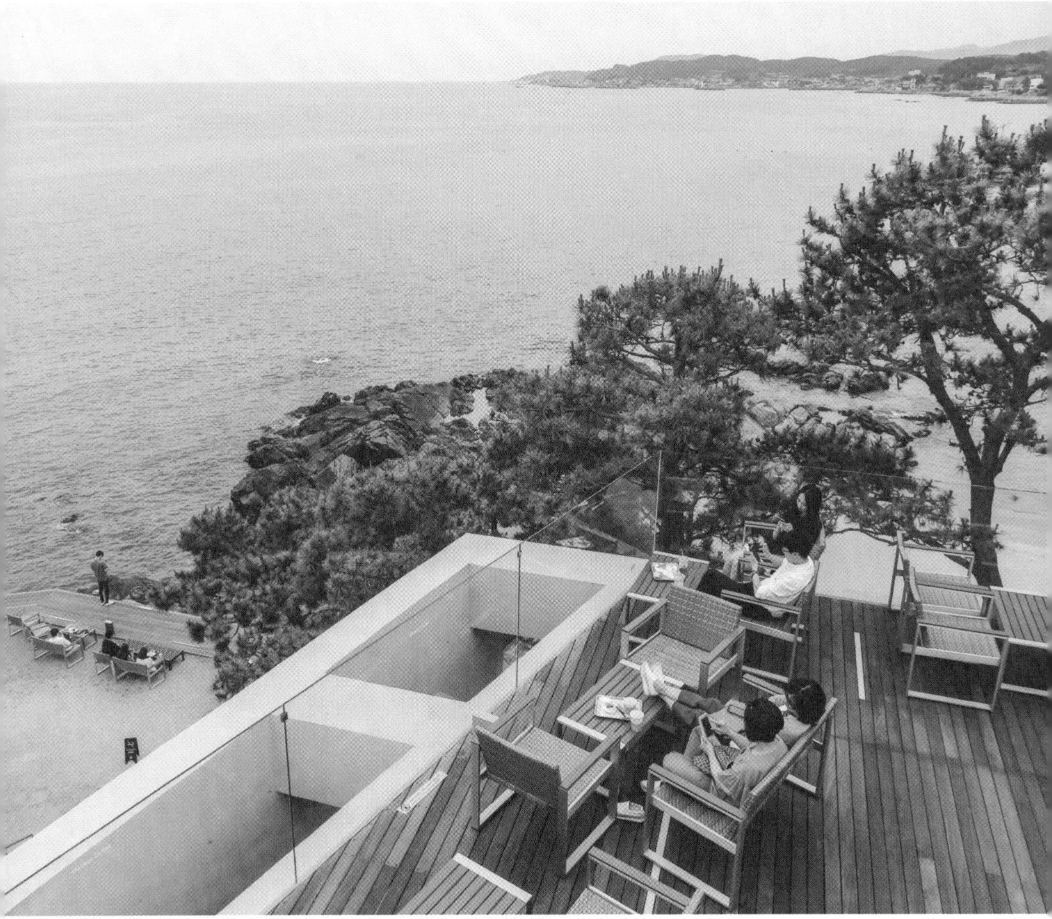

카페 웨이브온에서 바라본 임랑 바다 ⓒ부산일보

바닷가에서 파도 소리 벗 삼아 '여하시 부모미생전 본래면목', '여하시 부모미생전 본래면목', '여하시 부모미생전 본래면목'을 가만히 읊조리다 보면 묘관음사마저 스스로의 참 나를 찾아 삼매에 든 듯 적막하다.

이런 때야말로 산1번지에 좌정한 고향을 만나는 순간이다. 묘관음사의 삼성각에서 동백나무와 대나무 숲 사이로 바라본 바다와 산의 풍경도 같은 질문을 던지기는 매한가지다. 여우가 머리를 두고, 연어가 회귀한다는 그 고향은 늘 존재의 근원에 관해 물음을 던진다.

바다를 가만히 바라본다. 고향 바다인 임랑 바다는 유년의 바다다. 모래밭에서 추억을 쌓던 기억의 바다다. 바닷속을 헤엄치며 조개와 전복을 잡고, 미역과 고기를 건져 올리던 기억들이 갖가지 감정이나 정서로 채색되어 떠오르는 서정의 바다다.

바다는 강들이 만나는 물의 종착지이면서 또한 물의 시원이다. 바다에서 물은 햇빛과 햇볕을 만나 공기를 타고 하늘로 오르고, 구름으로 흐르다가 비가 되어 산을 타고 흘러내려 간다. 산과 강을 따라 바다로 흘러 들어가면서 '산과 강에서 나기 전에 어떤 것이 참 나인가', '바다에서 나기 전에 어떤 것이 참 나인가'를 묻는 듯하다.

바다는 강을 따라 뭍으로 나아간다. 임랑 바다에서는 회귀하는 물고기 떼와 함께 고향을 향한 그리움도 좌광천 물살을 거슬러 올라간다. 수박 향이 나는 은어는 여름이 오기도 전인 3~4월이면 벌써 태어난 내를 찾아가기에 바쁘다. 어찌나 날렵한지 그물로는 언감생심 잡을 생각을 못 하다가 눈을 어지럽히는 황홀한 가짜 미끼로 은어 낚시에 빠져들어 갔다. 좌광천에서는 은어와 함께 황어도 모천회귀에 바쁘고, 숭어도 수면 위를 박차 오르며 민물을 찾는다.

강의 시원은 산에 있게 마련이다. 임랑 바다의 원류를 좇다 보면 좌광천을 따라 서쪽 하늘에 걸린 달음산으로 눈길을 돌리게 된다. 그 산은 해가 지는 곳이자 달이 뜨는 곳이었고, 은하수가 흐르던 우주의 별세계였다. 우주의 꼭대기, 세계의 중심이라는 수미산이 달음산이었다.

그 산에는 버려진 광산이 있었고, 어둠이 늘 입을 벌리고 있었다. 밤의 터널을 한참이나 들어가면 갑자기 위로 뻥 뚫린 하늘을 만났다. 그곳에는 울림이 있었고, 술에 취한 삼촌은 기타를 들고 와서는 동굴 안에서 작은 음악회를 연출하고는 했다. 어둠이 예술이 되는 곳이었다.

동굴 위로는 자그마한 기도원이 있었다. 기독교인들은 이곳에서 스스로가 누구인지를 물었을 것이다. '수고하고 무거운 짐 진 자들아 다 내게로 오라. 내가 너희를 쉬게 하리라.'(마태복음 11장 28절) 기도원 초입의 간판처럼 인생의 무거운 짐 진 자들은 그곳에서 쉼을 얻고, 마음의 평화를 누렸을까. 달음산은 하늘과 신을 향해 나아가는 야곱의 사다리이자 계단이었다. 기독교에 몰입했던 질풍과 노도의 사춘기 시절, 기도원 위 달음산 자락 바위와 소나무는 하늘을 향한 기도처이자 삶의 근원을 물어 나가는 존재의 거처였다.

달음산은 또한 일심 · 화쟁 · 무애를 찾아 나선 원효의 수도처였

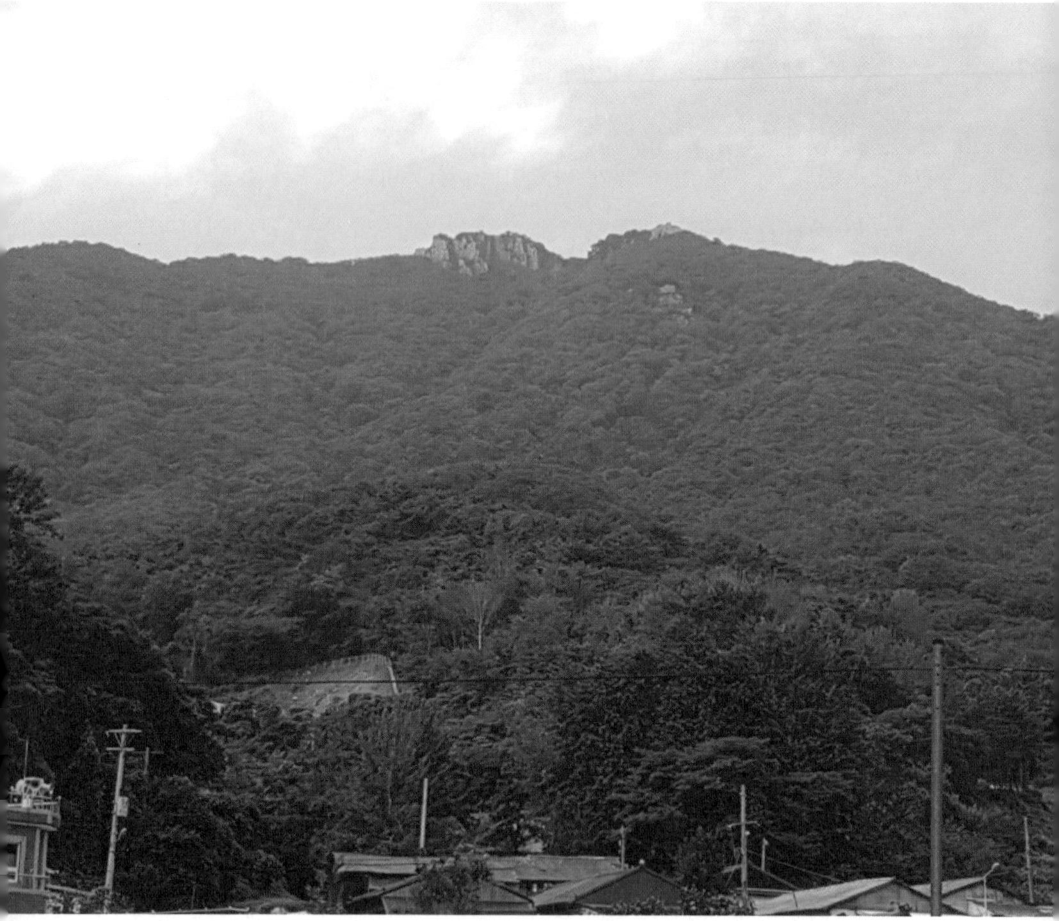

광산마을 너머 달음산

고, 동해 새벽빛이 가장 먼저 닿는 광명의 정토였다. 그 산에는 세상의 모든 소리에 귀 기울이는 자비의 관세음보살과 그 보살을 지키는 동해 용왕의 전설이 서려 있다.

'내가 어렸을 때에는 말하는 것이 어린아이와 같고 깨닫는 것이 어린아이와 같고 생각하는 것이 어린아이와 같다가 장성한 사람이 되어서는 어린아이의 일을 버렸노라.'(고린도전서 13장 11절) 미국 최초의 노벨문학상 수상자인 싱클레어 루이스의 소설을 원작으로, 주연을 맡은 버트 랭커스터에게 아카데미 남우주연상을 안긴 영화 〈엘머 갠트리〉의 마지막 장면에 등장하는 성경 구절처럼 달음산은 기독교, 불교 등 세상의 다른 믿음들이 공존하는 평화의 성소가 되었다.

나는 누구인가. 양(洋)의 동과 서, 시간의 고금(古今)을 막론하고 본디의 참 나를 찾는 과정은 지난하면서 지극하기만 했다. 앎이 물음에서, 지식이 탐구에서 생겨났다면 '나는 누구인가'는 존재의 근본을 묻는 물음이자 세계의 바탕을 찾는 탐구라 할 수 있다.

아름다움을 찾아가는 미학의 세계도 이에서 벗어날 수는 없다. 아름다움이라는 물음 또한 아름다움을 느끼고 누리는 나는 누구인가에 대한 문제 제기에서 벗어날 수 없기 때문이다. 존재의 근원을 물어가는 일이야말로 미학의 출발점이다.

발 딛고 살아가는 '지금 여기'의 미는 '나는 누구인가' 하는 물음에서 출발한다. 아름다움의 단초는 존재의 미학에서 비롯한다. 아름다움의 궁극은 '나는 누구인가' 하는 질문을 등불 삼아 나아가는 길 위에서 만날 수 있을 터이다.

'지금 여기'라는 좌표

'나는 누구인가'라는 물음은 '지금 여기'라는 때와 장소를 만나면서 더욱 구체화하고 분명해진다. 삶의 주인공이라는 '참 나'가 있다면 '지금' 그리고 '여기'와 끊임없이 영향을 주고받을 수밖에 없다. 혹 길을 잃고 헤매고 있다 하더라도 지금과 여기라는 좌표를 안다면 다시 길을 찾아 나서는 용기를 얻을 수 있다.

"역사란 역사가와 사실 사이의 부단한 상호작용이며, 현재와 과거의 끊임없는 대화"라고 했던 에드워드 카(Edward Hallett Carr, 1892~1982)의 어법을 빌린다면 세상살이의 주인공인 참 나는 시간의 허리를 잘라 지금, 그리고 다른 곳도 아닌 바로 여기에서 끊임없이 소통하는 존재다.

지금 여기에 주목하는 것은 추상성을 탈각하는 일이기 때문이다. 시간상으로 볼 때 과거는 지나갔고 미래는 아직 오지 않았기에 지금이 소중할 수밖에 없다. 하지만 실상이 없는 과거와 미래에 얽매여 살아가는 게 일상적으로 벌어지는 삶의 풍경이다.

공간적으로도 발 딛고 살아가는 현실을 직시하지 않는 것은 실상이 없는 삶과 같다. 발 딛고 살아가는 장소성을 외면하는 것은 그만큼 삶이 소외되어 있음을 뜻한다. 시간적으로든 공간적으로든 추상성에서 벗어나 구체성을 확보하는 데서 삶은 비로소 활력을 얻는다.

문득 전가의 보도처럼 선가(禪家)에 전해 내려오는 선문답 하나를 떠올리게 된다. '수처작주 입처개진(隨處作主 立處皆眞).' 『임제록』에 나오는 이 말은 '머무는 곳마다 주인이 돼라. 서 있는 모든 곳이 진리의 자리이다'로 새겨진다.

머무는 곳마다 주인공이 된다면 모든 장소가 곧 진리의 세계가 된다고 임제 선사는 가르치고 있다. 번뇌 망상이 끊어진 전일한 마음이라야 지금 여기를 장악할 수 있다. 이 일을 할 때 저 일에 끌리지 아니하고 저 일을 할 때 이 일에 끌리지 아니하는 온전한 일심(一心)으로 지금 여기를 제대로 바라볼 필요가 있는 것이다.

그렇다면 지금 여기는 어느 때이고, 어느 곳인가. 지금 여기는 바로 '로컬(local)'이다. 지금이라는 시간성과 여기라는 장소성이 함께 작동하는 현재의 장소 곧 현장(現場)이 로컬이다. 로컬이라는 말에는 그런 점에서 '지방'이나 '지역'이라는 말에서는 찾아보기 어려운 동력이 느껴진다. 출렁이는 역동성이 전해 오는 것이다.

국내에서 로컬은 외국어가 지닌 어감 탓에 '전문적'이라는 이미지를 지금껏 구축해 왔다. 로컬이라는 말은 왠지 어느 특정 분야를 잘 아는 전문가들이나 쓰는 용어로 일반인은 근접하기가 쉽지 않다는 고착된 이미지를 갖고 있었다. 지방방송국이나 지방프로그램을 뜻하는 방송 전문 용어로서의 로컬, 지방신문이기는 하지만 국내보다는 미국 등 서구에나 잘 어울릴 듯한 로컬 페이퍼, 수술하는 국소나 국부 혹은 부위를 뜻하는 의학용어 로컬, 세계화 시대에 글로벌과 대칭되는 전문 용어로서의 로컬 등으로 널리 사용되어 온 탓이다.

하지만 서구에서는 로컬의 정체성을 뜻하는 '로컬리티(locality)'에 주목하면서 로컬에 관한 담론을 풍성하게 키워 왔다. 로컬리티는 삶의 터로서의 로컬(공간)과 거기에 사는 로컬인의 역사적 경험(시간)을 통해 만들어 가는 다양한 관계성의 총체를 일컫는다. 이런 로컬리티에 대한 관심은 로컬학(localitology)이라는 학문의 탄생을 추동했다.

로컬이 학문적 연구 대상으로까지 부상한 마당이니 로컬이라는 말부터 고찰할 필요가 있겠다. 로컬의 어원을 살펴보자. 동사형인 라틴어 로코(loco)는 1) 세우다, 놓다, 설정하다, 2) 병사들을 배치하다, 3) 이자를 취하다 등의 의미군을 거느린다. 명사형 로쿠스(locus)는 장소, 지점, 입장, 집, 토지, 풍경, 계급, 출신, 가능성, 상황 등 다양한 의미를 내포한다.

로컬은 장소와 토지라는 실물적 의미, 입장이라는 정신적 의미, 계급이라는 사회적 의미 등을 두루 지닌다. 인간이라는 존재는 장소에 깃들어 살며, 장소의 지지에 힘입을 때 진정한 삶의 감각을 지니기에 삶의 문제는 곧 장소의 문제로 귀결하는 셈이다.

상대적인 관계로 봤을 때 로컬은 세계화, 정보화, 글로벌화, 지구화 등 다채로운 이름으로 불리는 전 지구적 삶의 변화와 밀접한 관련을 맺는다. 국제화(internationalization)가 국가 간의 교류가 양적으로 증대되는 현상을 말한다면 세계화(globalization)는 단순한 양적 교류를 넘어 개인과 사회집단이 하나의 세계 안에서 삶을 영위하게 된 현상을 말한다. '가장 지방적인 것이 가장 세계적이다'라

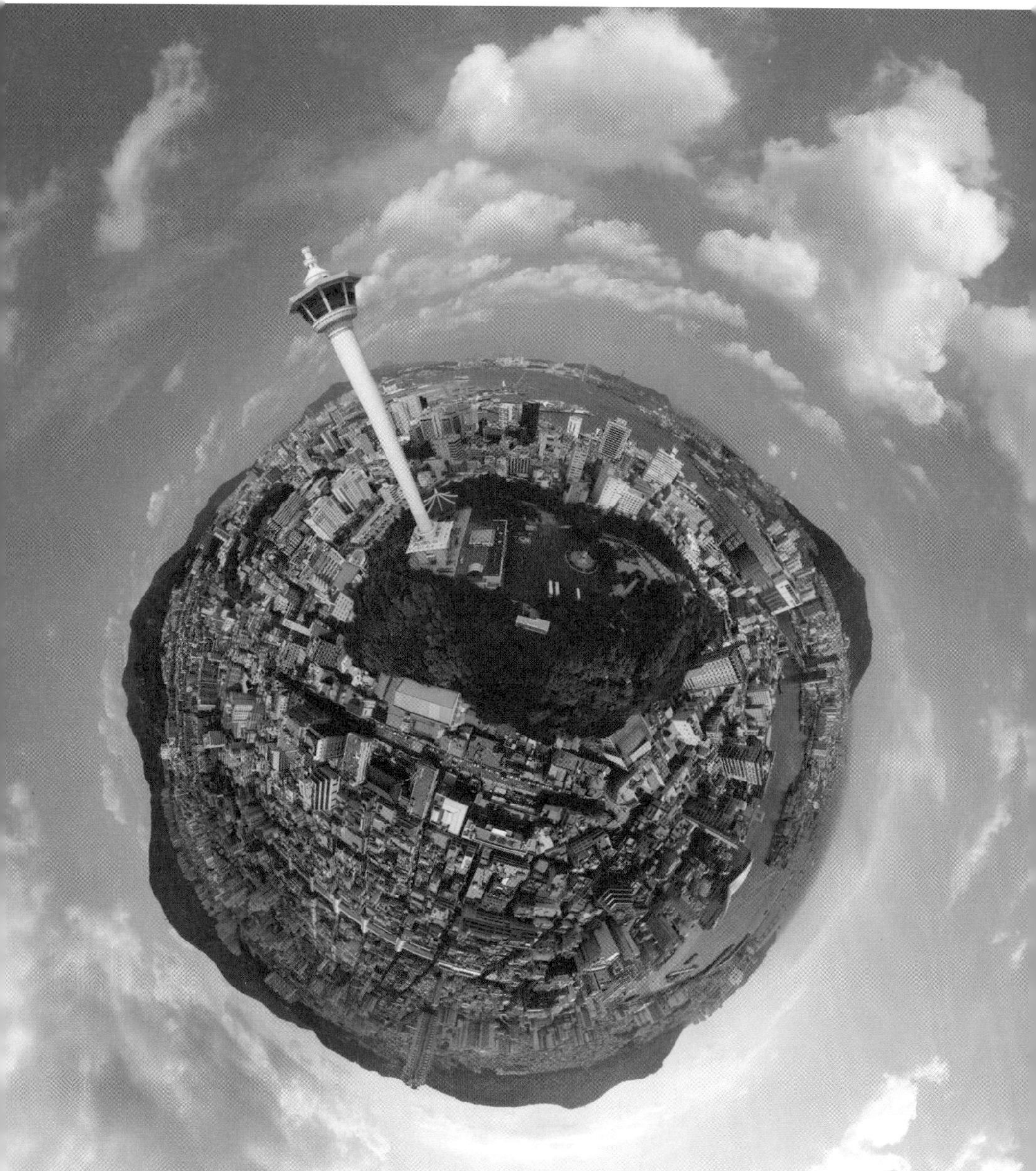

부산은 로컬이라는 말을 대중화시킨 도시다.
부산타워 상공에서 내려다본 부산 원도심과 부산항 ⓒ부산일보

는 말로 대변되는 글로컬화(glocalization)는 전 지구적 삶이 다양성과 차이를 존중하는 상호 공존 체계로 편입되었음을 뜻한다.

세계를 기준으로 한다면 개별 국가와 민족이 로컬이며, 국가를 기준으로 하면 그 국가 속 여러 지방이 로컬이다. 국가 속에 수많은 로컬이, 세계 속에 수많은 로컬이 존재한다. 또한 아시아, 유럽, 미주 같은 국제적인 지역(region)은 세계의 로컬이면서, 그 아래에 국가들이라는 로컬을 거느리기도 한다.

따라서 로컬은 중층적인 개념이다. 지금 여기라는 역사성과 장소성에 주목하는 로컬은 내셔널과 로컬, 글로벌과 로컬을 비롯하여 글로벌 · 지역 · 국가 · 지방이라는 각종 층위가 작동하는 현장이면서 복합적인 갈등을 만들어 내는 공간이 되었다.

로컬의 정체성을 파고드는 로컬리티 연구는 영국에서 본격화했다. 1970년대 들어와 영국에서 일어난 사회 · 경제 공간의 급속한 변화는 국가 안에서도 지방에 따라 불균등하게 일어나는 현상에 주목하고 관련 해결책을 모색하는 과정에서 등장했다. 사회 · 경제 공간의 변이를 신고전경제학, 마르크스 정치경제학, 구조주의 등의 거대 담론으로는 해석할 수 없었기 때문이다.

로컬리티 연구는 오늘날 영국에서 도시재생과 맞물려 공동체의 지역 유산을 지키는 운동으로도 이어지고 있다. 동네에 단 하나 남은 술집이 매각될 위기에 처하자 주민들이 협동조합을 결성해 술집을 인수하여 마을공동체가 함께 운영하는 공간으로 만들어 나가는 게 대표적이다. 비단 술집뿐만 아니라 지역의 토지나 건물을 매입해 공공의 자산으로 활용함으로써 지역공동체에 활기를 불어넣고 있다.

미국에서는 지역을 우선하자는 '로컬 퍼스트(Local First)' 운동이 활발하다. 로컬이 단순히 지리상의 구분이 아니라 사람들이 모여 경제행위와 문화행위를 하는 커뮤니티라는 인식 아래 자기가 살아가는 곳을 중심으로 미래의 희망을 키워 나가고 있다.

국내에서 로컬이라는 말은 대한민국 제2 도시인 부산에서 집중적으로 사용했다는 데 주목할 필요가 있다. 지방과 지역을 아우르는 말로 로컬을 호명하기 시작한 것이다. 부산대학교 한국민족문화연구소가 2007년 인문한국(HK) 지원 사업에 선정되어 '로컬리티의 인문학연구단'을 출범시킨 게 계기가 되었다.

부산을 비롯해 지방 혹은 지역에서 로컬리티를 거론하는 이유는 흔히 두 가지가 꼽힌다. 첫째는 중앙화와 대비되는 현상으로서 로컬의 빈곤화 문제가 발생하고, 둘째는 세계화와 대비되는 현상으로서 로컬리티의 왜곡이 발생하기 때문이라는 것이다. 전자가 경제적 분배와 관련 있다면 후자는 정체성의 왜곡과 관련된다.

이런 현상은 부산에서 구체적으로 발생한다. 국가 안에서의 식민지성과 세계 안에서의 식민지성이 중첩되어 나타나는 현실을 목도할 수 있기 때문이다. 수도권 집중으로 식민지 현상을 넘어 지방소멸이 가속화하고, 세계화에 따른 식민성 문제는 지방의 정체성을 위협할 지경이다. 로컬, 로컬리티, 로컬학이라는 생경한 말들이 새삼 부산에서 주목받는 이유다.

지방, 지역 그리고 지방자치제

사람과 돈이 몰리고 쏠려 거대한 공룡으로 변한 서울공화국을 벗어나면 지방 혹은 지역이라는 한국 사회의 초라한 주변부와 맞닥뜨리게 된다. 국가와 지구촌으로부터 이중적인 내부 식민지로 전락하고 있다는 로컬이 바로 그곳이다. 지방, 지역, 지방자치제라는 말속에는 로컬의 식민성과 독립성의 역사가 출렁인다.

한국 근현대사는 격동의 연속이라 할 만하다. 특히 1970~1980년대는 민주화운동의 시기였다. 안팎으로 사회 변화에 관한 요구가 빗발쳤다. 1990년대 들어와 이런 요구를 제도의 틀 안에서 수용하기 시작했다. 자유민주주의 체제가 공고화하면서 중앙집권적 국가 중심주의는 시민사회의 비판 대상이 되었다. 이런 비판 운동의 결실은 지방의회와 지방자치단체를 구성하는 지방자치제도로 나타났다. 본격적인 지방자치선거는 1995년 6월 27일 시행된 제1회 전국동시지방선거부터였다.

우리나라에서 지방자치제도는 주민 자치보다는 단체 자치를 중심으로 발전되었다. 주민 자치든 단체 자치든 국가/중앙 중심주의에서 지방/주변 중심주의로 세계관의 변화를 이끈 데는 이론이 없다. 권력이 중앙에서 지방으로 이동하면서 지방이라는 주변에 대한 정치적 각성도 뒤따랐다.

지방이라는 말에 대한 반성도 잇따랐다. 지방이라는 말에는 상처와 소외의 어두운 그림자가 어른거린다. 오죽했으면 지방이라는 말을 없애고 지역이라는 말을 사용하자는 법안까지 등장했을까. 지방이냐 지역이냐 하는 표현을 둘러싼 해묵은 논란은 지금도 이어지고 있다.

강원도는 2013년 전국의 광역단체 가운데 처음으로 '지방' 대신 '지역'이라는 명칭을 사용하자는 캠페인에 나서 눈길을 끌었다. 강원도의회는 '지방분권'을 '지역분권'으로 바꾸는 '강원도 지방분권 촉진에 관한 조례 개정안'을 2015년 통과시키기도 했다. 서울 등 수도권 중심주의에서 벗어나려면 지방이라는 용어 사용을 자제해야 한다는 취지에서다.

국회에서도 같은 주장은 이어졌다. 2015년 새정치민주연합 배재정 의원이 지역 균형발전을 위해 '지방분권법(지방분권 및 지방행정체제개편에 관한 특별법)'을 '지역분권법'으로 바꾸는 개정안을 발의했다. '지방'은 서울에 종속된 개념으로 '서울이 아닌 곳', '중앙의 지도를 받는 아래 단위의 기구나 조직을 중앙에 상대해 이르는 말'이라는 차별이 들어 있다는 것이다. 반면 '지역'이라는 단어의 경우 '전체 사회를 특징으로 나눈 일정한 공간 영역'을 의미하거나 '일정하게 구획된 어느 범위의 토지'를 나타낸다는 점에서 '지방'과 달리 중앙과 수평적 개념을 지닌다는 설명이 뒤따랐다.

보통 지방은 국가나 중앙과 대비되어 위계성을 드러내는 개념으로, 지역은 비교적 가치중립적인 수평적 개념으로 사용하는 게 일반적이다. 중앙의 차별이 함의된 지방보다는 수평적인 가치를 내포한 지역을 상대적으로 선호하는 경향이 있지만 말하는 이에 따라 지방이라는 말 안에 지역의 의미를, 지역이라는 말 안에 지방의 의미를 각각 포섭하여 사용하기도 한다.

대체로 한국에서 지방과 지역의 의미는 중앙(서울)과의 수직적 지배-종속의 관계를 핵심으로 하며, 지방과 지역이 갖는 특수하고도 자율적인 측면은 간과되거나 무시된 채 중앙 중심의 일방적인 관점만 강조됐다는 인식이 배경을 이룬다.

1991년 지방의회가 다시 출범했고, 1995년에는 지방자치단체장도 주민들이 직접 선거로 뽑게 되었다. 30년 만에 지방자치제도가 부활한 1990년대는 '지방자치의 시대'가 본격화하였음을 알리는 연대였다. 지방자치제는 지방 정체성에 대한 탐구를 촉발할 수밖에 없다.

지방자치 시대를 맞아 지방 정체성, 지방 이미지 혹은 지방문화에 관한 주민들의 관심이 폭발적으로 증가했다. 이 같은 관심은 학문적인 연구로 이어졌다. '지방을 다시 보자', '지방을 새로 구성하자'라는 차원에서 지방학 혹은 지역학이 바야흐로 백화제방의 시대를 맞은 것이다.

그동안 지역연구(area studies)는 타자적인 입장을 중심에 놓는 연구 경향성을 띠었다. 지역에서 나타나는 여러 현상을 사회과학적 분석 방법에 따른 계량화를 통해 사회현상으로 들여다보는 객관화에 방점을 찍었다. 지방학 지역학은 지방 지역의 정체성과 자치문화를 주체적인 입장에서 인문학적, 사회과학적 방법을 통해 들여다본다는 점에서 지역연구와 차이를 보인다.

부산에서는 1993년 부산대 김성국 교수가 '지역학으로서 부산학 연구'라는 글에서 부산학에 대해 개념 규정을 시도함으로써 부산학의 물꼬를 텄다. 부산의 역사적 형성 과정과 현재적 과제를 분석해 부산의 특성과 정체성을 발굴하며, 나아가 미래 부산 발전의 방향을 제시함으로써 부산이 당면한 시대적 상황에 대처할 수 있는 이론적 · 실천적 논리를 공급하는 학문이 부산학이라는 주장이었다.

지역학은 부산뿐만 아니라 전국 곳곳에서 꽃을 피웠다. 서울학은 서울 정도 600년을 맞은 1993년, 서울특별시 지원으로 서울시립대학교 서울학연구소가 설립되면서 연구를 본격화했다. 영남학은 2001년 경북대학교 영남문화연구원이 기관지 『영남학』을 출간하면서, 인천학은 2002년 인천대학교가 인천학연구원을 설립하면서, 호남학은 2005년 전남대학교가 호남학연구단을 설립하면서 각각 가시화했다.

하지만 지방학 지역학은 한때 지역에 불어닥친 스쳐 지나가는 바람에 불과했다. 이른바 '87년 체제'라는 현행 헌법이 갖는 한계 탓에 지방자치제도가 더는 진전되지 못했기 때문이다. 이에 따라 지방 지역에 대한 관심도 잦아들었다.

1990년대 싹을 틔운 지방학 지역학이 제대로 꽃을 피우고 열매를 맺지 못한 것은 제도의 근간이랄 수 있는 헌법적 토양이 부실했기 때문이다. 지방자치가 아니라 지방통제를 위한 구조가 현행 헌법이라는 주장까지 나오는 판이다. '무늬만 지방자치'라는 비판 속에 지방학 지역학 붐도 한때의 바람에 그치면서 급기야 한계를 드러내기에 이른 것이다.

한국지방자치학회에 따르면 한국에서 지방자치의 역사는 1894년 갑오경장을 기준으로 그 이전을 전근대적 지방자치 시대, 그 이후를 근대적 지방자치 시대로 나눈다. 그리고 1990년대 이후의 지방자치를 현재의 지방자치로 보는 게 일반적이다.

실질적인 지방자치제도는 1948년 8월 15일 대한민국 정부가 수립되고 난 후 1948년 제헌헌법에 현대적 지방자치제도가 규정되고, 1949년 3월 9일 지방자치법이 국회 본회의를 통과해 7월 4일 우리나라 역사상 최초로 지방자치법이 제정 공포되면서부터였다.

하지만 사실상 한국전쟁이 한창이던 1952년에 가서야 지방자치선거가 시작되었다. 1952년 4월의 시 · 읍 · 면의원 선거와 5월의 도의원 선거를 통해 시 · 읍 · 면의회와 도의회를 구성하게 되었다. 9년여 실시되다 1961년 군사 쿠데타로 정권을 잡은 박정희를 비롯한 군사혁명위원회는 5월 16일 포고령 제4호를 통해 지방의회를 해산하고 지방자치를 중단시켰다.

지방자치의 부활은 민주화운동과 궤를 같이한다. 1987년 민주화운동 과정에서 쟁취한 6 · 29선언에는 대통령 직선제와 더불어 조속한 시일 내에 지방자치를 실시한다는 내용이 포함되어 있다. 1987년 10월 개정된 헌법 부칙에서 지방자치를 유보한 조항을 삭제하고, 1988년 4월에 지방자치법을 전면 개정함으로써 지방자치에 관한 제도적인 틀을 다시 갖추었다.

1991년 30년 만에 지방의회를 재구성함으로써 지방자치 시대를 열게 되었다. 1991년 3월 시 · 군 · 구의회 의원 선거, 6월 특별시 ·

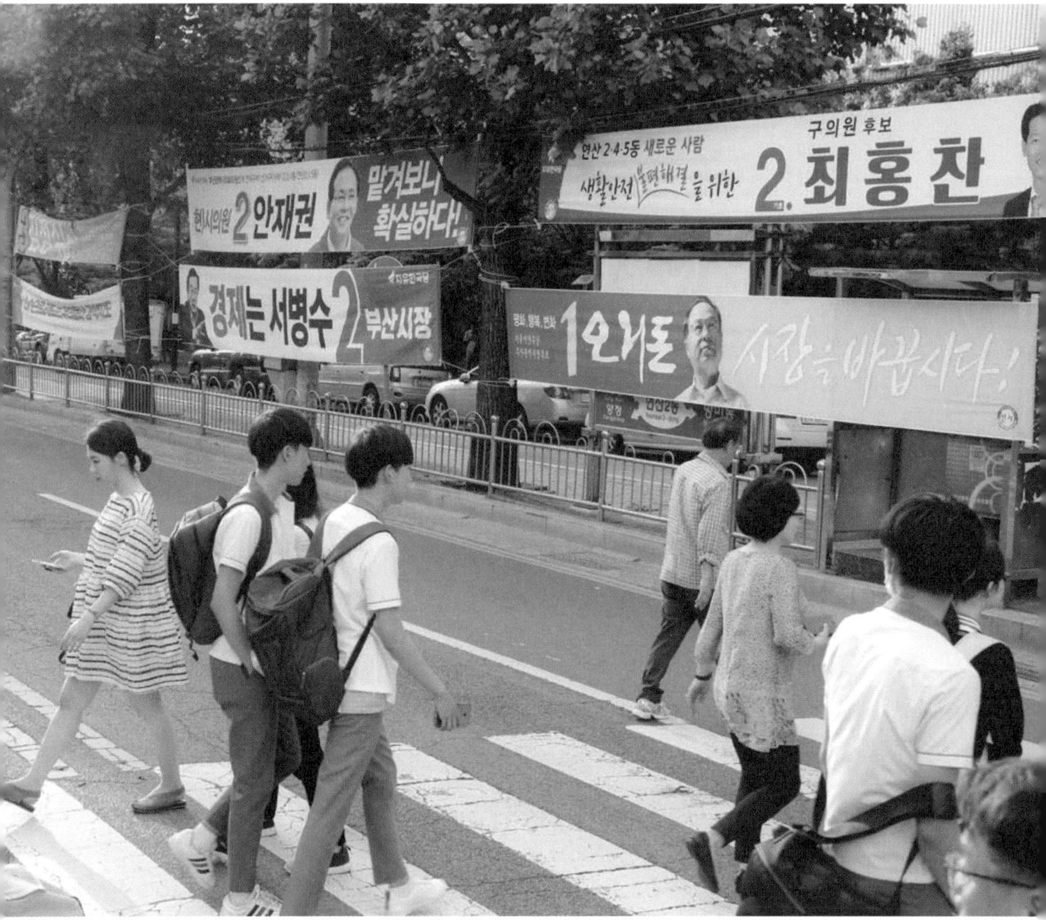

2018년 6·13 지방선거 때 거리에 나붙은 현수막 ⓒ부산일보

직할시 · 도의회 의원 선거를 통해 기초와 광역 지방의회를 다시 출범시켰다.

1995년부터는 자치단체장도 선거로 뽑게 되었다. 이에 따라 6월 지방의회의원과 단체장을 동시에 뽑는 제1회 전국동시지방선거가 시행되었다. 민선의 자치단체장과 지방의회가 함께 들어선 까닭에 진정한 의미의 지방자치는 이때부터 시작되었다고 할 수 있을 것이다.

그 후 1998년 6월, 2002년 6월, 2006년 5월, 2010년 6월, 2014년 6월, 2018년 6월 등에 걸쳐 지방의회의원과 단체장의 동시선거가 행해졌다. 2010년 6월의 제5회 전국동시지방선거에서는 기초와 광역지방정부의 의회 의원과 단체장만이 아니라 교육감과 교육의원도 주민이 동시에 직접 뽑게 되었다.

1952년 막 올랐다 1961년 중단되었고, 30년 만인 1991년 부활한 뒤 1995년 제1회 전국동시지방선거로 확대되어 오늘에 이르고 있는 게 한국 지방자치제의 간추린 역사다. 지방의 자치와 분권을 향한 험난하고 굴곡진 역사가 아닐 수 없다.

아름다운 길(美路) 혹은 미로(迷路)

사람은 누구나 미를 추구한다. 아름다움은 그래서 늘 탐구의 대상이고 향수(享受)의 욕망을 불러일으킨다. 미를 찾아가는 아름다운 길(美路)을 누가 마다하겠는가. 하지만 아름다움을 찾아가는 길은 자칫 미로(迷路) 속에서 헤매는 일이 되기도 한다.

아름다움이라는 게 신기루 같은 것이어서 실체를 붙잡기 어려운 데다 미의 실체를 좇는다는 미학이라는 학문도 한국에서는 종종 혼동과 혼란의 착종 현상을 보여 왔기 때문이다. 대표적인 게 미학이라는 말의 남발이다.

'폭력의 미학', '침실의 미학', '절망의 미학' 등 무엇인가 그럴듯하게 표현하거나 강조하고 싶은 게 있을라치면 미학이라는 이름을 가져다 쓰는 게 평단의 일상이 되었다. 미학이 뜻하는 바에 대해서는 처음부터 관심이 없었던 듯 보인다. '아름다운 학문'이라는 모호하지만 갖다 쓰면 그럴싸한 '느낌적 느낌'이 평단의 무분별한 사용을 부채질했다.

사정이 이러하다 보니 미학이라는 말은 일반으로까지 널리 확장되었다. 모든 데 미학이 끼어들어 간섭하기 시작한 것이다. '○○미학'이란 수사가 대표적이다. 평단의 대중문화에서 오락, 스포츠를 넘어 정치, 사회, 경제 전반에 이르기까지 사회 구석구석에서 미학이라는 이름을 부르기에 이르렀다.

삶을 구성하는 의식주 모두에 미학은 걸쳐 있다. 옷 입으면 패션미학, 밥 먹으러 가면 음식미학, 집에 가면 주거미학이 된다. 집 나와 근처의 쌈지공원이라도 거닐면 공원미학, 산책미학, 심지어 화장실미학까지 기다리고 있다. 미학의 심각한 착종 현상이 아닐 수 없다.

미학은 미와 예술과 감성적 인식을 주제로 미적 삶의 문제를 철학적·과학적으로 사유하고 연구하며 응용하는 학문으로 정의된다. 미학이 아름다움(美, beauty)만을 다루는 것은 아니라는 것을 보여 주는 정의다. 미에 대한 본질적인 고찰은 물론이고 감성적 인식의 세계, 나아가 예술의 세계에 관해서도 폭넓게 천착하는 학문이 미학이다.

되돌아보면 미가 꼭 아름다움만을 뜻하는 것은 아니라는 미학의 너른 품이 미학이라는 말의 착종 현상에 한몫했다고 볼 수 있을 것이다. 미는 '완전한 감성적 인식'인 미뿐만 아니라 독특한 질감을 드러내는 '미적인 것(the aesthetic)'을 포괄한다. 쾌(快)나 감탄을 느끼게 하는 숭고미, 우아미, 비극미, 희극미에서부터 부정적인 가치로서의 추(醜)까지를 한데 아우른다.

미학의 본디 이름은 감성학에 가깝다. 주로 감성을 다루는 학문이어서 감성학(Aesthetica, Aesthetics)이라 불러야 마땅했다. 아이스테티카 혹은 에스테틱스를 일본에서 미학(美學)이라 번역하는 바람에 동아시아에서는 '미(美)의 학문'으로 자리 잡았다.

1867년 선미학(善美學)이라는 이름으로 일본에 미학을 처음으로 소개한 이는 네덜란드 레이던대학에서 서양 인문학을 배우고 온 계몽주의자 니시 아마네(西周, 1829~1897)였다. 그를 비롯한 막부 말기의 난학자(蘭學者)들은 일본의 근대화를 이끌기 위해 유럽 문물의 수입에 앞장섰고 새로운 사상과 개념의 번역을 통해 탈아입구(脫亞入歐)를 시도했다.

이런 일본의 미학을 그대로 받아들여 한국과 중국도 감성학이라는 용어 대신 미학이라는 말을 사용하게 되었다. 동아시아 식민지 근대의 역사가 미학이라는 말속에 단적으로 묻어 있다. 당시로써는 제국주의 일본이 서구의 문물을 받아들이는 통로였던 까닭에 미학이라는 말도 여과되지 않은 채 받아들여졌다.

미학이 일본을 거쳐 중국에 들어온 것은 19세기 말~20세기 초 무렵으로, 이때부터 중국도 근대화를 위한 계몽과 국민교육의 일환으로 서양 문예이론과 미학을 적극적으로 받아들이기 시작했다. 특히 1911년 신해혁명과 1919년 5·4운동을 거치면서 구문화에 반대하는 사회 정치적 규범으로서 광범하게 퍼져 나갔다.

일본과 중국에서 대학 강좌를 통해 미학이 확산한 것처럼 국내에서도 대학 교육과 맞물려 미학이 도입되고 전개됐다. 1927년 경성제국대학 법문학부에 미학·미술사 전공이 생기면서 근대학문으로서 미학이 처음으로 소개됐다. 경성제국대학에서 미학·미술사를 전공한 우현 고유섭(1905~1944)은 우리나라 최초의 미학자로 꼽힌다.

그렇다면 미와 감성은 어떤 관계일까. 미학 즉 감성학인 아이스테티카를 처음으로 호명한 독일 철학자 바움가르텐(Alexander

Gottlieb Baumgarten, 1714~1762)은 '감성적 인식'을 다루면서 '감성적 인식의 완전성'을 미(美, pulchritudo)라고 정의했다.

이로써 마침내 진선미의 학문체계가 구축된다. '이성적 인식의 완전성'(眞)에 관한 학문인 논리학(Logica), '의지의 완전성'(善)에 관한 학문인 윤리학(Ethica)에 이어 '감성적 인식의 완전성'(美)에 관한 학문인 미학(Aesthetica)이 출현한 것이다.

바움가르텐은 라이프니츠-볼프 학파에 속했다. 그는 『미학(*Aesthetica* Ⅰ, 1750 / Ⅱ, 1758)』에서 미학을 '감성적 인식의 학(scientia cognitionis sensitivae)'이라고 정의 내렸다. 라틴어 학명 아이스테티카는 감각적인 지각을 의미하는 그리스어 '아이스테시스(*αἴσθησις*)'에서 유래했다고 밝혔다.

사유의 대상인 '노에타(νοητά)'와 감각적 사실인 '아이스테타(ἀισθητά)'를 구별한 것이다. 이에 따라 논리학의 학명인 로기카(logica)가 상위 인식능력으로 파악되는 노에타를 대상으로 한다면, 아이스테티카는 하위 인식능력으로 파악되는 아이스테타를 대상으로 하는 학문이라고 규정했다. 아이스테티카에 '하위의 논리학'이라는 지위와 성격을 부여한 셈이다.

하지만 칸트(Immanuel Kant, 1724~1804)는 바움가르텐이 외쳤던 이성에 대한 감성, 이성적 인식인 논리학에 대한 감성적 인식인 미학의 독립에 대해 미학이 어떻게 감성적 '인식'일 수 있느냐는 비판을 가했다. 미의 비판적 판정의 문제는 '취미판단(Geschmacksurteil)'으로 다루어야 하는데, 이를 이성 원리 속에 넣어버린 것은 바움가르텐의 그릇된 희망이라는 것이다.

근대미학의 확립된 지표로 받아들여지는 『판단력 비판』에서 칸트는 어떤 것이 아름다운가, 아름답지 않은가의 문제는 오성에 의한 인식 관계가 아니라 주관으로 끌어가는 상상력에 따른 '쾌·불쾌의 감정'이라며 미학의 독립을 선언했다.

어쨌든 바움가르텐이 '감성적 인식의 완전성'을 미로 보고 시와 수사학 등 당시 유행하던 자유 과목과 연계해 예술과의 접목을 시도함으로써 미학의 지평을 넓힌 것은 사실이다. 미학이 처음부터 미, 예술, 감성적 인식 등을 다루는 폭넓은 학문으로 출발했음을 보여 주는 대목이다. 오늘날의 미학 역시 미학, 예술학, 예술과학, 일반예술학, 예술철학, 철학 등을 아우른다.

일본 미학자 사사키 겡이치는 『미학사전』에서 미학을 이렇게 정의한다. "미학이란 미 또는 예술 혹은 감성적 인식을 주제로 하는 철학적 학과이다. 미학에는 미·예술·감성적 인식이라는 세 가지 주제가 있다. 다만 삼자의 관계는 다양할 수 있다. 이 관계를 어떻게 생각하는가에 따라 미학의 본질도 다양해진다. 이 세 가지 주제는 미학이라는 명칭으로 불리는 학문의 가능한 지평을 보여 준다."

오늘날 미학은 감성으로, 삶터로 회귀하고 있다. 미와 예술과 감성이라는 창을 통해 '미적 삶'을 들여다보는 데 더 집중한다. 한때 미학은 예술을 중심에 놓았지만, 지금은 삶을 중심에 세우고 있다. 현대에 들어와 예술에 대한 끊임없는 의문이 제기되면서 '예술의 종말'이 본격적으로 거론된 탓이다.

예술의 종말을 선언한 미학자이자 비평가 아서 단토(Arthur

Danto, 1924~2013)의 말은 여전히 의미심장하다. "예술의 종말은 이제 예술이 취해야 할 특정한 역사적 방향과 같은 것은 더는 존재하지 않는다는 것을 의미한다. 그것은 미래 역사의 관점에서 볼 때 어떠한 방향도 나머지 다른 방향들과 동등하게 좋다는 것을 의미한다."

예술창작보다는 예술향수가 최근 들어 대세를 이룬다. 미학에서는 미의식을 활동 형식 차원에서 미적 향수와 예술창작으로 나눈다. 미적 향수 혹은 미적 관조가 미의식의 수동적이고 수용적인 측면이라면, 예술창작은 미의식의 능동적이고 생산적인 측면이다.

미와 예술을 다루는 미학에서는 처음부터 예술창작보다 사람들이 어떻게 예술을 느끼고 즐기는지에 더 주목했다. 그러다 천재적인 예술가를 중심에 놓는 예술창작에 관심이 증폭되었고, 오늘에 와서는 다시 예술문화를 즐기는 미적 향수, 시쳇말로 하면 관람문화가 더 중요해진 것이다.

게다가 지금은 어떤 것이든 예술이 되는 시대다. 일반의 감성과 미적 삶에 주목하면서 상품은 물론이고 디자인, 피부와 몸매를 가꾸는 에스테틱과 피트니스 센터에 이르기까지 미학은 연구 대상과 용처의 범위를 점차 넓혀 나간다.

생활미학으로 무장한 '심미적 인간(homo aestheticus)'이 거리를 활보하고 있다. 미학은 아름다움에 관한 것, 감각적인 것에 관한 것, 예술에 관한 것, 인식에 관한 것, 지각에 관한 것, 판단에 관한 것, 자연에 관한 것 등을 두루 다루게 되었다.

예술의 경계가 엷어지고 일반의 감성적 삶이 새삼 주목받으면서 미학은 거침없는 질주를 거듭한다. 아름다움을 찾아가는 미로(美路)도 혼돈과 혼란, 그리고 착종의 미로 속을 시나브로 지나가고 있다. 아름다운 미로(迷路)다.

왜 로컬미학인가

미학이 국내에 유입된 지 90년이 넘었지만 한국인의 삶에 뿌리를 내리지는 못하고 있다. 서구의 미학 이론을 소개하는 데 치중하다 보니 미학의 한국화를 의미하는 한국미학의 정립에는 상대적으로 소홀한 감이 없지 않다.

국내 미학 학회지들을 살펴보면 한국미학에 관한 논문은 가물에 콩 나듯 하고 서양미학에 관한 논문은 봇물 터지듯 쏟아지는 형편이다. 서양미학에 경도된 인상이 짙다. 이는 서구 이론 중심의 미학 교육과 학회 활동이 가져온 결과로 보인다.

미학이 한국인의 삶과 예술문화를 소홀히 하는 바람에 미학의 저변 확대는 애초부터 기대하기가 무리였는지 모른다. 삶이라는 현실과 유리된 미학은 스스로를 비밀의 정원에 가두었고, 갈수록 더 모호해져만 갔다. 종래에는 미학이라는 말이 대중매체의 한 수사로 전락하면서 심각한 의미의 분열상을 초래하기도 했다.

한국미학 안으로 들어가도 사정은 그리 밝지 않다. 한국인의 미의식은 어떠한지, 한국미는 무엇인지 등 추상적인 주제를 즐겨 파고들다 보니 한국미학의 지평을 확장하는 데는 분명한 한계를 노정했다.

특히 한국인의 미적 삶을 연구하는 한국미학이 지방미학 혹은 지역미학의 가능성을 소홀히 했다는 점에서 스스로를 좁은 세계 안으로 더욱 옥죈 인상이다. 정치체제에서 비롯한 중앙집권적 국가 중심주의가 학문 전반에도 고스란히 영향을 미쳤는데 미학이라 해서 예외는 아니었다. 지방미학 지역미학에 대해서는 일말의 고려도 없었기 때문이다.

한국미학 안에서의 논의가 다분히 폭력적이고 획일적이었다는 비판도 제기됐다. 판소리도 동편제, 서편제가 서로 사뭇 다르고, 지방 지역에 따라 문화적 고유성이 달리 나타나는 차별성을 간과한 채 한국미학이라는 이름으로 뭉뚱그리는 것은 문제적이라는 것이다.

지방 지역을 배제한 한국미학은 한국적 상황의 구체적 특수성을 반영하지 못하는 '위로부터의 미학'이라는 비판에 직면하게 된다. 또한 한국의 중심이라는 수도에서 나온 '서울 중심의 미학' 혹은 '서울미학'이라는 의심을 받을 수밖에 없다.

이제는 지방미학 지역미학의 도움을 받아야만 한국미학이 제대로 설 수 있다는 역발상을 해야 하는 때가 왔다. 그동안 한국미학이 입론 단계에 머문 것은 지방미학 지역미학이라는 구체적인 기반이 없었기 때문으로 해석할 수 있다. 부산미학, 광주미학, 제주미학 등 대한민국의 로컬미학을 하나둘 쌓아 가다 보면 어느덧 한국미학의 퍼즐이 완성되어 있을 것이라는 기대가 가능한 것이다. 그런 점에서 한국미학과 로컬미학은 상생의 관계에 놓여 있는 셈이다.

되돌아보면 1990년대 들어와 지방자치 시대가 본격적으로 개막

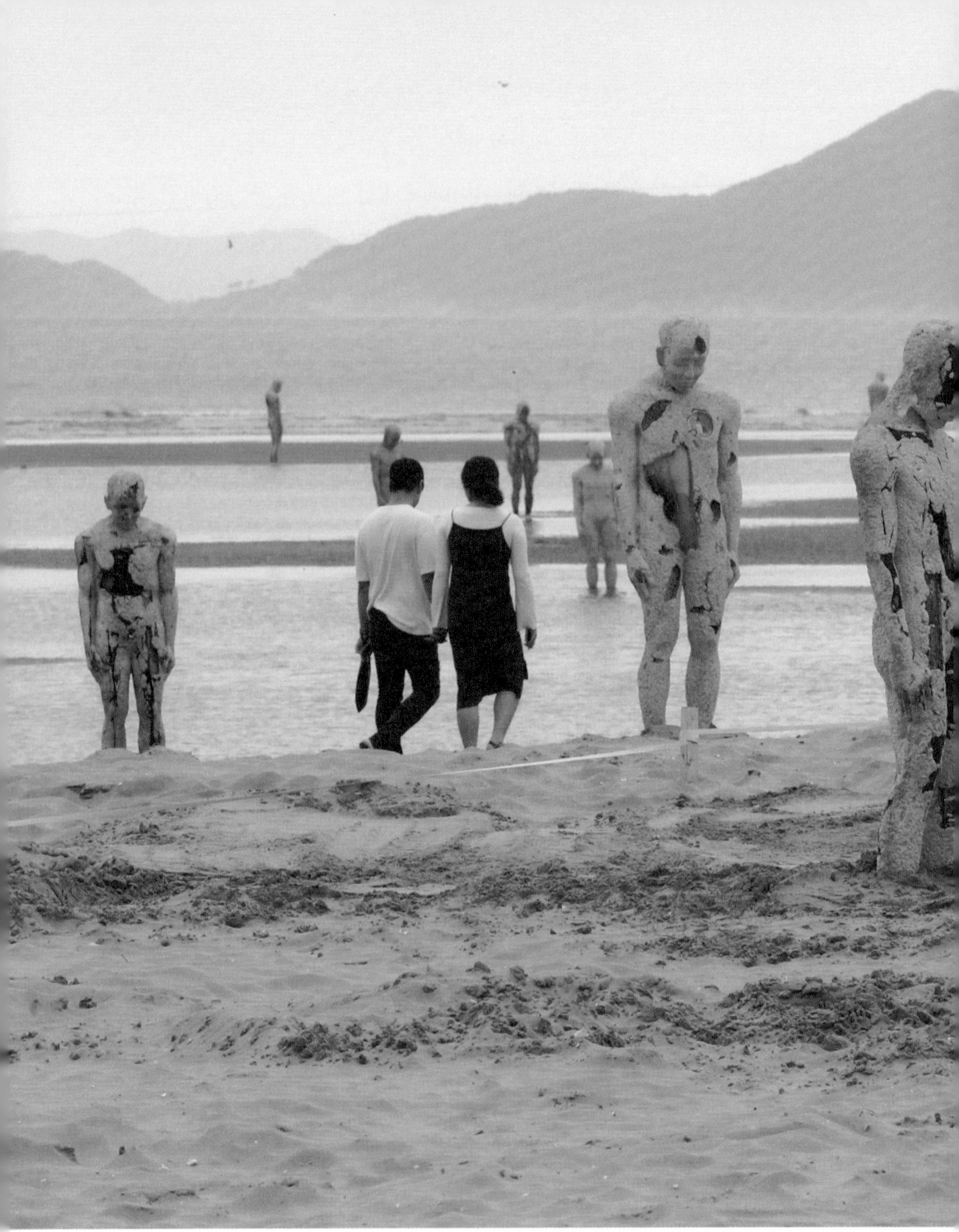

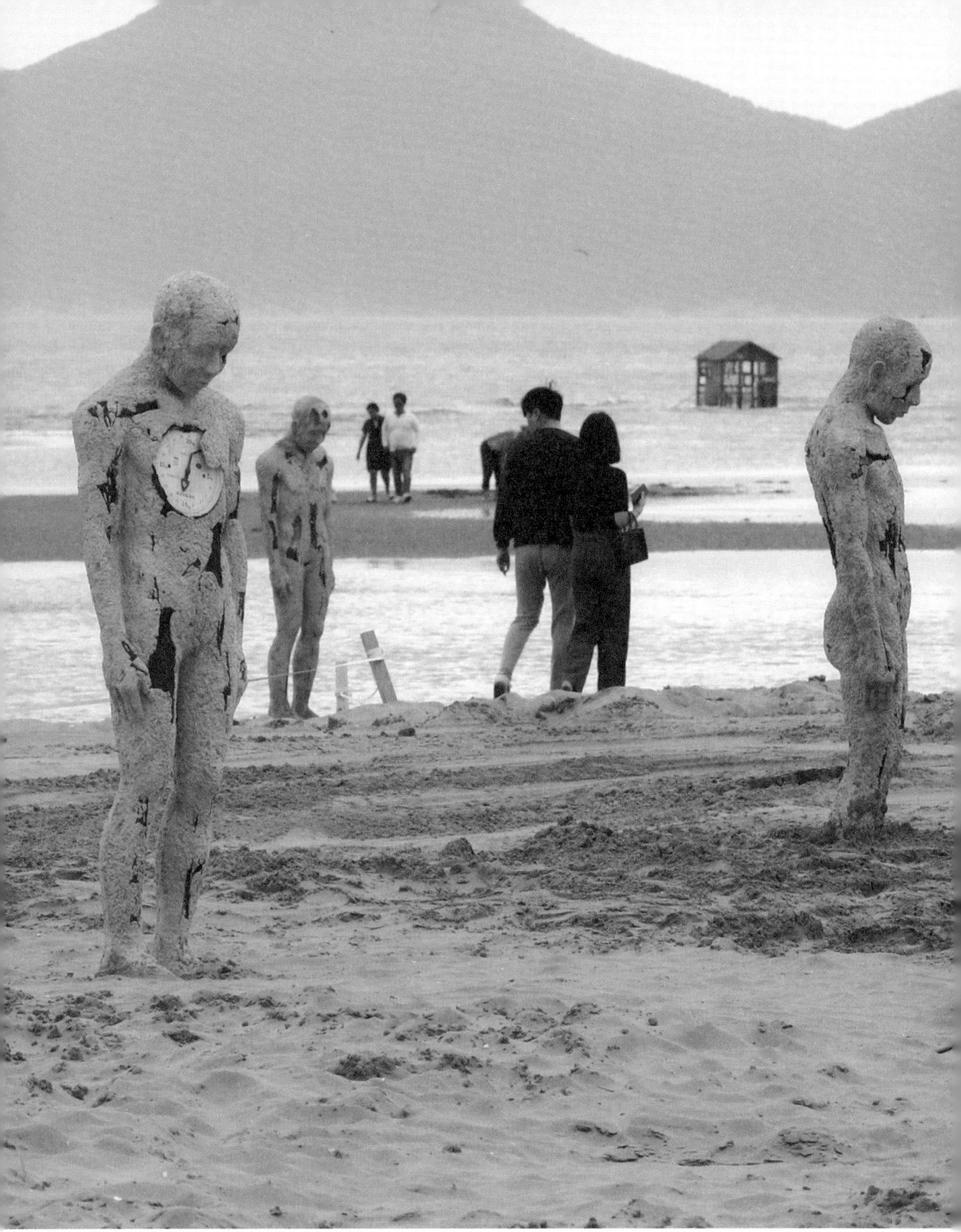

2019 부산 바다미술제 출품작인
이승수의 <어디로 가야 하는가> ⓒ부산일보

하면서 터 잡고 살아가는 삶의 현장인 지방, 지역, 로컬에 대한 각성과 재발견이 잇따랐다. 지방학, 지역학, 로컬학은 물론이고 미학에서도 지방, 지역, 로컬을 살아가는 사람들의 미적 삶을 들여다보는 지방미학, 지역미학, 로컬미학의 연구 필요성이 제기되었다.

로컬미학은 로컬학과 미학이 만나는 교집합에 해당한다. 미학의 정의처럼 로컬미학도 미와 예술과 감성적 인식을 주제로 로컬의 미적 삶의 문제를 철학적 · 과학적으로 사유하고 연구하며 응용하는 학문이다.

로컬미학은 로컬의 정체성인 로컬리티가 가장 잘 드러나는 로컬미를 규명하는 데서 출발한다. 로컬미와 로컬미학은 로컬의 미적 삶의 문제를 연구함으로써 로컬인의 삶의 질을 제고하는 데 기여하며, 나아가 한국미와 한국미학의 지평을 확장하는 토대가 될 것으로 기대된다.

로컬미는 로컬의 자연미, 예술미, 인간미, 도시미, 생활미라는 다섯 가지 영역을 바탕으로 추출할 수 있다.

미학자 백기수는 『미의 사색』에서 "현상의 광휘로서의 존재인 미는 자연, 예술, 인간이라는 세 영역에 걸쳐 질서와 조화를 구현원리로 하여 다양한 유형으로 존재하며, 이에 따라 미의 현상 영역을 자연의 미(자연미), 예술의 미(예술미), 인간의 미(인간미)로 분류할 수 있다"라고 주장한 바 있다.

현대인의 삶은 도시라는 공간과 그 공간에서 영위되는 후기산업사회의 일상생활과 맞물려 있는 까닭에 도시의 미(도시미)와 일상의 미(생활미)도 로컬을 살아가는 현대인의 미의 현상 영역에 추가할 수 있을 것이다.

자연미, 예술미, 인간미, 도시미, 생활미를 통해 로컬미를 추출한다면 특정 지역의 미적 특성이 규명된다. 부산의 자연미, 예술미, 인간미, 도시미, 생활미를 고찰해 나가면 부산미에 다다를 수 있고, 광주의 자연미, 예술미, 인간미, 도시미, 생활미를 살펴보면 광주미를 건져 올릴 수 있을 것이다.

부산미학, 광주미학, 제주미학을 비롯하여 전국의 로컬미학이 백화제방처럼 피어날 때 로컬의 미적 삶은 새삼 주목받게 된다. 한국미학도 더 화려한 꽃을 활짝 피우게 될 것은 물론이다. 로컬과 글로벌로 관계성을 확장해 나간다면 세계미학의 발전으로 연결되며, 인간의 보편적 삶의 질을 높이는 데 기여할 게 분명하다.

자치와 분권 시대를 맞아 로컬의 미적 삶을 찾아가는 길도 아름다운 길이자 미로다. 감성으로 세계와 호흡하는, 로컬을 살아가는 호모 에스테티쿠스는 미로 속에서 헤매면서도 간단없이 아름다운 길을 찾아 나선다. 아름다움이야말로 삶의 실체에 육박하기 때문이다.

지금 여기라는 삶의 현장인 로컬을 당당하게 활보하는 심미적 인간은 이제 로컬미학을 말해야 한다. 한국미학이 한국인의 미적 삶을 웅변한다면, 로컬미학은 로컬인의 미적 삶을 보증하기 때문이다. 세계미학을 바라보는 지점도 결국은 로컬일 수밖에 없을 터이다.

2장

언론과 자치분권

모바일에서 사라진 지방지

당신의 뉴스는 밤새 안녕하신가.

아침에 눈을 뜬 뒤 스마트폰을 본다. 먼저 시간을 확인하고 배터리 충전 양을 살핀다. 출근 시간까지 남은 시간을 대충 가늠해 본 뒤 비몽사몽간에 오늘 할 일을 잠깐 헤아려 본다. 카카오톡과 문자 메시지로 눈을 돌려 급한 연락은 없는지 훑고는 페이스북에 들어간다. 사회관계망서비스(SNS, Social Network Service)를 통해 한 번 걸러진 뉴스를 읽는다. 어떤 때는 SNS가 가장 빠른 뉴스원이기도 하다.

그러고는 네이버 모바일 웹에 접속한다. 오늘의 뉴스와 본격적으로 만나는 시간이다. 이 모든 게 침대 위에서 덜 깬 잠을 즐기며 본격적인 하루를 시작하기 전 갖는 준비 운동이요, 느긋하게 즐기는 휴식의 연장이다.

이제 뉴스와 정식으로 대면하는 네이버에 들어가 보자.

2019년 4월 5일 식목일 아침이다. 녹색의 큰 글자 'NAVER(네이버)' 아래에는 비교적 큼직한 공란이 먼저 눈에 들어온다. '검색어 또는 URL 입력'이라는 흐릿한 안내가 나오는 창이다. 아침부터 검색어를 넣기에는 궁금증을 유발할 사전 정보가 별로 없는 상태이고, 관심 없기로는 URL(Universal Resource Locator, 인터넷상의 파일

주소)도 마찬가지다.

검색창 아래에는 '고성 · 속초 산불 본격 진화 중'이라는 뉴스 특보가 뜬다. "식목일 아침에 산불이라니…" 생각하다 자세한 뉴스가 궁금해진다. 그러려면 아래에서 광고 하나 읽고 다시 눈을 밑으로 향하면 '12° 구름 조금, 어제보다 2° 높아요', '미세먼지 좋음', '초미세먼지 보통'이라는 일기예보가 뜬다.

네이버에 들어왔지만 본격적인 뉴스는 이제부터 시작이다. 네이버 초기화면 맨 아래의 갈림길인 '쇼핑 · N페이'와 '뉴스 · 콘텐츠' 가운데 뉴스 · 콘텐츠를 눌러야 한다. 혹은 모바일 웹에다 손가락을 대고 오른쪽에서 왼쪽으로 밀어야 한다.

오른쪽 뉴스 초기화면 맨 위에 '언론사편집'이 보이고 '매체를 선택해서 보세요'라는 안내문이 나온다. 언론사편집을 누르고 들어가는 것보다 눈은 자연스럽게 아래로 내려가게 마련이다. '언론사를 랜덤으로 추천 제공합니다'라는 안내문이 뜨고, 아래로 언론사별로 사진이나 그래픽이 붙은 뉴스가 한 꼭지씩 뜬다.

식목일 아침인 이날 MBC '속초 도심 곳곳 잿더미…날 밝자 처참한 화재 흔적', YTN '"매우 독특한 기압 배치" 대형 산불 예고됐던 이유'가 떴다. 광고 하나 읽고 그 아래로 채널A '변압기서 불꽃 2분 만에 옮겨붙어…최초 발화 영상 보니', 문화일보 '〈5G 시대 개막〉 세계 첫 개통했지만…"한 5G 준비, 미 · 중에 밀려"', 조선일보 '"시뻘건 불덩이 마당에 날아와…도깨비불 같았다" 밤새 공…', 국민일보 '"산불 심각, 안보실장 가야" 홍영표에게…나경원 발언 논란' 등의 뉴스가 이어진다.

'언론사를 더 구독할 수 있어요' 안내문이 화면 맨 아래에 기다리고 있다. 맨 위 언론사편집의 '매체를 선택해서 보세요'와 같은 뜻의 안내문이다. '44개 언론사를 더 구독할 수 있어요'라는 안내문이 보이고, 그 아래로 44개 언론사의 이름이 줄줄이 뜬다.

'종합지'에는 경향신문, 국민일보, 동아일보, 문화일보, 서울신문, 세계일보, 조선일보, 중앙일보, 한겨레, 한국일보 등 10개 이름이 올라와 있다. 종합지라고 했지만, 서울에 있는 중앙지라 해야 옳다.

'인터넷 · IT지'에는 노컷뉴스, 데일리안, 디지털데일리, 디지털타임스, 미디어오늘, 블로터, 아이뉴스24, 오마이뉴스, 전자신문, 지디넷코리아, 프레시안 등 11개 이름이 올라와 있다. 모르는 이름이 제법 있다.

'방송 · 통신사'에는 뉴스1, 뉴시스, 연합뉴스, 연합뉴스TV, 채널A, 한국경제TV, JTBC, KBS, MBC, MBN, SBS, SBS CNBC, TV조선, YTN 등 14개 이름이 올라와 있다. 한 번도 못 본 이름도 있다.

'경제지'에는 매일경제, 머니투데이, 서울경제, 아시아경제, 이데일리, 조선비즈, 파이낸셜뉴스, 한국경제, 헤럴드경제 등 9개 이름이 올라 있다. 경제지라 하지만 서울 경제지라야 더 적확하다.

다시 헤아려 보니 모두 44곳이다. '44개 언론사를 더 구독할 수 있어요'라는 네이버의 안내문은 정확했다. 그 외의 언론사는 스마트폰 네이버, 이른바 네이버 모바일 웹에서는 존재하지 않았다.

부산일보를 비롯한 전국의 지방지들이 감쪽같이 죄다 사라졌다. 그렇다면 지방지가 발행되는, 서울을 제외한 여타 지역에서는 네이버를 열어 볼 수 없다는 뜻일까. 그건 당연히 그렇지 않다. 다만 지역에서는 네이버 모바일 웹을 통해 지방지를 볼 수 없을 뿐이다.

네이버 모바일 웹에서 '44개 언론사를 더 구독할 수 있어요'라는 친절한(?) 안내를 받는 지금의 이 모순된 현실을 어떻게 이해해야 할까. 듣도 보도 못한 언론사에 밀려 '구독할 수 있는 44개 언론사' 명단에 이름조차 올리지 못한 지방지에 대해 네이버는 어떤 생각을 하는 것일까.

같은 식목일 아침 이제 노트북을 열어 네이버 뉴스를 확인해 본다. 모바일 웹과는 어떤 차이가 있을까. 초기화면에서 '뉴스스탠드 〉전체언론사'가 눈에 띄어 바로 뉴스에 접속할 수 있게 되어 있다. 뉴스스탠드에서는 원하는 언론사를 바로 클릭하여 해당 언론사가 편집한 뉴스를 볼 수 있게 해 두었다.

원하는 언론사를 선택할 수 있는 카테고리도 뜬다. '종합/경제' 70곳, '방송/통신' 24곳, 'IT' 10곳, '영자지' 4곳, '스포츠/연예' 24곳, '매거진/전문지' 50곳, '지역' 33곳이 나온다. 모두 7개 카테고리로 나눠 215개의 언론사를 배치했다.

'언론사 구독 설정'에 들어가면 7개 카테고리별로 언론사를 선택하여 뉴스를 볼 수 있도록 했다. 여기에서는 7개 카테고리 외에도 '주요언론사'라는 카테고리가 하나 더 있는데, 그것도 맨 앞에 있다.

경향신문, 국민일보, 노컷뉴스, 뉴데일리, 뉴스타파, 뉴시스, 데일리안, 동아일보, 디지털타임스, 마이데일리, 매일경제, 머니투데이, 문화일보, 미디어오늘, 블로터, 서울경제, 서울신문, 세계일보, 스포츠동아, 스포츠서울, 스포츠조선, 스포탈코리아, 시사인, 아시아경제, 아이뉴스24, 연합뉴스TV, 오마이뉴스, 이데일리, 일간스포츠, 전자신문, 조선비즈, 조선일보, 중앙데일리, 중앙일보, 지디넷코리아, 지지통신, 코리아헤럴드, 파이낸셜뉴스, 프레시안, 한겨레, 한국경제, 한국경제TV, 한국일보, 헤럴드경제, JTBC, KBS, KBS World, MBC, MBN, OSEN, SBS, YTN 등 '종합/경제', '방송/통신', 'IT', '영자지', '스포츠/연예', '매거진/전문지' 등을 망라해 52개 언론사를 선별해 놓았다. 그런데 7개 카테고리 가운데 '지역'에 해당하는 언론사는 단 한 곳도 주요언론사에 이름을 올리지 못했다.

이제 그 문제의 '지역'을 열어볼 차례다. 강원도민일보, 강원일보, 경기일보, 경남신문, 경북도민일보, 경북매일신문, 경북일보, 경상일보, 경인일보, 광주드림, 광주일보, 국제신문, 기호일보, 대구일보, 대전일보, 매일신문, 무등일보, 부산일보, 영남일보, 인천일보, 전남일보, 전북도민일보, 전북일보, 제민일보, 제주도민일보, 제주의소리, 중도일보, 중부매일, 중부일보, 충북일보, 충청일보, 충청투데이, 한라일보 등 33곳이다.

네이버 모바일 웹에서는 아예 지방지는 볼 수 없었는데 노트북에서는 주요언론사에는 비록 랭크되지 못하였지만 '지역'이라는 이름으로 33곳이나 구독할 수 있도록 해 놓았으니 안도의 한숨이라도 내쉬어야 하는가.

이래도 당신의 뉴스는 밤새 안녕하신가.

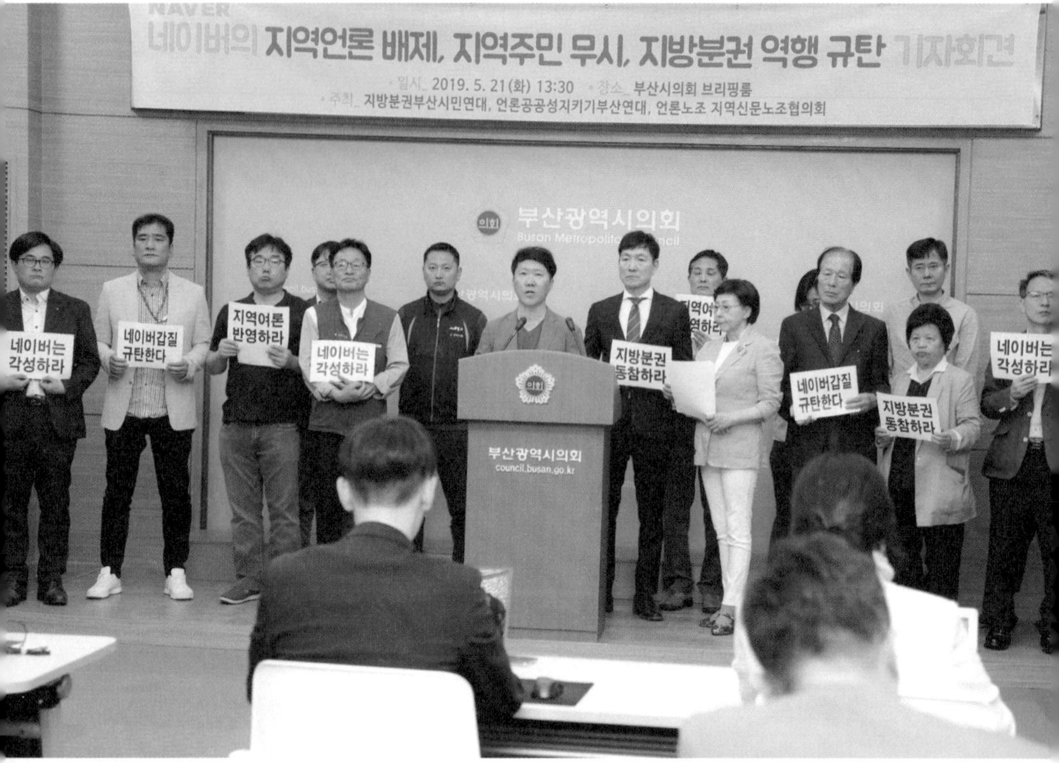

네이버의 지역언론 배제, 지역주민 무시, 지방분권 역행 규탄 기자회견 ©부산일보

디지털 시대의 지방언론

포털 대표주자인 네이버의 모바일 웹 등 인터넷 공간에서 지방지 차별을 시정하려는 노력은 간단없이 이어져 왔다. 디지털 시대 지방언론의 사활이 걸린 문제이기 때문이다. 인터넷에서의 지방언론 퇴출은 전체 뉴스 시장에서의 퇴출을 의미하기에 비장감마저 든다.

부산일보, 강원일보, 경남신문, 경인일보, 광주일보, 매일신문, 대전일보, 전북일보, 제주신보 등 9개 지방지로 구성된 한국지방신문협회가 회원사들의 디지털신문 강화와 네이버 등 포털의 횡포에 효과적으로 대응하기 위해 디지털위원회를 발족한 게 2019년 4월 3일의 일이었다. 이 행사가 눈길을 끈 것은 중앙집권적인 포털 언론 환경에 맞선 지방지의 언론 자치와 분권 운동을 상징하기 때문이다.

한신협 소속 9개 언론사 디지털 실무책임자들은 서울프레스센터 한신협 사무국에서 디지털위원회를 발족하면서 급변하는 디지털 환경에 공동으로 대응하는 한편, 포털의 지방언론 뉴스 차별 문제에 적극적으로 대처하기로 의견을 모았다.

한신협이 디지털 담당 부서 간 유기적인 협조체계를 강화하는 디지털위원회를 서둘러 구성하기에 이른 것은 디지털 언론 환경에서 지방언론의 자치와 분권이 크게 위협받고 있다는 문제의식에서다.

이에 앞서 새로 마련한 한신협 사무국은 지방언론의 자치와 분권을 책임지는 전진기지 역할을 할 것으로 기대를 모았다. 한신협 제9대 회장에 이상택 매일신문 사장이 취임함에 따라 한신협 사무국 운영도 매일신문이 맡기로 했다. 최정암 매일신문 서울지사장이 초대 사무총장에 임명됐다.

사무국 상설 운영은 한신협 활성화와 대외협력 강화를 위해서다. 사무국이 자치분권과 지역 균형발전 실현의 견인차 구실을 하기로 하고, 공동 기획 보도와 사업을 추진하는 한편 지역사회 공헌 활동과 공동사업에도 나서기로 했다.

2004년 출범한 한신협이 디지털위원회라는 산하 조직을 꾸린 것은 이례적이다. 디지털위원회가 활동하게 될 한신협 사무국 또한 처음으로 마련되었다. 이는 2019년 3월 7일 전주 그랜드힐스턴 호텔에서 열린 한신협 제55차 정기총회가 계기가 되었다.

이날 한신협은 '포털의 지역언론 죽이기 중단하라'는 제목의 성명서를 채택했다. 성명서를 통해 디지털 시대 지역뉴스 불균형을 바로잡기 위해서는 포털의 뉴스 차별 정책의 개선이 절실하다는 사실을 알렸다. 한신협 차원의 공동 대응이 필요하다는 데도 인식을 같이했다.

한신협은 성명서에서 네이버, 카카오, 뉴스제휴평가위원회가 지역언론과의 제휴를 확대해 지역 독자들이 지역뉴스를 선택할 수 있는 권리를 보장하라고 촉구하고 나섰다. 또한 네이버가 시행하고 있는 콘텐츠 제휴사 중심의 뉴스 알고리즘 정책을 폐기하라고 주장했다.

정부를 향해서도 지역언론 활성화 방안과 포털 기업이 장악하고 있는 언론시장 황폐화 현상을 개선할 방안을 각각 마련해 달라고 요구했다. 정치권에는 국회에 계류 중인 '포털의 위치기반 뉴스 서비스' 법안과 '지역뉴스 일정 비율 이상 노출 의무화' 법안의 조속한 처리 등 지역언론 차별을 근본적으로 해결할 법안 마련을 주문했다.

아래는 이날 발표된 성명서 전문이다. 긴 문장이지만 디지털 시대 지방지가 처해 있는 언론 환경이 적나라하게 드러나 있는 까닭에 가감 없이 소개할 필요가 있다.

> 지역언론의 운명이 절벽 끝에 섰다. 한 발만 더 밀리면 생명이 끝날 절체절명의 위기다.
>
> 정부와 정치권이 지역언론의 위기를 외면하는 사이, 그나마 어렵게 버텨가던 지역언론의 기반마저 뒤흔드는 일이 벌어졌다.
>
> 포털기업 네이버는 지난해 뉴스 편집에서 손을 떼고 '구독자' 중심의 모바일 뉴스 환경을 만들겠다고 선언했다. 그러나 '구독자'를 늘릴 수 있는 언론사는 콘텐츠 제휴 계약을 맺어 네이버 채널 리스트에 올라 있는 44개 서울 매체에 불과하다. 지역신문은 한 곳도 없다. 콘텐츠 제휴가 되어 있지 않다는 이유로 뉴스 편집 첫 화면에서 소외돼 왔던 지역 정론 언론은 이제 네이버에서 구독자를 늘릴 기회조차 갖지 못한다.

설상가상으로 네이버는 지난달 뉴스 검색 알고리즘마저 바꿨다. 네이버가 정한 기준에 따라 언론사에 점수를 매기고, 그 점수에 따라 검색 결과 리스트의 순위를 정하는 방식이다. 이 알고리즘을 변경하지 않는 한 지역언론의 기사는 발품을 팔아서 쓴 '단독'과 '1보' 기사라도 검색 첫 화면에서 찾아보기 힘들게 됐다.

실제 지난 28일 부산 광안대교를 러시아 화물선이 충돌한 사건을 부산일보가 가장 먼저 동영상을 첨부해 1보를 전송했지만 네이버 뉴스 검색 상단은 뒤따라 쓴 서울의 제휴 매체 기사로 채워졌다. 지역신문의 기사는 검색 상단에 걸렸다 해도 콘텐츠 제휴사가 해당 뉴스를 쓰기 시작하면 비(非) 제휴 매체인 지역신문의 기사는 순식간에 밀려나는 것이다. 기울어진 운동장에서 힘겹게 버티다 끝내 운동장 밖으로 밀려나는 참담함을 느낀다.

뉴스 품질 저해 때 상위 노출을 시키지 않겠다는 네이버의 설명도 납득이 되지 않는다. 비슷한 기사를 묶어주는 '클러스터링' 기술을 악용한 언론사 기사는 여전히 검색 상단을 차지하고 있다. 언론사와 기자 바이라인만 다를 뿐 제목과 내용은 같은 기사들이다.

우리나라는 포털과 모바일을 통한 뉴스 유통 비중이 월등히 높다. 이 같은 뉴스 유통시장의 특성을 감안할 때 현재와 같은 네이버의 지역 매체 배제는 디지털 뉴스 시장에서 지역의 목소리를 틀어막고 서울의 여론만 확대재생산 하는 결과를 낳는다. 지역 매체에게는 디지털 공론장에서의 도편추방이나 다름없다.

지역언론의 위축은 여론의 다양성을 보장하는 민주주의 위험이자 지방자치의 왜소화로 이어진다. 정부가 강조하고 있는 '지역과의 상생'

도 지역언론을 통해 정책과 여론이 소통될 때 비로소 가능하다.

한국지방신문협회는 작금의 현실이 민주주의를 위협하고 지역발전을 가로막는 심각한 상황으로 규정하면서 네이버를 비롯한 포털사와 뉴스제휴평가위원회, 정부와 국회에 다음과 같이 요구한다.

1. 네이버, 카카오, 뉴스제휴평가위원회는 지역언론과의 제휴를 대폭 확대하고 독자들이 자신이 살고 있는 지역뉴스를 구독할 수 있도록 뉴스 선택권을 돌려 달라.

1. 네이버는 모바일 콘텐츠 제휴사, 클러스터링 중심 뉴스를 우대하는 알고리즘을 폐기하라.

1. 정부는 위기에 빠진 지역언론이 활력을 회복해 지역언론의 역할을 다 할 수 있도록 지역언론 활성화 방안을 마련해 시행하라.

1. 정부는 뉴스 유통을 장악하고 있는 포털 기업들이 이윤을 앞세워 언론시장을 황폐화하고 있는 현 상황을 개선할 방안을 마련하라.

1. 국회는 언론의 중앙 집중과 지역언론 차별을 근본적으로 해결할 법안들을 마련하라. 특히 이미 발의된 '포털의 위치기반 뉴스서비스' 법안과 '지역뉴스 일정 비율 이상 노출 의무화' 법안 등을 속히 처리해 시행될 수 있도록 하라.

2019. 3. 7 한국지방신문협회

한신협은 이에 앞서 디지털 시대에 걸맞은 지역민의 보편적 정보 접근권 보장과 건전한 지역 여론 조성을 위해 2018년 9월 27일부터 공동 칼럼 릴레이 게재에 나섰다.

9개 지방지가 각자의 주요 지면을 할애해 공동 칼럼 릴레이 게

재를 시도한 것은 지역신문을 옥죄는 중앙집권적 미디어 환경과 서울 위주의 포털 운영으로 공론장 배제와 매체력 추락을 실제로 강요당했기 때문이다.

특히 온 국민이 뉴스를 소비하는 플랫폼인 포털의 경우 지역신문에 모바일 입점 기회를 원천 봉쇄했기 때문에 포털에서는 지역의 목소리가 사라지게 되었다는 우려와 개탄이 쏟아졌다.

한신협은 정치권과 학계 등 오피니언 리더를 필자로 위촉한 공동 칼럼을 통해 지역뉴스가 배제된 작금의 포털 뉴스 서비스에 대한 문제의식을 공유하려 노력했다.

릴레이 기고에는 '포털-지역언론 상생법'을 대표 발의한 정동영 민주평화당 대표를 시작으로 최경진 대구가톨릭대 언론광고학부 교수, 강효상 자유한국당 의원, 이민규 한국언론학회장, 최영재 한림대 언론정보학부 교수, 이용성 한서대 신문방송학과 교수, 안차수 경남대 신문방송학과 교수 등이 참여했다.

포털의 지역신문 차별에 대한 비판은 '언론노동자 선언'으로도 이어졌다. 2019년 4월 7일 제63회 신문의 날을 앞둔 4월 4일 전국언론노조 전국신문통신노동조합협의회는 서울프레스센터에서 '신문법 개악 10년, 편집권 독립과 올바른 신문 진흥을 위한 언론노동자 선언'을 채택해 발표했다.

"지역 민주주의 발전을 위해 지역신문의 역할과 지원 등의 조항도 추가되어야 한다. 현재 네이버의 모바일 뉴스 서비스에선 지역신문을 구독하고 싶어도 할 수 없는 상황이다. 온라인 뉴스 서비스 사업자가 지역 민주주의와 여론 다양성을 훼손하지 못하도록

법을 강화해야 한다. 지원금은 축소되고 선택과 집중마저 상실된 지역신문발전지원특별법도 한시 조항 삭제 등 개정이 시급하다."

신문법이 '신문 등의 진흥에 관한 법률'로 개악된 지 10년을 맞아 '국민의 복리 증진을 도모하고, 언론의 건전한 발전 및 독자의 권익 보호에 기여'하는 법의 목적을 비롯하여 '편집의 자유와 독립', '신문 등의 사회적 책임', '신문의 공정성과 공익성', '독자의 권익 보호' 등 이유 없이 사라진 조항을 복원하고 강화하는 한편 포털의 지역신문 차별을 분명하게 비판하고 나선 것이다.

현실적으로 뉴스가 인터넷 특히 모바일에서 소비되는 시대가 되었다. 지역을 기반으로 하지 않는 인터넷 공간에서의 뉴스 공급은 지역뉴스의 설 자리를 위협하는 실정이다. 특히 네이버는 사실상 한국을 대표하는 언론이라는 위상까지 확보한 게 엄연한 현실이다.

지방언론과 네이버는 긴장 관계 속에서 대치 국면을 형성했지만 '달걀로 바위 치기'라는 속담을 연상시킬 정도로 별무소득이었다. 사정이 이러하다 보니 정부와 국회 등 시쳇말로 힘세고 '빽' 있는 데다 대놓고 대책을 마련해 달라고 하소연하는 지경까지 이르렀다. 지방지의 현실을 있는 그대로 적나라하게 보여 주는 풍경이 아닐 수 없다.

신문협회보는 2019년 7월 1일 자 제620호 머리기사 제목으로 '포털의 지역뉴스 홀대…미디어 업계 최대의 이슈/정치권 · 지자체 · 지방의회 · 시민단체로 일파만파 확산'을 뽑았다. 그리고 포털의 지역뉴스 차별에 대해서는 전체 6면 가운데 절반인 3면을 할애해 '2019 지역신문 포털 노출 개선 요구 일지'까지 넣어 경과를 상세하게 전달했다.

본문 내용은 이렇다. "포털의 지역뉴스 홀대가 심각한 가운데 언론계뿐 아니라 정치권 · 지자체 · 지방의회 · 시민단체 등도 가세해 조속한 차별 개선을 요구하고 나섰다. 포털의 지역뉴스 차별 문제가 상반기 미디어 업계의 최대 이슈가 된 데 이어 범국가적 범사회적 이슈로 부상한 것이다."

네이버의 지역뉴스 차별에 대한 규탄이 전방위로 퍼진 건 사실이다. 전국 시 · 도의회 의장협의회와 부산시의회, 경남도의회가 네이버의 지역언론 배제를 규탄하는 공동 성명서와 결의안을 채택한 데 이어 부산 구 · 군의회 의장협의회도 네이버 사태 해결에 적극적으로 동참할 것을 선언했다.

오거돈 부산시장과 박원순 서울시장 등 전국 17개 시 · 도지사들도 가세했다. 이들은 '지방분권을 위협하는 포털 네이버의 지역언론 차별 중단 및 제도개선 촉구 결의문'을 채택하고 네이버의 지역언론 차별 문제를 공론화했다.

시 · 도지사들은 결의문에서 "네이버는 지방자치와 지방분권을 위한 공론의 장 기능을 수행하고 있음을 인식하고, 지역민의 삶과 밀접한 뉴스를 다루는 지역언론에 대한 차별을 즉각 중단하라"고 촉구한 데 이어 "정부는 포털의 뉴스 유통 독점에 대한 대책을 마련하고, 지역언론 활성화를 위한 제도를 개선하라"고 요구했다. 국회에는 "포털의 일방적인 지역언론 차별, 지역정보 차단, 지역민 무시 등 퇴행을 바로잡고 지역과 중앙이 상생하는 미디어 환경을 조성하기 위한 법률을 마련하라"고 주문했다.

전국 언론 노동자들은 시민사회단체와 함께 네이버의 지역 차별을 규탄하고 개선을 촉구하는 무기한 릴레이 1인 시위에도 돌입했다. 전국언론노조와 전국민주언론시민연합, 지역신문노동조합협의회 등은 경기도 성남시 네이버 본사 앞에서 '네이버 뉴스 서비스의 지역언론 배제 개선'을 요구하고 '지역 공론장 형성을 위한 네이버의 공적 책임'을 촉구했다.

전대식 지역신문노동조합협의회 의장은 "지난 2005년 언론사에 뉴스 유통망을 제공하는 우군으로 등장한 네이버가 15년 만에 독점적 지위를 휘두르는 갑질 기업으로 전락했다"며 "지역언론 종사자들이 만든 콘텐츠가 사라진 현실에 대해 상생을 위한 대화의 장이 마련돼야 한다"라고 목소리를 높였다.

특정 이슈에 대하여 여야를 가리지 않고 정치권이 한목소리를 내는 데다 지방의회와 지방정부까지 가세하는 것은 물론이고 시민사회단체의 열띤 호응까지 얻는 일은 대단히 이례적이다. 더욱이 언론 현안에서 이런 일이 발생한 것은 한국 언론사에 길이 남을 중대 사건이다.

2019년 9월 2일 오후 3시 마침내 네이버의 빗장이 일부 풀렸다. 서울에 본사를 둔 44개 중앙언론이 독점하던 네이버의 모바일 뉴스 채널에 부산일보, 매일신문, 강원일보 등 지방지 3곳이 처음으로 진출하게 된 것이다.

국내 디지털 뉴스 이용자의 77%가 포털을 통해 정보를 얻는 현실에서 그동안 한국 디지털 공론장은 서울의 시각에서 만들어진 뉴스만이 활개를 치는 '기울어진 여론 운동장'과 다름없었다.

지방지 3사의 네이버 뉴스 채널 진출은 서울 중심의 디지털 공론장에 변화가 시작되었음을 알리는 신호탄이다. 분명한 것은 중앙집권적 여론 시장의 지각 변동은 이제 겨우 걸음마를 뗀, 그야말로 시작일 뿐이라는 사실이다.

지방언론과 자치분권

언론 자유와 자치분권은 민주주의와 동의어에 가깝다. 그런 점에서 미국은 확실히 연구 대상이다. 자치분권과 언론 자유에 있어 미국은 교과서의 한 페이지를 차지할 정도로 뚜렷한 역사적 족적을 남기고 있기 때문이다. 언론 자유든 지방자치제든 미국을 빼고 논한다면 제대로 접근했다고 말할 수 없을 정도이다.

'언론 자유의 나라'로 미국을 흔히 꼽는다. 미국 독립선언문을 기초한 제3대 대통령 토머스 제퍼슨은 "정부 없는 신문과 신문 없는 정부 중에서 선택해야 할 상황이 발생한다면, 나는 아무런 주저함 없이 정부 없는 신문을 택하겠다"라고 말한 바 있다.

언론 자유를 말할 때 금과옥조처럼 꼽히는 게 미국 수정헌법 제1조다. '연방 의회는 국교를 정하거나 자유로운 신앙 행위를 금지하는 법률을 제정할 수 없다. 또한 언론, 출판의 자유나 국민이 평화로이 집회할 수 있는 권리 및 불만 사항의 구제를 위하여 정부에 청원할 수 있는 권리를 제한하는 법률을 제정할 수 없다.'

알 권리(right to know)라는 말이 생겨난 곳도 미국이다. 1945년 미국 AP통신의 켄트 쿠퍼는 "시민은 완전하고 정확하게 제시되는 뉴스에 접할 권리를 갖고 있다"며 "알 권리에 대한 존중 없이는 어느 한 국가나 또 세계적으로나 정치적 자유란 있을 수 없다"라고 목소리를 높였다.

취재원 보호에도 미국은 적극적이다. 1896년 메릴랜드주를 필두로 취재원 보호를 위한 방패법(shield law)이 속속 제정돼 현재 30여 개 주에서 취재원에 대한 정보 공개를 거부할 수 있는 취재원 보호법을 시행 중이다.

하지만 도널드 트럼프 대통령 시대에 들어와 미국의 언론 자유가 말이 아니다. '국경 없는 기자회'가 발표한 '2018 세계 언론자유지수'에 따르면 수정헌법으로 언론 자유를 보장한다는 미국이 세계 180개국 가운데 45위를 차지했다. 2017년 63위에서 20계단 상승한 한국보다도 2계단 아래다.

미국 내에서는 '언론 전쟁'도 한창이다. 트럼프 대통령이 '망해 가는 뉴욕타임스', '저널리즘의 수치 워싱턴포스트', '가짜뉴스 CNN'이라는 말로 언론을 국민의 적으로 규정하자 350여 미국 언론들이 일제히 '언론은 적이 아니다'라는 사설을 싣기도 했다.

언론 전쟁은 뉴욕타임스(NYT) '익명의 기고문'으로 전선이 확대되기도 했다. 트럼프 행정부의 난맥상을 비판한 '현직 고위관리'라는 익명의 기고문이 엄청난 파문을 일으키면서 백악관이 필자 색출에 나서기도 했다.

NYT는 "미국 수정헌법 1조는 대통령을 비판하는 기고를 출판할 수 있는 기고자의 권리를 보호하고 있다"며 "기고자의 신원을 지키기 위해 우리의 모든 권한을 행사할 것"이라고 맞섰다. 언론 자유는 언제든 위협받을 수 있음을 보여 주는 생생한 사례가 아닐 수 없다.

언제든 위협받을 수 있다는 점에서 민주주의라는 제도도 언론 자유 못지않다. 프랑스 귀족 출신인 토크빌은 미국의 감옥 제도를 연구하라는 정부의 명을 받아 1831년 미국으로 건너갔다가 미국의 민주주의에 눈을 뜨게 된다. 그해 5월 뉴욕에 도착해 미국 전역을 9개월간 여행하면서 형벌 제도뿐만 아니라 독특한 정치제도, 경제 등 다양한 미국의 모습을 기록하게 된다.

귀국한 뒤 토크빌은 미국 방문에서 얻은 경험과 연구를 바탕으로 1835년부터 1840년에 걸쳐 『미국의 민주주의 1, 2』를 출간하게 되는데, 미국이라는 거울에 자신의 조국 프랑스를 투영했다. 흔히 이 책은 지방자치 교과서의 바이블이라 평가된다.

토크빌은 "지방자치는 민주주의의 학교"라고 곧잘 말하곤 한다. 지역공동체 중심으로 미국의 정치가 굴러가며, 국가 또한 지역공동체의 계약에 따라 권한을 위임받은 체제라는 특징을 지녔다는 것이다. 특히 그는 보통 사람들이 정치 과정에 참여해 헌신하는 모습을 보고 크게 감동하게 된다.

"미국에 발을 들이는 순간 일종의 격정에 휩싸이게 된다 … 미국인이 아는 거의 유일한 즐거움은 정부에 참여하여 정부의 활동을 논하는 것이다. 이 열정의 일례를 들자면, 뉴욕주 오번에서 열린 대규모 야외 집회에서 버지니아주의 리버스(Rivers) 상원의원은 청중들에게 세 시간 반 동안 연설하였다! 그리고, 청중이 잠시 휴식을 취한 다음, 사우스캐롤라이나주의 르게어(Legare) 상원의원이 또 두 시간 반 동안 연설을 하였다!"

토크빌은 미국의 민주주의가 '다수의 폭정(tyranny of the majority)'

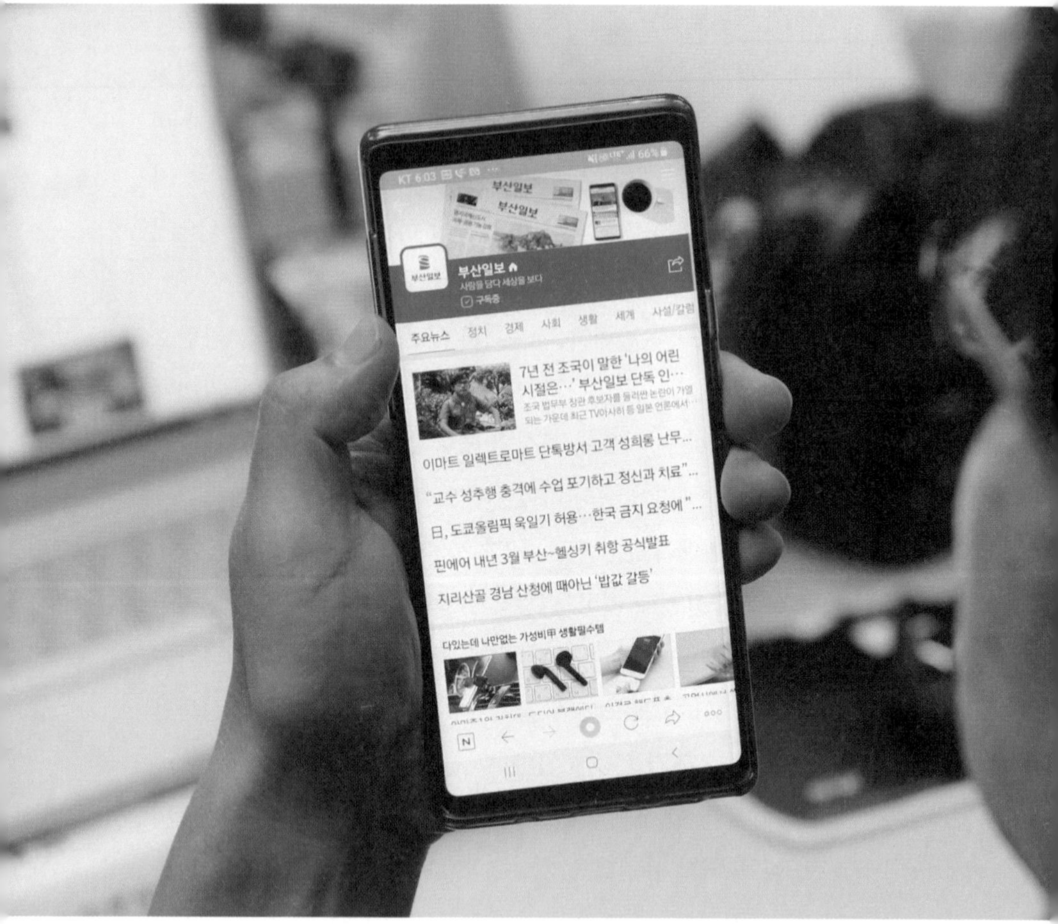

네이버 모바일 뉴스 채널에 입점한 부산일보 ⓒ부산일보

을 부를 뿐만 아니라 '부드러운 전제정치(soft despotism)'로 타락할 수도 있다고 경고했다. 모든 권력은 주권자인 국민한테서 멀어지는 중앙집권적 속성을 지니며, 특별한 대책을 세우지 않는다면 정부가 자연스럽게 중앙집권을 지향하게 된다는 것이다. 중앙집권은 절대주의를 낳고, 절대 권력은 절대 부패할 수밖에 없다는 점에서 민주주의를 크게 위협할 수도 있다는 것이다.

"다가올 민주사회에서 개인의 독립과 지방의 자유는 예술작품처럼 공을 들여야 얻을 수 있지만 중앙집권은 그냥 내버려두면 자연스럽게 형성되는 정부 현상일 것이다"라는 토크빌의 경고는 시간과 공간을 뛰어넘어 한국 사회의 지금 여기에서도 유효하다.

한국은 '87년 체제'에서 더 나아가지 못하고 있는 게 엄연한 현실이다. 1987년 제정된 헌법이 독재 청산과 대의민주주의 부활의 역사적인 계기를 마련한 것은 사실이지만 헌법 제1조에 명시된 '대한민국의 주권은 국민에게 있고, 모든 권력은 국민으로부터 나온다'라는 시민 공화주의 원리를 제대로 구현하지 못하고 있다.

구체적으로 과잉 중앙집권제, 엘리트 지배 대의민주제, 승자 독식 다수결 민주제를 한국 사회의 문제로 꼽을 수 있다. 국가 사무 대 지방 사무, 국세 대 지방세가 8대2의 비율에 고착화하는 과잉 중앙집권제는 풀뿌리 민주주의에 대한 중대한 도전이다. 선출된 공직자의 입법독점권을 인정하는 대의민주제를 채택함으로써 국민이 원하는 사안을 의제로 삼지 않거나 심지어 국민 의사에 반하는 결정을 내리더라도 정부와 국회를 효과적으로 통제하기 어려운 엘리트 지배 대의민주제 또한 문제적이다. 제왕적 대통령제를 비롯하여 소수권익에 대한 배려가 없는 승자 독식 다수결 민주제는 지역 대립과 정당의 이전투구를 부추겨 왔다.

한국 사회에서 언론 자유와 자치분권은 민주화운동의 산물이다. 1987년 6월 항쟁을 통해 쟁취한 6·29선언에 언론 자유와 자치분권에 관한 조항이 들어가 있다. 선언의 8개 항목 중 다섯 번째와 여섯 번째가 각각 언론 자유 창달과 자치 자율의 확대였다.

다섯 번째 항목은 이렇다. "언론 자유의 창달을 위해서 관련 제도와 관행을 획기적으로 개선해야 합니다. 아무리 그 의도가 좋더라도 언론인 대부분의 비판의 표적이 되어 온 언론기본법은 시급히 대폭 개정되거나 폐지되어 다른 법률로 대체되어야 할 것입니다. 지방 취재기자를 부활시키고 프레스카드 제도를 폐지하며 지면의 증면 등 언론의 자율성을 최대한 보장하여야 합니다. 정부는 언론을 장악할 수도 없고, 장악하려고 시도하여서도 아니 됩니다. 국가 안녕 보장을 저해하지 않는 한 언론은 제약받아서는 아니 됩니다. 언론을 심판할 수 있는 것은 독립된 사법부와 개개인의 국민임을 다시 한번 상기합니다."

여섯 번째 항목에서는 지방자치와 교육자치가 강조된다. "사회 각 부문의 자치와 자율은 최대한 보장되어야 합니다. 각 부문별로 자치와 자율의 확대는 다양하고 균형 있는 사회발전을 이룩하여 국가발전의 원동력이 된다고 했습니다. 개헌 절차에도 불구하고 지방의회 구성은 예정대로 순조롭게 진행되어야 하고 시·도 단위 지방의회 구성도 곧이어 구체적으로 검토 추진하여야 할 것으로 생각합니다. 학문의 전당인 대학의 자율화와 교육자치도 조속히 실현되어야 하며 이를 위해 대학의 인사, 예산, 행정에 대한 자율성을 보장하고 입시, 졸업제도도 그와 같은 방향으로 개선해 나아가야 합니다."

하지만 지방자치제는 순탄하지 않았다. 1990년 10월 3당 합당으로 거대 여당이 된 민자당이 지방자치제 실시 등 정치적 약속을 무시한 채 내각제 개헌 등을 추진하려 했다. 그러자 김대중 평화민주당 총재는 13일간의 단식 투쟁에 들어갔다. 이는 이듬해 지방의회 선거를 앞당기는 기폭제가 되었다. 그의 투쟁은 결국 1991년 지방의회의원 선거를 실현하게 했다.

김영삼 대통령은 시기상조라며 연기를 간언한 내무부 관료와 청와대 참모들을 물리치고 1995년 민선 단체장 시대를 열었다. 노무현 대통령은 지방분권을 핵심 대통령 의제로 격상시켰다. 노 대통령은 "박정희 대통령이 경제발전에, 김대중 대통령이 민주화에 기여한 대통령으로 기억되듯이 나는 역사적으로 지방분권 대통령으로 기억되고 싶다"라고 강조한 바 있다.

자치분권의 진전에 따라 언론 자유도 신장하고 있다는 점에서 지방의 민주주의를 강력하게 지탱하는 것은 자치분권과 지방언론이다. 하지만 자치분권의 갈 길은 멀고 지방언론이 넘어야 할 산과 강도 많다.

자치분권 없는 지방언론, 지방언론 없는 자치분권은 생각하기 어렵다는 점에서 지방자치제와 지방언론은 공동운명체다. 묵은

'87년 체제'를 청산하기 위해서는 자치와 분권의 가치를 전면에 내세운 개헌이 필요하다. 새로운 체제라야 자치분권도, 지방언론 자유도 못다 핀 꽃을 활짝 피울 수 있다.

로컬 푸드, 로컬 페이퍼

로컬 푸드의 인기는 국내외를 가리지 않고 식을 줄 모른다. 가까운 곳의 음식이 가장 좋은 음식이라는 데는 이론이 없는 듯하다. 사는 데서 가까울수록 더 신선하고, 더 생명력이 있기 때문일 것이다.

『월든』의 작가 헨리 데이비드 소로도 가장 좋은 음식이란 사는 곳 가까이에서 나는 제철 음식이라고 말했다. "나는 제철에만 얻을 수 있는 음식을 가장 좋아한다. 그리고 그것이 다른 철에는 없다는 사실이 즐겁기까지 하다." 월든 호수 근처 숲에서 나는 제철 음식은 상할 염려가 없고, 방부제 걱정 또한 내려놓아도 좋다. 그렇다면 과연 음식만 가까운 곳에서 나는 게 좋은 것일까.

로컬 푸드에 대한 선호는 전 지구적인 현상이 되었지만, 자치분권의 로컬 정부와 로컬 페이퍼는 아직 갈 길이 멀다. 특히 한국은 멀어도 한참이나 멀다. 지방자치의 역사가 일천한 데다 오랜 중앙집권의 폐습이 여전히 막강한 영향력을 발휘하고 있어 지방자치가 제자리를 잡지 못하고 있다. 그런 실정에서 지방언론이 이른바 중앙언론이라는 서울을 비롯한 수도권 언론과 힘을 겨루기란 처음부터 힘에 부치는 일이다.

'가까운 정부가 가장 좋은 정부(Nearest government is the best)'라는

말도 있다. 자치와 분권을 일깨우는 경구다. 사는 곳에서 멀리 떨어져 있는 정부, 여러 곳을 한꺼번에 챙기는 바람에 물리적인 거리만큼이나 심리적 거리도 아득하게 마련인 멀리 떨어져 있는 정부가 특정한 장소와 시간을 살아가는 사람들의 처지를 이해하기란 여간 어려운 게 아니다. 무슨 문제가 생겨도 바로 대처하기가 곤란하다. 터 잡고 사는 곳에서 스스로를 바로 다스리고, 또한 권한과 의무를 함께 누리는 게 바람직하다.

언론으로 가면 '뉴스 가치는 거리에 반비례한다'라는 근접성 이론이 있다. 사는 데서 가까운 뉴스일수록 뉴스 가치는 커진다는 뜻이다. 생각해 보라. 먼 곳에서 일어난 일일수록 무덤덤해지는 것은 사람 사는 세상 어디나 마찬가지일 터이다. 자신의 삶에 미치는 파장이라는 것을 생각할 때 아무래도 가까운 데서 일어난 일일수록 영향력이 클 수밖에 없다. 너무 멀어 파장은커녕 아무런 감흥조차 일어나지 않는데 무슨 뉴스 가치를 운운할 수 있겠는가. 새로운 생명이 태어나든 한 생명이 꺼져 가든 가까운 데서 일어나야 사람의 이목을 붙들게 마련이다.

생명력 넘치는 피가 되고 살이 되게 하는 가까운 데서 난 로컬푸드처럼 로컬 사람들의 생활에 바로바로 직접적 영향을 끼치는 로컬 페이퍼도 있게 마련이다. 로컬 언론이 발달한 서구 사회에서는 지역마다 특화된 언론이 제 몫을 다하고 있다지만 오랜 중앙집권의 역사를 가진 우리 실정에서는 지방정부 위에 군림하는 중앙정부처럼 중앙언론 또한 지방을 호령하는 맹위를 떨쳐 왔다.

근대화 이후 권위주의 시대를 거치면서 중앙언론은 전체주의 정부의 논리를 확대 재생산하는 확성기 노릇을 하면서 권력만큼이나 비대한 영향력을 키웠다. 1987년 6월 항쟁을 거쳐 1990년대 들어 지방자치제가 본격화하면서 그동안 중앙언론과 지방언론의 암묵적인 카르텔을 깨고 지방언론이 제 목소리를 내기 시작했다.

되돌아보면 지방언론이 중앙의 정치권이나 경제계, 문화계에서 일어나는 일들을 보도하지 않고 순전히 지방의 뉴스로 지면을 채우기에는 당시로써는 역부족이었다. 실로 중앙에서 발생하는 뉴스의 영향력이 만만치 않은 세월이 오랫동안 지속하였다.

비교적 앞쪽 지면은 중앙뉴스로 채우고 사회면 등에는 지역뉴스를 소개하는 로컬 페이퍼의 절충형 편집은 시간이 갈수록 지역뉴스를 확대 강화하는 방향으로 진화 발전해 나갔다. 1990년대만 하더라도 정치면은 중앙정치 일색이었지만 시간이 지나면서 시의회, 구 · 군의회 등 지방정치를 다루는 분량이 늘어났다.

경제면도 중앙뉴스보다는 지역뉴스의 비중이 커지면서 지역의 경제뉴스가 주요 면으로 전진 배치되는 일이 허다해졌다. 문화면은 전통적으로 지역뉴스가 우위를 지키는 관행이 지금도 오롯하다. 기획기사는 이제 거의 지역에서 생산된 기사가 주종을 이룬다고 해도 과언이 아니다. 따라서 헤드라인을 비롯한 주요 지면에 지역을 심층 취재한 뉴스가 오르는 일이 당연한 것으로 받아들여지는 이즈음이다.

이런 변화에는 독자의 뉴스에 대한 자세 변화도 일정 부분 영향을 끼쳤다고 보는 게 합리적이다. 1990년대까지만 하더라도 지역 독자들은 중앙뉴스를 빼면 지방지에서 볼 게 없다는 인식을 완강하게 드러내 보였다. 지역뉴스를 거의 취급하지 않는 중앙지를 구독하는 독자들도 상당했다.

그러다 보니 중앙지 하나, 지방지 하나 등 매일 신문 2부를 구독한다고 자랑하는 지역 독자들을 흔치 않게 만나곤 했다. 중앙지에서는 지역뉴스를 찾아보기 어렵고, 지방지는 상대적으로 중앙뉴스가 부족하다 보니 나름대로 균형을 맞추려는 궁여지책이었을 터이다.

하지만 지방자치제가 발달할수록 서구처럼 신문 시장은 로컬 페이퍼 중심으로 재편될 수밖에 없다. 지방지들이 지역뉴스 시장의 중심에 자리 잡는 것이다. 중앙지들은 '중앙'이라는 무거운 짐을 내려놓고 서울지역의 로컬 페이퍼로 변신하는 게 시대적 당위로 다가왔음을 깨닫게 될 날이 머지않아 찾아올 것이다.

서울지방경찰청, 서울지방국세청, 서울지방우정청 등 서울에 있는 관공서들이 지방이라는 이름을 달고 있듯 이른바 중앙지라는 이름으로 권위와 특혜를 누려온 수도권 언론도 로컬 페이퍼로 변신할 준비를 단단히 해야 할 때다.

섣부르게 중앙언론 노릇하다가는 큰코다칠 수 있다. 한국에서 내로라하는 중앙지가 보도한 '느닷없는 부산~헬싱키 노선…국내 항공사들 뿔났다'라는 제하의 기사는 부산에서 큰 반발을 산 바 있다. "와 부산서 유럽 직항하면 안 되나?"라는 지적을 비롯하여 부산 · 울산 · 경남지역 주민들로 추정되는 이들의 울분과 분노에 찬 댓글이 도배되다시피 했다.

문제의 서울지역 언론은 "부산~헬싱키 노선으로 국적사들은 얻

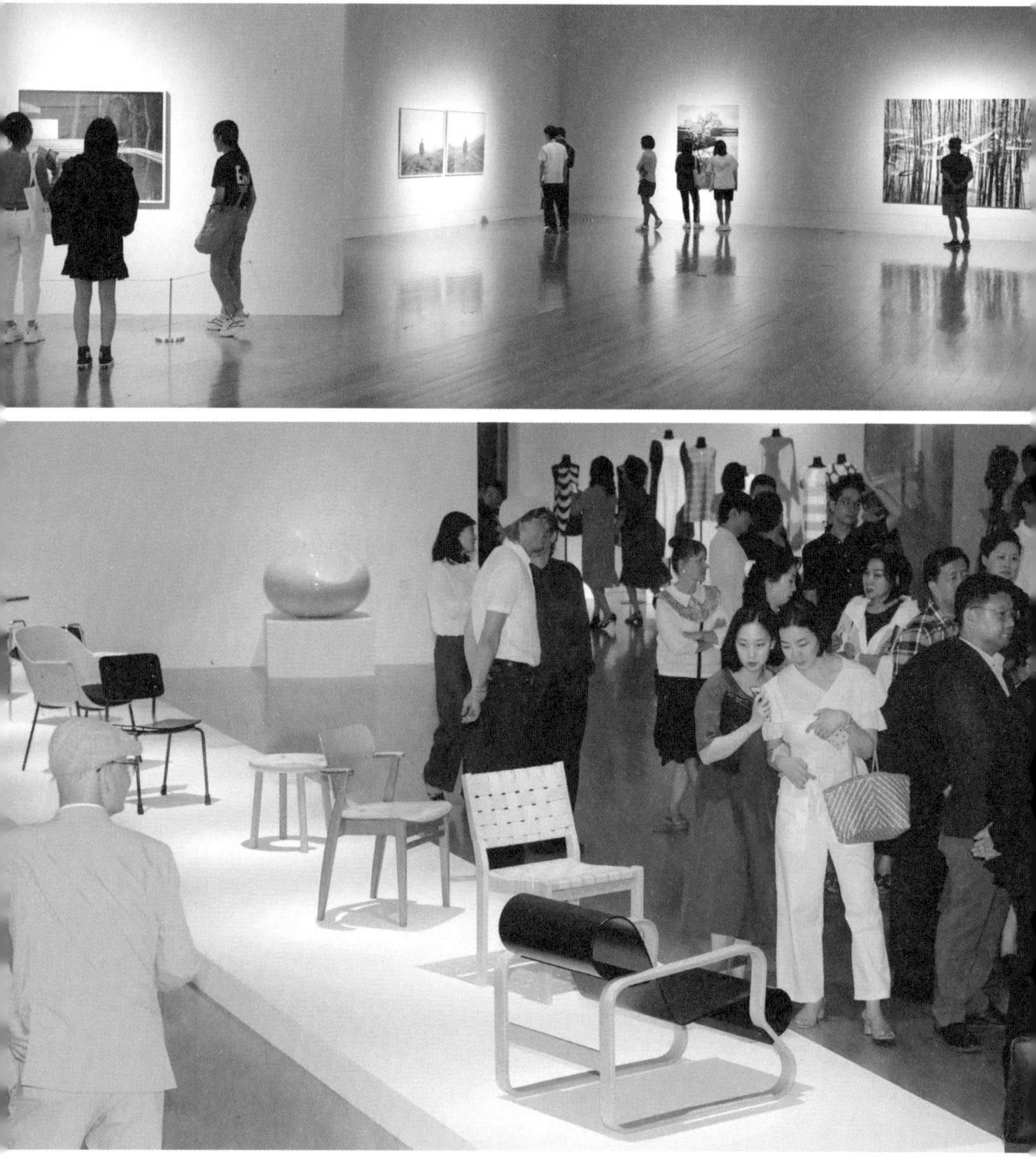

부산~헬싱키 직항 개설을 앞두고 부산시립미술관에서 열린 국제기획전
'핀란드 웨이브(Finnish aalto)' ⓒ부산일보

을 게 없고, 인천국제공항을 허브공항으로 키우려는 정부의 기존 정책과도 상충한다"며 "부산~헬싱키 노선에 취항하는 핀란드의 핀에어에만 일방적으로 유리한 결정"이라고 보도했다.

이 보도에 대해 지역민의 불편에는 아랑곳하지 않는 수도권의 편향된 시각만 잔뜩 묻어 있다는 게 지역의 시각이다. 지역민들이 유럽이나 미주로 가기 위해서는 내항기나 열차, 고속버스를 타고 인천으로 가야 하는 불편에 대해서는 일말의 고려도 없기 때문이다.

인천공항 허브화와 국적항공사 이익에 반하는 정치적 결정이라는 수도권의 논리는 동남권 신공항 건설에 반대한다는 주장과 궤를 같이한다. 동남권 신공항 건설 요구를 인천공항 중심주의에 역행하는 지역의 떼쓰기 프레임으로 보는 맥락에서다. 결국은 장거리 노선의 독점을 원하는 인천공항과 국적항공사의 이해만 충실하게 대변했다는 비판을 받았다.

한국과 핀란드 정부는 한-핀란드 정상회담을 계기로 항공 회담을 열어 2020년 3월 마지막 주 일요일 이후로 주 3회 부산과 헬싱키를 오가는 노선을 신설한다는 데 합의했다. 김해공항 최초의 유럽행 노선인 부산~헬싱키 직항의 신설로 부산 · 울산 · 경남 주민들은 인천공항에 가지 않고도 헬싱키 공항에서 환승을 통해 유럽 각국으로 갈 수 있는 길이 열렸다. 지역에서 이번 유럽 직항 신설을 크게 환영한 것은 두말할 나위가 없다.

이런 사례는 앞으로 더 늘어날 것으로 예상된다. 중앙지로서 서울에 집중된 대기업과 관료집단 등과 연계된 기득권을 지키려는 서울 언론의 관습화된 보도 행태는 결국 지역의 이해와 상충하는 결과를 빚을 것이 자명하기 때문이다. 특히 지방자치제 발달로 지역민들의 권리 의식이 커질수록 이 같은 이해 상충은 심각한 문제로 부상할 것이다.

수도권의 중앙언론도 가까운 곳에서 나는 음식이 건강에 좋다는 로컬 푸드의 정신을 지금부터라도 되새길 필요가 있다. 가까운 곳이 아닌 먼 곳으로 배달하면서 편향된 시각이라는 방부제를 쳤다가는 지역의 집중적인 견제와 비판에 노출될 뿐이다.

'로컬 푸드, 로컬 페이퍼'는 서울과 지방을 떠나 전 지역에 고루 통용되는 자치분권 시대의 음식문화이자 언론문화가 되어야 할 것이다.

지방지·지방 소멸의 묵시록

미디어 생태계가 급격하게 변했다. 신문과 방송은 갈수록 위력을 잃어 가고 그 자리를 인터넷이 차지하기 시작한 지 오래다. 네이버나 다음 같은 포털 사이트가 기존의 올드 미디어를 밀어내고 미디어 생태계의 최상위 포식자로 떠오른 건 주지의 사실이다.

'2018 언론진흥재단 디지털 뉴스 리포트'에 따르면 국내 디지털 뉴스 이용자의 77%가 포털을 통해 정보를 얻는다고 한다. 온라인 유통이 뉴스 시장의 대세가 된 것이다. 문제는 디지털 공론장에서 지역뉴스, 지역의 시각으로 제작된 뉴스가 설 자리를 잃고 있다는 점이다.

2019년 2월 부산에서는 러시아 화물선이 광안대교를 들이받는 사고가 일어났다. 부산일보가 '광안대교와 선박 충돌'이라는 초유의 사건을 특종 보도했다. 하지만 부산일보 기사는 포털에서 찾아보기 어려웠다. 대신 특종 기사를 받아쓴 서울 소재 언론사들의 후발 기사가 특종인 양 포털 검색 상단에 올라가고, 인터넷 뉴스는 이내 이들 중앙언론의 관련 기사로 도배되다시피 했다.

어떻게 해서 이런 일이 일어날까. 네이버는 2019년 2월 뉴스 검색과 관련하여 알고리즘 변경에 들어갔다. 표면적으로는 '배열의 공정성'을 내세웠지만 포털의 '콘텐츠 제휴사'가 아니라 '검색 제휴사'에 그치고 있는 지방언론사에는 퇴출 선언이나 마찬가지였다. 100곳이 넘는 콘텐츠 제휴사에 이름을 올린 지방지는 한 곳도 없기 때문이다.

포털이 사건이 벌어진 지역의 기사를 우대하기는커녕 매체별 제휴 등급 등을 고려해 기사를 배열하기 때문에 지방언론사가 생산한 기사는 감쪽같이 사라지게 되는 것이다. 콘텐츠 제휴사 뉴스는 상단으로 올라가고 비(非) 콘텐츠 제휴사 뉴스는 검색 결과에서 아예 묻혀 버리기 일쑤다. 더욱이 모바일 앱의 뉴스 콘텐츠 분류에는 종합지, 인터넷 · IT지, 방송 · 통신사, 경제지만 존재할 뿐 '지역지'는 아예 차단되었던 게 엄연한 현실이었다. 다만 2019년 9월부터 일부에 한해 족쇄를 풀었다지만 대부분의 지방지는 여전히 언론 대접을 못 받는 처지다.

온라인 뉴스 시장에서 지방언론은 공개적으로 소멸 대상 취급을 받고 있다. 손바닥 안 모바일 세상에서는 아예 지역뉴스조차 찾기 어려운 형편이다. 지방언론의 소멸, 더는 숨기고 자시고 할 것도 없는 현실이 되었다. 지방언론의 소멸은 지방의 소멸을 가속한다는 데 문제의 심각성이 있다.

지방언론의 소멸이 뉴스 시장에서 지역뉴스를 찾기 힘든 상황을 말한다면 지방소멸은 대한민국 지도에서 지자체의 이름이 하나둘 사라지는 현상을 일컫는다. 지방소멸은 이미 시작됐다. 서울과 지방을 가리지 않고 모든 언론의 주요 어젠다 중 하나로 떠올랐다. 특히 지자체와 미래를 같이하는 공동운명체일 수밖에 없는 지방지로서는 사활이 걸린 문제다.

한국고용정보원의 ‘한국의 지방소멸 2018’ 보고서에 따르면 지방소멸은 현재진행형이다. 전국 228개 시 · 군 · 구 중 소멸위험지역이 2013년 75곳(32.9%)에서 2018년 89곳(39%)으로 늘었다. 빠른 속도로 지역공동체가 무너지고 있다.

소멸위험지역은 가임여성 수가 고령자 수의 절반이 안 돼 저출산 고령화에 따른 인구 감소로 사라질 위기에 놓인 지역을 뜻한다. 소멸위험지수는 한 지역의 가임여성(20~39세) 인구수를 해당 지역의 고령자(65세 이상) 인구수로 나눈 값이며, 소멸위험지수가 0.5 미만인 지역은 소멸위험지역이 된다.

2018년 보고서에서는 컬링과 마늘로 유명한 경북 의성군의 소멸위험지수가 0.151로 전국 최악을 기록했다. 경북 도청이 있는 안동시도 0.445로 소멸위험지역으로 분류됐고, 소멸위험지역으로 추가된 4곳 가운데 경주시와 김천시 등 경북에서 2곳이나 들어가 경북의 인구 감소에 경고등이 켜졌다. 경북의 당시 상반기 청년실업률도 14.6%로 전국에서 가장 높아 지방소멸 위기감이 최고조에 달했다.

광역시를 비롯한 대도시라 해서 지방소멸의 안전지대는 아니다. 대한민국 제2 도시인 부산에서는 영도구, 동구, 중구가 소멸위험지역으로 분류됐다. 부산 전체 204개 읍 · 면 · 동 가운데 2013년엔 소멸위험지역이 17곳(8.3%)이었지만 5년 사이 57곳(28.4%)으로 늘어났다. 강서구 가락동, 동구 수정4동, 사하구 감천2동 순으로 소멸 가능성이 높은 것으로 조사됐다.

이런 가운데 지방 인구수가 수도권 인구수에 뒤지는 ‘인구 역전 현상'이 2020년으로 다가왔다는 충격적인 예측도 나왔다. 국토의 11.8%에 불과한 수도권의 인구가 국토의 88.2%를 차지하는 비수도권의 인구수를 추월하는 비정상적인 상황이 곧 벌어질 참이다.

통계청이 최인호 국회의원에게 제출한 자료에 따르면 2019년 7월 1일 현재 비수도권과 수도권의 인구는 백중지세다. 전체 인구 5170만 9000명 가운데 서울 · 경기 · 인천을 제외한 비수도권 14개 시 · 도에 2586만 5000명(50.02%), 수도권에 2584만 4000명(49.98%)이 각각 살고 있다. 비수도권 인구가 2만 1000명 많다지만 거의 50대 50으로 반분하는 양상이다.

2020년을 기준으로 인구 역전 현상은 가시화한다. 총인구 5178만 1000명 가운데 수도권 인구가 2595만 8000명(50.13%), 비수도권 인구가 2582만 3000명(49.87%)으로 상황은 뒤집어지고 만다. 그런데 이 통계가 매년 7월 1일을 기준으로 했기 때문에 2020년 7월까지 가지 않아도 2019년 안에 역전이 일어날 것으로 예측된다. 인구 역전 현상은 더욱더 가팔라져서 2047년에 가면 수도권 인구 비중이 51.6%로 비수도권 인구 비중 48.4%보다 무려 3.25%p까지 많아지는 것으로 예측됐다.

통계청이 2019년 6월 발표한 '2017~2047년 장래인구특별추계'도 사뭇 충격적이다. 유령처럼 배회하던 '지방소멸'이라는 말이 통계 수치로 적나라하게 그 실체를 드러냈기 때문이다. 여기서 포인트는 수도권인 서울 · 인천 · 경기에 비한다면 지방은 거의 소멸의 절차를 밟는 게 뚜렷하게 나타난다.

통계를 한번 자세히 살펴보자. 2017년 5136만 명이던 전국 총인구는 30년 뒤인 2047년에는 4891만 명으로 245만 명이 감소한다. 전국 평균 4.8%의 감소율이다. 전국 총인구는 2017년 5136만 명에서 계속 늘어나 2028년 5194만 명으로 정점을 찍은 뒤 2044년 5000만 명 선이 무너지고 2047년에는 4891만 명으로 하락한다는 것이다.

부산은 1996년, 서울은 2010년, 대구는 2012년, 대전은 2015년 인구 감소가 시작된 가운데 2017년 울산 · 경북 · 전라남북도의 인구가 감소세로 전환했고, 2019년 경남에서도 인구 감소가 시작됐다. 2044년 이후에는 세종시를 제외한 모든 시 · 도에서 인구가 감소할 것이라는 게 통계청의 전망이다.

서울 · 인천 · 경기 수도권만 살펴보면 2017년 2548만 명에서 2047년에는 2536만 명이 될 전망이다. 30년 사이에 22만 명 감소에 그치는 셈이다. 특히 경기도의 경우 이 기간에 120만 명이 늘어난다. 수도권 인구도 줄어들긴 하지만 소폭에 그치는 것이다.

이렇게 되는 가장 큰 원인은 수도권이 영호남의 인구를 블랙홀처럼 흡수하는 데 있다. 영남권의 경우 2017년 1306만 명에서 향후 30년간 199만 명이 감소하고, 호남권도 575만 명에서 51만 명이 줄어든다. 중부권은 26만 명이 늘어난다.

지방소멸의 징후는 곳곳에서 포착된다. 농어촌 낙후지역에서부터 도청 소재지, 나아가 광역시를 가리지 않고 수도권을 제외한다면 그 어느 곳도 지방소멸로부터 안전지대에 놓여 있지 않다.

지방소멸을 바라보는 지방과 수도권의 시선은 사뭇 엇갈린다. 지역에서는 국가 차원의 획기적인 대책이 있어야 지방소멸을 막을 수 있다고 목소리를 높이지만 수도권은 "인구 이동은 자연스러운 현상"이라며 짐짓 "웬 호들갑이냐"는 식이다.

인구 과밀에 따라 수도권에서 일어나는 각종 문제는 차치하고라도 비수도권이 텅텅 비어 가는 현상은 국난에 버금가는 국가적 위기를 부를 게 불을 보듯 뻔하다. 국토의 효율적이고 균형 있는 이용을 저해하는, 블랙홀처럼 모든 것을 빨아들이는 수도권 중심의 일극 체제로는 대한민국의 미래를 열어 나갈 수 없다.

가뜩이나 국토의 12%에 불과한 수도권에 1000대 기업의 본사 74%가 몰려 있을 정도로 경제는 극심한 불평등 현상을 보인다. 공연예술 횟수의 65.4%, 전시 건수의 55.5%가 수도권에 몰려 문화의 편중 현상 또한 우려할 만한 수준이다.

사람들이 지방을 떠나고 지역의 언로가 막히는, 지방언론이 설자리를 잃고 지방도 지도에서 지워지는 악순환의 지방소멸 혹은 지방 말세를 이대로 보고만 있을 것인가.

그래도 '다이내믹 부산'?

부산 사람들은 대체로 화끈하다는 말을 많이 듣는다. 바닷사람 특유의 역동성이 부산 사람에게서 느껴지기 때문이다. 자갈치 시장에서, 롯데 자이언츠 경기가 열리는 사직야구장에서 '우리가 남이가' 하는 집단적 신명과 역동성을 경험하게 된다.

한국 제2 도시 부산의 슬로건은 '다이내믹 부산(Dynamic Busan)'이다. 2003년 이후 변함없이 부산이라는 도시를 간결하게 나타내는 슬로건으로 사용되고 있다. 2002년 월드컵과 아시안게임을 성공적으로 치러낸 경험을 바탕으로 부산시가 그해 말 슬로건 공모 계획을 세웠고 4865건의 시민 공모 끝에 다이내믹 부산을 부산의 도시 브랜드 슬로건으로 정했다.

시정을 담당하는 지방정권이 바뀌어도 슬로건은 유지되었다. 사상 처음으로 시정을 책임지는 시장의 소속 정당이 바뀐 지방권력 교체에도 이 슬로건은 위력을 잃지 않았다. 2018년 6월 13일 제7회 전국동시지방선거로 출범한 민선 7기 오거돈 부산시장도 새로운 부산의 출범을 알리는 데 효과적인 슬로건 교체의 유혹을 뿌리치고 다이내믹 부산을 고수했다.

2018년 7월 1일 민선 7기 출범 이후 부산 시정 대표 슬로건에 변화를 주려고 새 공모에 들어간 건 사실이다. 680건의 작품이

답지한 가운데 '이제는 시민이 먼저다', '시민이 주인인 시정', '시민이 행복한 허브도시 부산' 등 진보 시정에 걸맞은 슬로건이 눈에 띄었지만, 바다의 도시 부산 이미지와 역동적인 부산 사람의 기질을 상징하기에는 여전히 다이내믹 부산이 낫다는 결론이 나왔다.

KTX 안을 비롯하여 곳곳에서 만나는 부산 홍보물에서 다이내믹 부산을 맞닥뜨리지만 부산이라는 도시가 과연 다이내믹한가 하는 회의는 시간이 갈수록 고개를 든다. 무엇보다 사람들이 떠나는 도시에서 활력과 역동성을 찾기란 어렵기 때문이다.

부산의 인구 추이가 이를 잘 웅변한다. 1876년 개항과 함께 근대도시의 길을 걷기 시작한 부산은 1914년 부제(府制)를 실시할 무렵 인구수가 2만 명쯤이었다. 시역의 확장과 항만의 발달로 1925년에는 11만 6853명, 광복 이후인 1945년에는 28만 1160명으로 늘었다.

6·25 한국전쟁 이후 전국 각지에서 피란민들이 부산에 몰려들면서 1951년에는 84만 4134명, 1955년에는 104만 9363명으로 인구 100만 시대를 여는 등 폭발적인 증가세를 보였다.

1980년 315만 9766명으로 300만 시대를 연 부산의 인구수는 1995년 389만 2972명으로 정점을 찍은 후 지금까지 계속하여 내리막길을 걸어왔다. 2019년 6월 30일 현재 347만 9684명에 이르렀다. 이 중 남성은 49.2%, 여성은 50.8%의 비율을 보이며, 부산에 거주하는 외국인 인구수는 5만 2052명이다.

부산이 다이내믹 부산을 줄곧 외쳐 왔지만 인구 하락을 막기에는 그 특유의 역동성조차 역부족이었다는 사실을 증명하는 인구 추이다. 그렇다면 앞으로는 어떻게 될까.

통계청의 '2017~2047년 장래인구특별추계'에 따르면 전국에서 4.8% 인구 감소율을 보이는 가운데 수도권 감소세가 0.9%이지만 부산은 무려 21.7% 감소율로 전국 최악을 기록하게 된다.

부산 인구는 342만 명에서 268만 명으로 74만 명이나 줄어들고 특히 생산연령인구(15~64세)는 249만 명에서 113만 명이 준 136만 명으로 집계돼 45.6% 감소율로 전국 최악을 다시 한 번 기록하게 된다.

이렇게 되면 대한민국 제2 도시라는 부산의 위상이 흔들릴 수밖에 없게 된다. 인천이 2034년에는 부산 인구를 추월하게 되기 때문이다. 2033년에는 부산이 305만 3000명, 인천이 304만 5000명이었다가 2034년에는 부산 303만 2000명, 인천 304만 7000명으로 역전된다. 이후 2047년에는 두 도시의 인구 차이가 27만 명이나 벌어지게 된다.

그동안 부산에서 경제 활력과 생산 동력의 '마지노선'으로 인식되어 오던 '300만 인구'가 무너지는 시기도 훨씬 빨리 도래할 것으로 예상됐다. 2036년에 '300만 인구'가 무너질 것으로 전망되는 것은 안타까운 일이 아닐 수 없다.

통계청은 2017년 6월 '2015~2045년 장래인구특별추계'에서 '300만 인구'가 무너지는 해당 시기를 2045년(297만 8000명)으로 제시한 바 있는데, 이번에 무려 9년이나 앞당겨진 것이다. 갈수록 그 속도가 빨라질 것이라는 예측도 가능하다 하겠다.

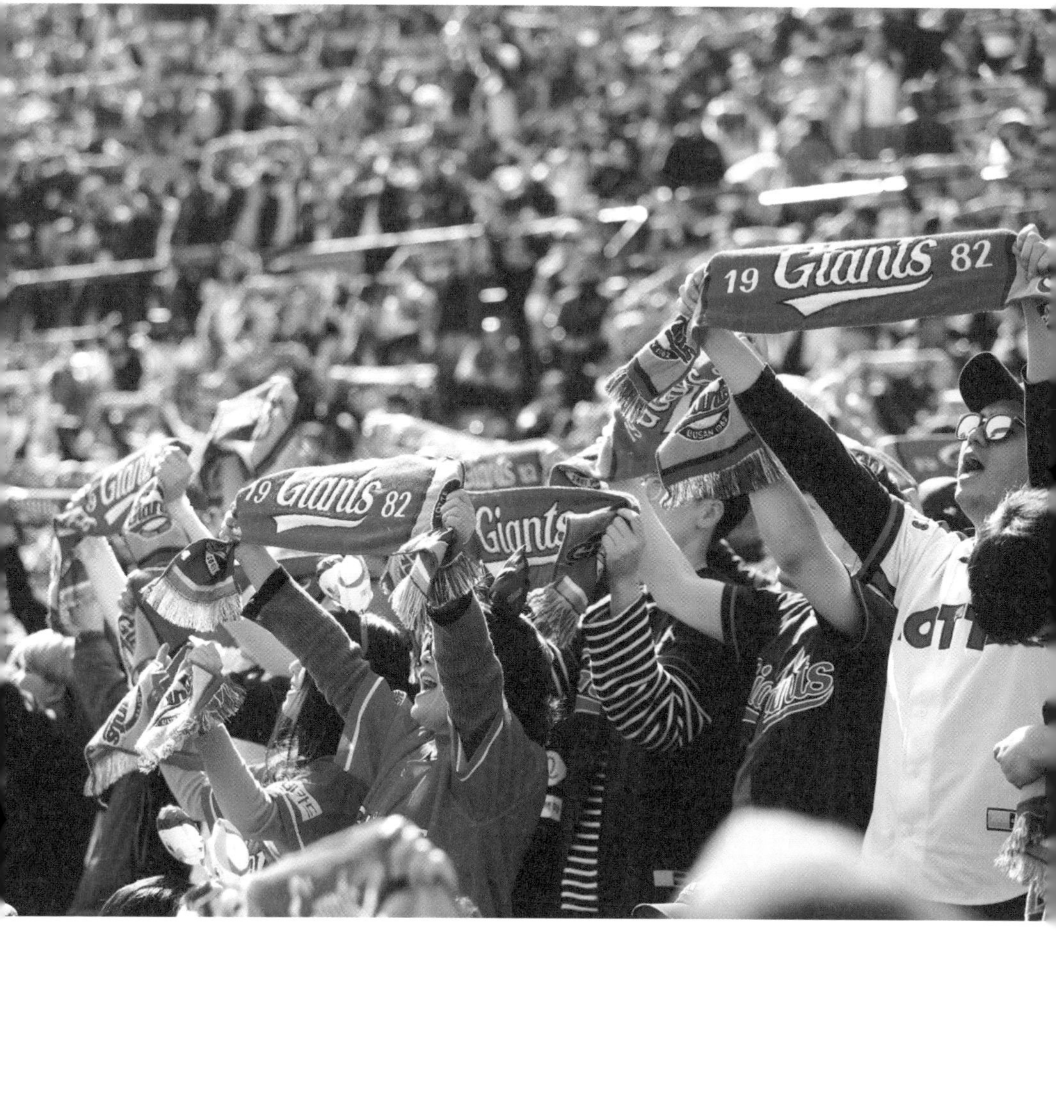

부산의 집단적 신명과 역동성을 보여 주는 롯데 자이언츠 응원 ⓒ부산일보

다른 인구 자료를 인용하여 더 멀리 내다봐도 부산의 인구 하락세는 멈추지 않는다. 2016년 새누리당 유재중 의원이 국회 입법조사처의 '균형인구 산정과 정책적 함의 자료'를 분석한 결과에 따르면 부산이 2060년에는 지금보다 100만 명의 인구가 감소하며, 급기야 2100년에는 인구 100만, 2200년에는 인구 12만의 소도시로 전락할 것이라는 예상이 나왔다는 점이다.

현재 대한민국 제2의 도시 부산은 2060년에는 경기, 서울, 경남에 이어 4위, 2100년에는 경기, 서울, 경남, 경북, 인천에 이어 6위로 전락하며, 2200년에는 아예 10위까지 추락한다는 것이다. 이쯤되면 부산시에 비상이 걸려도 단단히 걸려야 할 상황이 온 것이다.

부산의 인구 소멸은 기정사실화되었다고 해도 과언이 아니다. 만일 정부가 국토 균형발전을 이루고 수도권 집중을 해소하기 위해 특단의 대책을 내놓지 않는다면 영호남은 텅텅 비고 수도권에 인구가 몰리는 왜곡 현상이 지금보다 훨씬 더 많이 진행될 것은 불문가지다.

그렇다면 대책은 없는가. 인구통계 전문가인 마강래 중앙대 도시계획부동산학과 교수는 부산일보와의 인터뷰에서 "지금이 마지막 남은 골든타임"이라며 광역시 거점 지역 대도시권 형성을 주창한 바 있다. "정부가 거점형 국토 성장 정책을 통해 강한 지역 대도시권을 형성하지 않으면 대한민국은 완전한 서울 공화국으로 전락하고 말 것"이라고 경고하는 마 교수는 "지방인구 소멸 시대에 부산은 마지막 남은 희망의 불씨"라고 강조했다.

광역시를 거점으로 한 대도시권 형성이 서울과 인천, 경기도 일극 중심의 국토 불균형을 해소할 대안이라는 것이다. 부산, 대구, 광주 등이 지역별 거점이 될 수 있는데, 그나마 아직 제2 도시 명맥을 유지하는 부산은 가장 유력한 대안이라는 게 마 교수의 주장이다.

"서울과 인천, 경기도는 승자독식이라는 슬로건 아래 하나의 연대로 똘똘 뭉쳐 움직이고 있지만 정작 대도시권을 형성해야 할 지방도시들은 사분오열하고 있는 모양새"라는 마 교수는 "동남권의 도시들도 지금 서로 인구 따먹기를 할 때가 아니라 이익의 교집합을 확대하기 위해 지방도시 간 경계를 허물고 서로 연대를 강화해야 한다"라고 목소리를 높였다.

특히 공공기관과 앵커 기업의 지역 이전이 필요하다는 마 교수의 주장은 새겨들을 만하다. 균형발전이라는 명목 아래 공공기관을 전국에 흩뿌리다시피 하다 보니 제대로 안착한 곳이 부산을 제외하면 거의 없다며, 민간 부문의 지식기반 제조업과 서비스업이 도심으로 몰리고 있는데 이 수요를 부산 등 지역 대도시권으로 자연스럽게 유도하는 정책이 필요하다는 것이다.

끝으로 마 교수는 "국토 불균형이 심각한 지금과 같은 상황에서 최선의 정책을 실현하기 위해 허송세월하는 것보단 최악을 피하기 위한 과감한 결단이 필요하다"라고 강조했다.

사람들이 떠나가는 도시에 남아 살아간다는 건 쓸쓸한 일임이 틀림없다. 특히 젊은이들이 뿌리를 내리지 못하고 일자리를 찾아 뿔뿔이 흩어지는 모습은 부산의 장래에 어두운 그림자를 던진다는 점에서 우울하기까지 하다.

부산은 살 만한 도시인가. 지방소멸 시대에 끊임없이 되물어야 할 질문이 아닐 수 없다. 균형발전과 지방분권은 더는 정치적 수사가 아니라 부산의 존폐가 걸린 화두가 되었다.

제2 도시의 빛과 그림자

부산은 한때 한국의 뉴욕이라 불리기도 했다. 미국 뉴욕과 한국 부산은 여러모로 서로 닮아 있었기 때문이다. 부산이 한반도 관문 역할을 하는 한국의 대표 항구도시라면 뉴욕은 유럽에서 대서양을 건너 아메리카 대륙으로 들어가는 항구도시다. 뉴욕이 금융과 무역의 도시라면 부산도 무역의 도시에서 금융의 도시로 기지개를 켜고 있다. 뉴욕이 1709년 미국의 수도였다면 부산도 6·25 한국전쟁 때 임시수도였다. 부산이 전국 팔도 사람들이 모여 사는 혼종성과 역동성의 도시라면 뉴욕도 인종 전시장이라는 말이 나올 정도로 세계의 도시가 되었다.

콤플렉스까지 닮았다. 뉴욕과 부산은 '문화 불모지'라는 열등감에 시달렸다. 뉴욕이 대서양 너머 유럽의 도시들과 비교한다면 경제에 눈 돌릴 뿐 예술문화의 전통은 부박한 속물적 신도시였고, 부산은 서울과 비교한다면 역시 예술문화의 전통이 부박한 변방의 포구에서 갑작스럽게 대도시로 성장한 신흥도시였기 때문이다.

오늘에 와서 뉴욕은 문화 불모지라는 콤플렉스를 완전히 극복했지만 부산은 아직 미진하다는 게 다르다면 다르다. 메트로폴리탄 미술관(The Met)은 뉴욕 문화의 상징과 같다. 1866년 7월 4일 프랑스 파리에서 열린 미국 독립기념일 축하 모임에서 문화적으로 척박한 뉴욕에 미술관을 세우자는 제안이 나왔고 시민의 기증과 기부로 미술관은 뉴욕의 자긍심이 되었다.

부산에서는 1996년 출범한 부산국제영화제가 아시아를 대표하는 영화제로 자리 잡으면서 문화 불모지 부산이라는 이미지가 많이 희석된 것은 사실이다. 하지만 영화를 제외하고는 문화예술 전반에 걸쳐 부산이 문화 불모지 콤플렉스를 이겨낼 정도는 아니다.

부산에서 자랑거리로 내세울 만한 게 뭐가 있을까. 부산소비자연맹이 2019년 6월 1일~8월 18일 부산 거주자 503명과 타지 거주자 509명을 대상으로 벌인 '부산 상품에 대한 소비자 인식도 조사'는 시사하는 바가 크다.

부산의 장점에 관해 묻는 말에 부산 거주자 59.4%와 타지 거주자 71.3%가 '해운대, 광안리 등 해양도시의 특성'을 꼽았다. 그 외 항목은 대부분 10% 이하여서 바다를 끼고 있는 천혜의 환경이 부산의 가장 두드러진 장점으로 나타났다.

부산을 대표하는 특산품으로 부산 시민은 어묵(24.5%), 돼지국밥(12.3%), 기장 멸치(9.1%), 생선회(8.9%), 기장 다시마(8.7%) 순으로 응답했다. 타지 거주자는 돼지국밥(14.1%), 어묵(13.9%), 구포국수(11.8%), 기장 곰장어(11.6%), 기장 멸치(10.2%) 순이라고 밝혔다.

부산의 장점으로 해운대와 광안리가 있는 해양도시라는 사실이 꼽혔고, 부산의 특산품도 각각 다섯 손가락 안에 든 10개 상품 가운데 돼지국밥과 구포국수를 빼고는 모두 수산물이어서 부산은 역시 '바다 도시'라는 점을 보여 준 조사이기는 하다.

하지만 부산의 자랑거리가 자연환경이며 대표 상품도 농수산업 생산물이라는 것은 부산이 일차산업에 여전히 머물러 있는 도시라는 것을 시사한다. 이는 지역의 자긍심과 브랜드 가치를 높일 부산 대표 상품 개발에 실패했음을 뜻한다.

부산이 서울에 이은 대한민국 제2 도시라는 것은 주지의 사실이다. 조선시대 동래부의 한 포구였던 부산이 개항과 일제강점기를 거쳐 6·25 전쟁을 계기로 임시수도로까지 그 위상이 뛰어올랐다. 1963년 1월 1일 제1호 정부 직할시로 승격하면서 대한민국 제2 도시로 자리를 굳혔다.

하지만 제2 도시라는 지위가 2000년대 들어와 흔들리기 시작했다. 급기야 2007년 부산시 지가 총액이 인천의 186조 원보다 43조 원 이상 차이가 나는 143조 원에 그쳤고, 하필 그해 부산의 인구 유출이 전국 1위를 차지할 정도로 심각해지면서 16개 광역단체 가운데 가장 많은 전출 초과를 보였다.

인구에서도 제2 도시를 놓고 인천이 부산을 맹추격하고 있다. 인천시는 1979년 100만 명 시대를 처음 열었고, 13년 만인 1992년에는 200만 명 시대, 다시 24년 만인 2016년 300만 명 시대를 열었다. 인천은 인구 300만 명 시대를 선언하면서 2040년께면 부산을 추월할 것이라고 호언장담하기도 했다.

인천과 부산의 인구 변화는 지역 내 총생산(GRDP)에 고스란히 반영됐다. 통계청이 2019년 2월 발표한 '2017년 지역 소득 보고서'에 따르면 인천이 처음으로 부산을 제치고 전국 광역시 가운데 지역 내 총생산 1위를 차지했다.

인천 GRDP는 84조 1천억 원으로 부산 83조 8000억 원, 울산

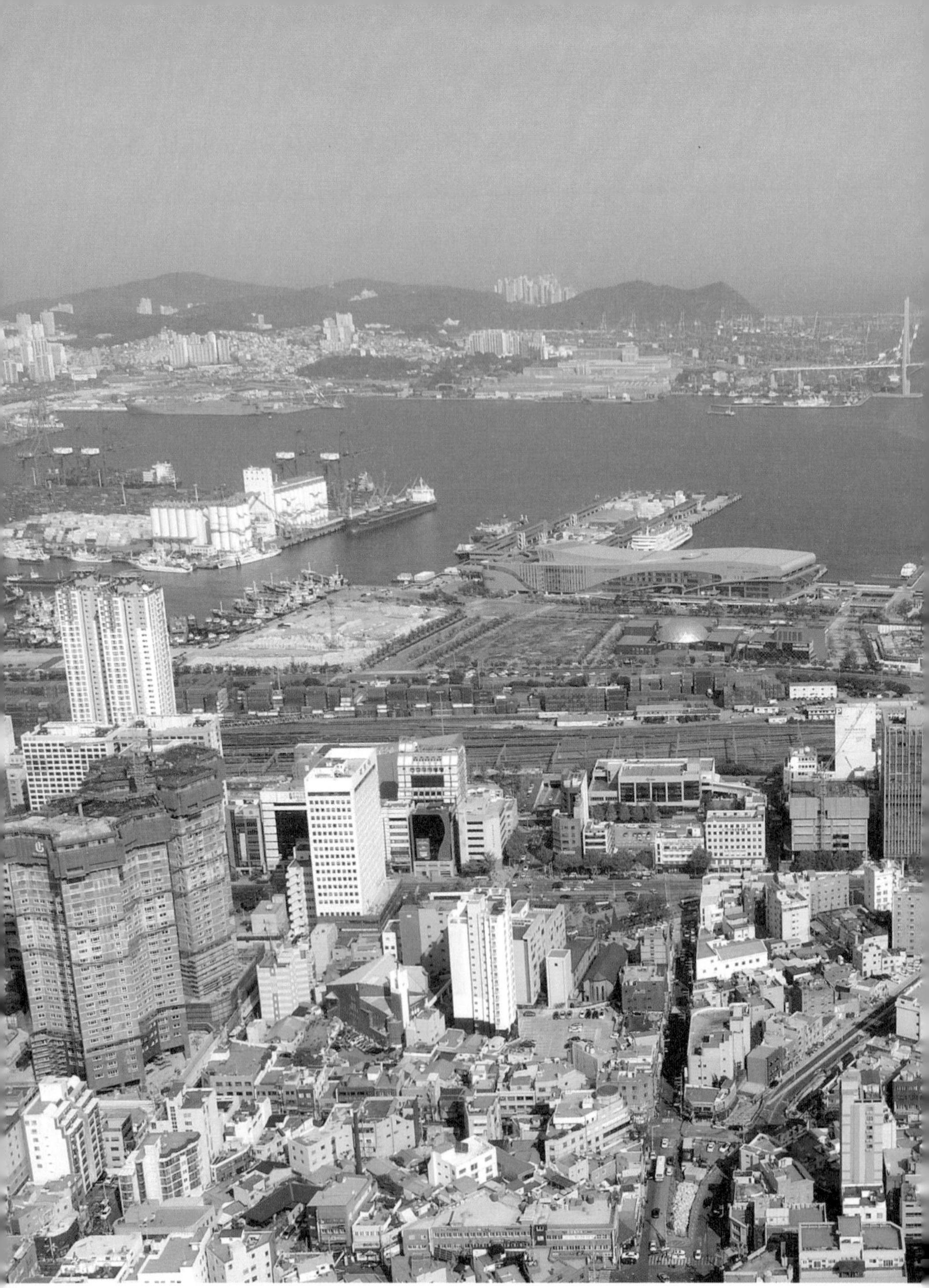

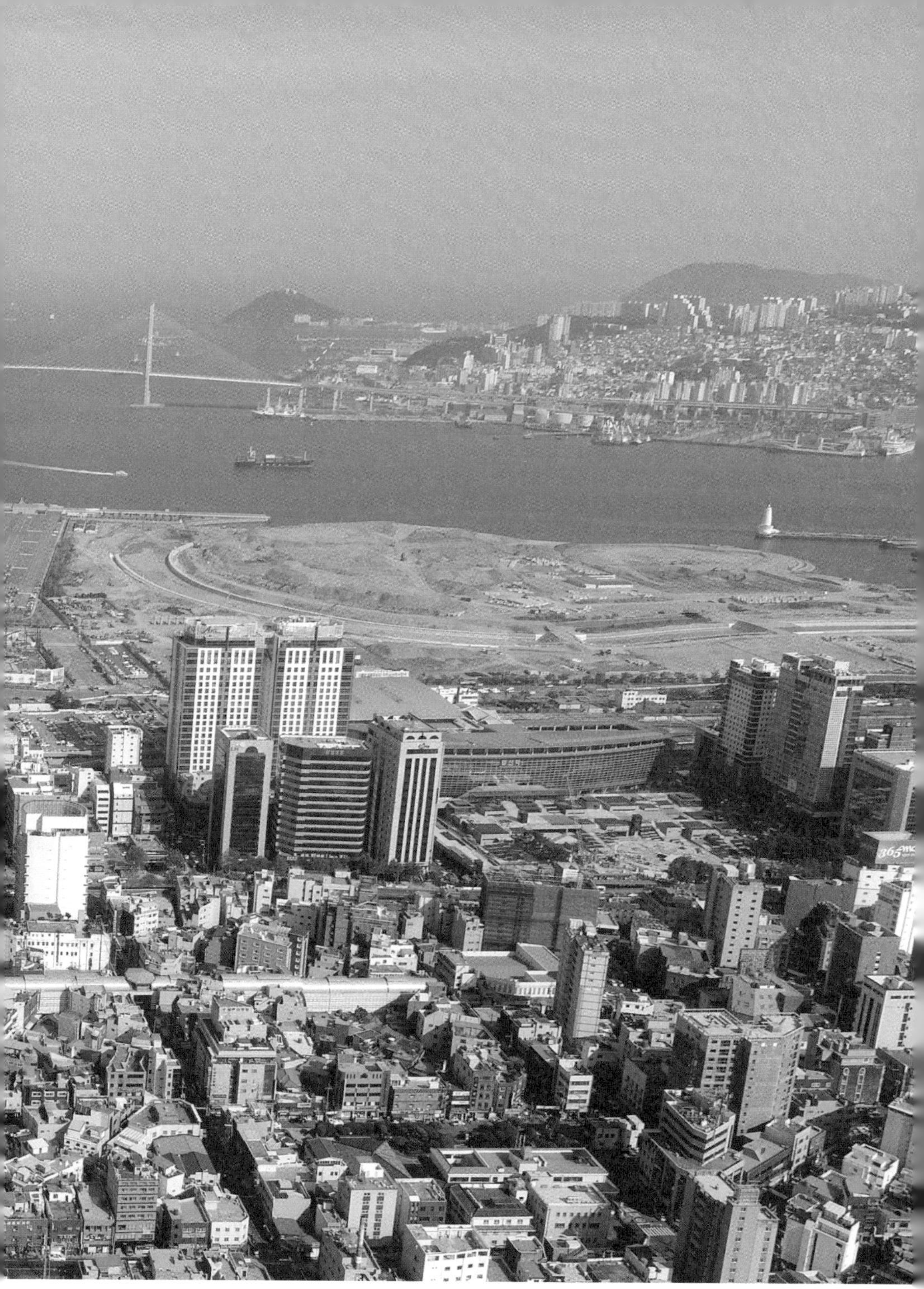

부산항 전경 ⓒ부산일보

75조 1000억 원, 대구 50조 8000억 원, 대전 37조 3000억 원, 광주 35조 4000억 원 등을 추월해 6대 광역시 중 1위를 기록했다. 인천은 이미 2016년 조사에서 1인당 GRDP가 2782만 원으로 부산 2356만 원보다 426만 원 많았지만, GRDP 지역 합계에서 부산을 추월한 것은 2003년 조사 시작 이후 처음이라고 한다.

인천과 부산의 GRDP 역전 현상에는 인구 변화가 결정적인 역할을 했다는 것에 주목할 필요가 있다. 인천 인구는 2002년 258만 명에서 2017년 295만 명으로 증가했지만, 부산 인구는 같은 기간 373만 명에서 347만 명으로 감소했다. 두 도시의 인구 격차는 한때 100만 명에서 50만 명 수준으로까지 준 셈이다.

인천의 경우 출산율이 전국 평균에 못 미치지만 서울 부동산 가격 급등에 따른 전입 인구 증가, 송도·영종·청라 경제자유구역 개발 등의 요인이 복합적으로 작용하면서 인구의 집중을 불렀다.

이제 인구수만 따라잡으면 인천이 대한민국에서 제2 도시의 지위를 차지하는 것은 명약관화하다. 하필이면 부산과 인천 모두가 항구를 끼고 있는 도시여서 인천이 한국의 대표적인 해양항만도시 부산의 위상을 위협할 것이라는 전망도 공공연하다. '해양수도 부산'이라는 부산의 자긍심마저 흔들리는 지경에 처하게 된 것이다.

제2 도시라는 영예를 놓고 벌이는 부산과 인천의 쟁탈전은 비수도권과 수도권의 한판 승부와 다름없다. 먹고 살 곳을 찾아 일자리와 국부가 쏠린 곳으로 사람들이 몰려들면서 지방은 황폐화하고 수도권의 과밀은 심각해지는 현상이 두 도시의 대결에 영향을 끼치고 있다.

'기울어진 운동장'의 기울기는 각 부문에 걸쳐 더욱더 가팔라지고 있다. 부산과 인천이 서울과 제주에 이은 정부의 세 번째 국제관광도시 선정을 둘러싸고 치열한 경합을 벌이는 관광 분야만 하더라도 그렇다. 3곳 중 2곳을 수도권이 모두 가져가느냐, 지역적 균형을 맞추느냐 기로에 놓였다.

부산일보가 2019년 새해를 맞아 부산에 거주하는 19세 이상 성인남녀 809명을 대상으로 여론조사를 한 결과 부산의 도시 미래상으로 가장 많이 꼽힌 게 '관광도시'(28.5%)였다. 그동안 부산의 미래상으로 늘 우선순위에 올랐던 '동북아 해양도시'(28.3%)를 2위로 밀어낼 정도로 부산 사람들은 관광산업을 미래 성장의 키워드로 여기고 있었다.

하지만 수도권과 비수도권의 관광 불균형은 어제오늘의 일이 아니다. 한국을 찾는 관광객 중 78%가 서울에만 몰리고 있어 오사카, 도쿄 등 다양한 도시에 관광 수요가 균등하게 분포된 일본처럼 지방관광을 활성화해야 한다는 주장이 나오는 판이다.

중앙정부의 지원을 요청한다는 지점에서 관광이 분권의 주요 이슈가 되었지만 자치의 현안이 되는 것도 사실이다. 부산이 바다와 산 그리고 강이라는 천혜의 관광 자원을 갖추고 있지만 관광 경쟁력이 뚜렷하게 힘을 발휘하지 못한 것은 부산만의 차별화된 전략이 부재했다는 지적을 받아 왔다.

'굴뚝 없는 산업'으로 비유되는 관광. 관광(觀光)이라는 말은 『역경(易經)』에 나오는 '관국지광 이용빈우왕(觀國之光, 利用賓于王)'에서 유래했다. '나라의 빛을 본다'는 것은 그 나라의 토지 · 풍속 ·

제도 · 문물을 관찰해 견문을 넓힌다는 뜻이다. 빛은 '훌륭한 것', '아름다운 것', '자랑스러운 것'으로 새겨진다.

부산의 빛은 무엇일까. 관광객을 유치할 방법에만 골몰했지 정작 무엇을 보여 줄지에 대해서는 너무 무심했던 건 아닌지 되돌아봐야 한다. 보여 줄 무엇과 관련해서도 가장 부산다운 것, 가장 부산스러운 것이 무엇이냐는 고민이 빠져 있었음은 물론이다.

부산학 등 그동안 부산과 관련하여 이루어진 연구 성과를 바탕으로 부산의 빛을 찾아 나가는 작업이야말로 부산 관광 진흥을 향한 가장 근본적인 첫걸음이 될 것이다.

제2 도시의 위상이 흔들리고 있는 지금, 부산에는 빛보다 그림자가 더 짙게 드리워져 있다. 빛과 그림자는 시시각각 변화하는 것으로, 분야별로 그림자를 밝혀 빛을 되살리는 노력을 할 때 언제든 반전은 가능하다. '부산은 살 만한 도시인가.' 부산이 스스로를 향한 이런 물음을 지속하여 제기할 때 제2 도시 부산은 드리워진 그림자를 걷고 빛으로 나아갈 수 있다.

'자치분권 개헌'의 길

모바일에서 지방지가 사라지고 지도에서는 지방이 소멸하는 시대다. 수도권을 기반으로 하는 중앙의 논리가 서울 언론사를 통해 전국으로 확대 재생산되고, 지방 사람들은 먹고 살길을 찾아 자원이 풍부한 서울 · 인천 · 경기의 수도권으로 떠나간다. 지방 그리고 지방지는 지워지고, 사라지고 있다.

대한민국 사회의 밑바닥에서부터 상층부에 이르기까지 구조를 낱낱이 들여다보지 않고는 해결의 실마리를 얻기 어려운 총체적인 난국이 지방의 소멸이다. 국토의 10%를 겨우 넘긴 수도권으로만 사람들이 몰리고 있는 것은 비정상의 극치다. 그 길이 벼랑 끝으로 이끄는 것인지도 모른 채 떼를 지어 우르르 몰려가는 형국이다.

지방에서 살아간다는 것은 갈수록 답답한 노릇이 되고 있다. 자신이 삶의 주인공이 되어 주체적으로 살아가는 일이 지방에서는 점점 어렵다. 문제는 뻔히 보이는데 해결의 길은 잘 보이지 않는다. 권한이 지방이 아닌 서울에만 몰려 있고, 돈도 자원도 죄다 중앙에 쏠려 있는 까닭이다.

자치와 분권은 지금 여기의 로컬을 살아가는 데 필요한 최소한의 장치다. 지방분권이 중앙에 빼앗긴 권리를 되찾아오는 지방복권(復權)이라면 지방자치는 되찾은 권리를 바탕으로 스스로의 삶을 책임지는 주체성의 회복이다. 어미 닭은 밖에서 쪼고 알 속의 병아리는 껍질 안에서 쪼는 줄탁동시(啐啄同時)처럼 분권과 자치는 하모니를 이뤄야 한다.

지방자치와 지방분권으로 가는 열차는 국민은 안중에도 없이 정쟁에만 골몰하는 제20대 국회에 가로막혀 한 발자국도 앞으로 나아가지 못한 채 애먼 시간만 허비하고 있다. 지방분권 컨트롤타워인 자치분권위원회가 문재인 정부 출범 3년 차인 2019년을 '지방분권 제도화의 원년'으로 설정했지만 자치경찰제, 지방이양일괄법 등의 처리는 더디기만 하다.

자치분권의 핵심인 재정분권은 마냥 겉도는 상황이다. 8대 2 정도에 그치고 있는 국세와 지방세 비율을 6대 4로 만들겠다는 정부의 약속은 슬그머니 7대 3으로 후퇴할 조짐이다. 30년 만에 손을 봤다는 지방자치법 전면 개정안에도 핵심인 자치재정권, 자치입법권은 빠져 있다.

공공기관 이전 등 지방 균형발전도 속도를 더 내야 한다. 국가균형발전특별법과 그 시행령은 예외적으로 수도권에 두는 것이 불가피한 경우를 제외한 모든 공공기관이 원칙적으로 지방 이전 대상임을 분명히 하고 있다. 2019년 8월 국회에서 열린 토론회에서 전국 공공기관 및 공직 유관단체 508곳 가운데 공공기관 추가 이전 대상이 되는 수도권 공공기관이 210개에 달하는 것으로 파악된 만큼 조속한 실행이 필요한 마당이다.

문재인 정부가 '연방제에 준하는 지방분권'을 대선 공약으로 내세웠고 취임 이후에도 틈이 날 때마다 지방분권과 균형발전을 강조해온 터라 기대가 높았지만 만족할 만한 성과를 내놓지 못했다. 문 대통령이 국가균형발전 비전과 전략 선포식에서 "우리는 노무현 정부보다 더 발전된 국가균형발전 정책을 더 강력하게 추진하겠다"라고 약속했지만 자치분권의 걸림돌은 오히려 정부의 소극적인 대처라는 게 전문가들의 지적이다. 정부가 이런 비판에 겸허히 귀 기울여야 한다.

무엇보다 현행 법 테두리 안에서의 자치와 분권은 일정한 한계를 띨 수밖에 없다. 자치분권을 가로막는 지금의 각종 제도를 완전히 바꾸기 위해서는 '87년 체제'를 바꿔야 한다. 개헌을 통해 자치와 분권을 앞당기자는 주장이 잇따라 나오는 이유다.

국민과 함께하는 개헌 논의가 본격적으로 막 오른 것은 부산에서였다. 국회 헌법개정특별위원회는 2017년 8월 29일 부산시청에서 부산광역시, 울산광역시, 경남도와 공동으로 '헌법 개정 국민 대토론회'를 개최했다. 11개 권역별로 진행되는 국민 대토론회의 첫 무대에서는 역시 지방분권과 재정분권에 관심이 쏠렸다. 1995년 민선 지방자치제 개막 이후 '무늬만 지방자치제'라는 원성이 컸던 탓에 지방분권 개헌이 오늘의 시대정신으로 우뚝 선 것은 역사의 순리이자 진전으로 평가하지 않을 수 없다.

국민 대토론회와 더불어 5000명의 시민과 전문가가 참여한 가운데 5개 권역별로 열리는 원탁토론, 여론조사와 포커스 그룹 인터뷰(FGI) 등을 거쳐 2017년 연말까지 헌법개정안을 도출하겠다는 게 당시의 국회 개헌 시간표였다. 그리고 2018년 3월 헌법개정안 발의, 5월 국회 의결에 이어 6월 13일 지방선거와 함께 진행하는 국민투표를 최종 목표로 삼았다. 국회에서 합의가 이뤄지지 않을 경우 정부가 자체 특위를 꾸려 논의를 이어 가겠다는 구상도 나왔다.

정부가 지방분권 개헌에 의지를 보인 것은 지역으로서는 대단히 고무적인 일이었다. '부모와 자식 간에도 권력을 나누지 않는다'는 권력 세계의 비정한 불문율에도 불구하고 중앙집권적 권력을 지방에 대폭 이양하겠다는 현 정부의 분권 의지는 높이 살 만했기 때문이다.

'연방제에 버금가는 강력한 지방분권'을 기회 있을 때마다 강조해 온 문재인 대통령은 행정안전부 업무 보고 때도 "중앙이 먼저 내려놓아야만 중앙집권적인 구조를 바꿀 수 있다"며 "지방분권의 확대는 더 미룰 수 없는 시대적 과제"라고 강조하기도 했다.

국회 입법조사처가 2017년 하반기부터 실시된 개헌 관련 6개 여론조사를 분석한 결과 '개헌 찬성', '개헌 필요' 의견이 62.1~76.9%에 달했고, 개헌 국민투표와 6·13 지방선거 동시 실시에 대해서도 응답자의 80% 이상이 찬성 의사를 표명한 것으로 나타났다. 부산일보의 2018년 신년 여론조사에서도 부산 사람 78.1%, 경남 사람 77.1%가 지방선거와 개헌투표의 동시 실시에 찬성했다.

국회 개헌특위 자문위원회 개헌안보다 후퇴했다는 평가를 받은 국민헌법자문특별위원회의 개헌안을 크게 반영한 대통령 개헌안이 마침내 공개됐다. '대한민국은 지방분권 국가를 지향한다'는 조항을 제1조 3항에 넣음으로써 국가 운영의 기본 방향이 지방분권에 있다는 사실을 분명히 한 게 눈길을 끌었다.

지방자치단체를 지방정부로 부르고, 지방정부 구성에 자주권을 부여했다. 자치행정권 · 자치입법권 · 자치재정권을 강화했고, 주민이 지방정부의 부패와 독주를 견제할 수 있도록 주민발안 · 주민투표 · 주민소환제도를 헌법에 명시했다. 광역자치단체장이 참여하는 제2 국무회의인 국가자치분권회의를 신설해 지방자치와 균형발전에 관한 의견이 반영될 수 있도록 했다.

하지만 문재인 대통령이 대선 공약으로 내건 '연방제 수준의 지방분권'과는 거리가 있는 것 또한 사실이었다. '법령의 범위 안에서'에서 '법률에 위반되지 않는 범위에서' 조례를 제정하도록 한 것은 분명 진일보했지만, 지방정부의 자치입법권과 재정권을 법률의 하위로 제한한 것은 '연방제 수준'이라는 공약을 무색하게 했다.

지방분권이라는 방향은 올바르게 설정했지만, 각론에 들어가 이를 추동할 동력을 확보하는 데는 미진했다는 인상을 떨치기 어렵다는 평가를 받았다. 지방분권 개헌의 명분과 당위성에 비한다면 관련 조항의 실속이 떨어지다 보니 외화내빈이라는 지적도 나왔다.

제왕적 대통령제를 보완할 권력 구조 개편은 대통령 4년 연임제를 기본으로 대통령의 권한을 축소하는 대신 국회와 국무총리의 권한을 강화한다는 게 골자였다. 그와 함께 선거연령 18세 하향과 선거 비례성 원칙, 대법원장 인사권 분산 등의 내용도 포함됐다.

대통령 개헌안은 2018년 3월 26일 공식 발의돼 공은 국회로 넘어갔다. 국회가 개헌의 내용을 두고 본격적인 논의를 벌여 대통령 개헌안에서 부족한 부분을 보완할 차례가 되었다.

하지만 야당이 일제히 개헌안 철회를 요구하면서 정쟁으로 비화했다. 야당은 "문 대통령이 힘들게 낸 개헌안이 부결되거나 폐기되는 식의 처리는 바람직하지 않다"며 "대통령이 개헌안을 철회하는 결단으로 국회에서 개헌 논의의 물꼬를 터 달라"고 요청했다. 개헌안 철회 주장에는 자유한국당은 물론이고 바른미래당, 민주평화당, 정의당까지 가세했다.

개헌 국민투표에 필요한 국민투표법 개정 처리 · 공포 시한인 4월 23일을 넘기면서 6월 지방선거와 동시 개헌은 끝내 무산되고 말았다. 6월 지방선거와 함께 개헌 국민투표가 실시되기 위해서는 재외국민의 국민투표권을 제한해 헌법재판소가 헌법불합치 결정을 내린 국민투표법이 개정돼야 했다.

중앙선관위도 국민투표법이 4월 23일까지 개정되지 않으면 지방선거와 동시에 국민투표를 하는 것이 불가능하다고 밝힌 바 있다. 공포 등에 필요한 시간을 고려하면 늦어도 4월 20일 중에는 국민투표법 개정안이 국회 본회의에서 통과돼야 하지만 야당은 '드루킹 사건'에 대한 특검을 요구하며 국회를 보이콧했다.

대통령 개헌안에 대한 국회 표결도 불발에 그쳤다. 헌법은 '국회는 헌법개정안이 공고된 날로부터 60일 이내에 의결하여야 한다'고 밝혀 놓았다. 국회는 헌법이 명령하는 대로 본회의를 열어 의결 절차를 밟는 게 마땅했다. 시한은 2018년 5월 24일까지다. 이날 국회 본회의에 정부 개헌안이 올라왔지만, 자유한국당 등 야당 의원들이 표결에 불참하는 바람에 의결정족수가 미달하여 '투표

불성립'이 선언되고 말았다.

결국 분권 개헌의 꿈은 무산됐다. 개헌 저지선인 국회의원 3분의 1인 98석보다 많은 116석을 차지한 자유한국당이 대통령 개헌안 발의를 '관제 개헌'이라 몰아붙이며 대통령안 저지를 주도했다.

2017년 5월 대선 당시 여야 모두가 개헌을 대국민 공약으로 내세운 바 있지만 이런 약속을 깨고 분권 개헌을 바라는 민심을 저버렸다. 1987년 이후 31년 만에 찾아온 개헌 기회는 이렇게 허망하게 사라지고 말았다.

국회를 통하지 않으면 개헌의 길도 없다는 사실을 이제 모두가 똑똑히 알게 되었다. 개헌 논의를 이어 가는 것은 국회의 일이지만 개헌 논의에 대한 결과를 바탕으로 총선에서 심판하는 것은 유권자의 권리이자 의무다.

지역의 시민사회는 앞으로 전개될 국회의 개헌 작업을 주시하면서 총선과 연계하는 방안을 적극적으로 모색해 나가야 한다. 20대 국회에서 개헌이 좌절된다면 '분권 개헌 국회'를 구성하는 데 지혜와 힘을 모아야 한다. 국회가 분권 개헌을 거부한다면 그런 국회를 바꾸지 않는 한 자치분권 개헌은 요원할 수밖에 없다.

'대한민국, 아리아리.' 2018년 평창 동계올림픽을 달군 구호다. '아리아리'는 '길이 없으면 길을 찾아가고 그래도 길이 없으면 길을 만들라'는 뜻을 지닌 우리말이다.

이런 모험과 도전 정신은 연전에 들른 안나푸르나 베이스캠프에서도 확인할 수 있었다. 3극점(북극점, 남극점, 에베레스트산)과 히말라야 14좌, 7대륙 최고봉을 차례로 등정한 뒤 안나푸르나 제1봉

남벽을 오르다 실종된 산꾼 박영석(1963~2011)이 남긴 말이 그곳에 기념비로 아로새겨져 있었다. '단 1%의 가능성만 있어도 결코 포기하지 않는다.'

대한민국의 지방을 살아가는 사람이라면 자치와 분권을 위해 한목소리로 '아리아리'를 외쳐야 한다. 자치와 분권으로 가는 개헌 열차는 다시 달려야 마땅하다. 지방소멸의 시대, 길이 없으면 길을 찾고 그래도 길이 없으면 길을 만들라는 '아리아리'의 절박함으로 '자치분권 개헌'의 길에 모두가 나서야 한다.

3장

부산의 美

부산의 날줄과 씨줄

기장 묘관음사 앞에 '여하시 부모미생전 본래면목(如何是 父母未生前 本來面目)'이라는 화두를 담은 '일주탑'이 있다면, 부산을 대표하는 절집인 부산 금정구 청룡동 금정산 범어사 앞에는 인상적인 일주문이 있다. 보물 제1461호인 일주문은 범어사로 들어가는 첫 번째 산문으로 일심(一心)을 상징한다. 차안에서 피안으로 가려면 번뇌 망상을 다스리는 일심이 필요한 것일까.

한 줄로 늘어선 기둥 위에 지붕을 올린 일주문은 만법이 구족하여 일체가 통한다는 법리를 담았다. 범어사 일주문은 삼문으로 처리하고 높은 주춧돌 위에 짧은 기둥을 세운 게 특이하다면 특이하다. 일주문 뒤로 범어사 절집이 가로로 늘어서 있고, 그 뒤로 금정산이 다시 가로로 펼쳐져 있다.

금정산은 부산의 진산이다. 부산은 가로로 늘어선 금정산 아래의 이쪽저쪽으로, 금정산에서 시작해 금정산으로 끝난다고 해도 과언이 아니다. 그런 금정산에 올라 사방을 둘러보면 기장은 해 돋는 쪽에 자리 잡은, 아득한 변방이다. 부산의 기초자치단체인 16개 구 · 군 중 하나인 기장은 면적으로 치면 전체의 28.36%를 차지하는 넉넉한 품새를 자랑한다.

거꾸로 기장의 달음산이나 일광산에서 나침반으로 방향을

잡으면 정확히 서쪽에 금정산 정상인 고당봉이 있다. 해 뜨는 기장을 들머리로 삼는다면 부산 전역으로 가는 길은 서로, 남으로 나 있는 셈이다. 부산의 동북단에 기장이 자리하고 있기 때문이다.

고향이자 삶터인 기장 그리고 부산은 일주탑과 일주문이라는 날줄과 씨줄로 짜여 늘 '지금 여기'를 돌아보게 한다. 나고 자란 기장이 존재의 근원에 관한 질문을 던진다면, 삶을 누리며 생활하는 공간인 부산은 존재의 확장성을 꿈꾸게 한다.

부산이라는 이름이 역사에 처음 등장한 것은 고려 31대 공민왕 17년(1368)의 일로 대마도에 백미 천 석을 부산포(富山浦)에서 보냈다는 기록이 나온다. 조선시대 들어와 태종 2년(1402) 『태종실록』에도 부산(富山)이라는 명칭을 썼다. 성종 1년(1470) 『성종실록』에 부산(釜山)이라는 이름이 처음으로 나오며, 부산(富山)과 부산(釜山)이 혼용되다 『동국여지승람』이 완성된 15세기 말 부산(釜山)이라는 지명이 굳어졌다.

『동국여지승람』은 "부산(釜山)은 동평현에 있으며 산이 가마 꼴과 같으므로 이같이 일렀는데, 그 밑이 곧 부산포(釜山浦)이다. 항거왜호가 있는데 북쪽 현에서 거리가 21리다"라고 기록하고 있다. 산 모양이 가마 꼴 같다는 것은 부산 동구 좌천동 뒷산인 증산(甑山)의 모양을 일컫는 것으로 보통은 추정한다. 산이 많은 부산(富山)에서 가마 꼴 모양의 증산이 있는 부산(釜山)으로 지명이 변화한 것으로 보인다.

부산의 날줄을 먼저 살펴보면 부산은 일찍이 변방의 군사도시

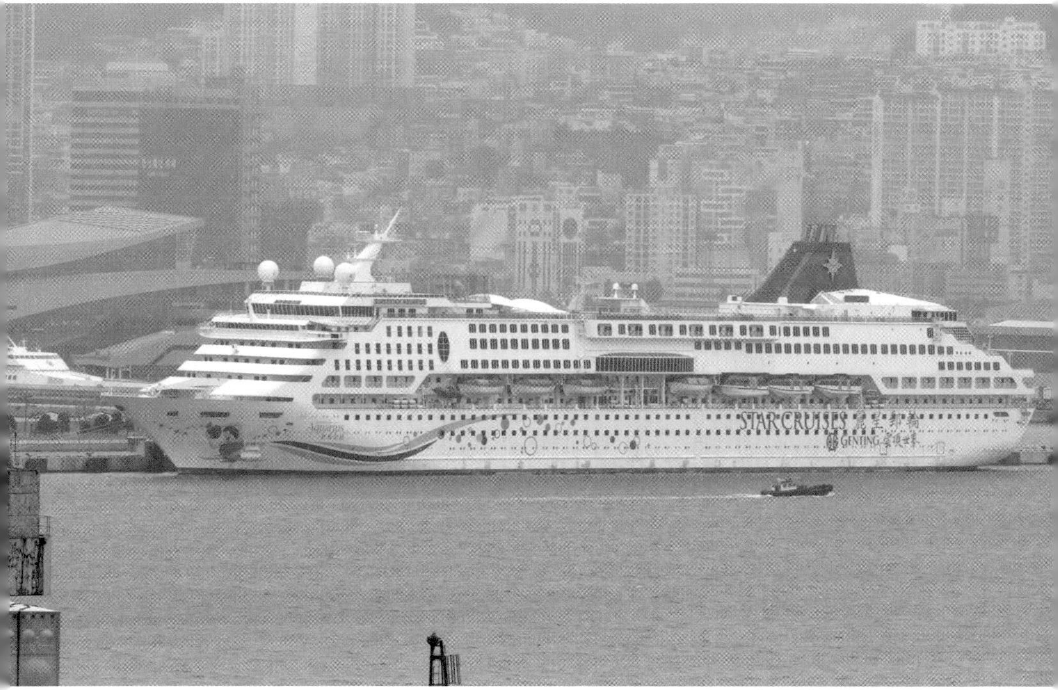

부산항 국제여객터미널 ©부산일보

이자 무역도시로 발전했다. 가까운 거리에 일본이 있는 자연환경의 영향이 컸다. 서울보다 가까운 곳에 일본이라는 나라가 있었기 때문이다. 부산에서 서울까지가 뭍으로 약 450km이지만 바다 건너 일본 시모노세키까지는 250km밖에 안 된다. 대마도와는 불과 50km 정도 떨어져 있다.

부산이 군사도시이자 무역도시로 자리 잡은 것은 태조 6년(1397) 부산포에 부산진(釜山鎭)을 설치하고, 태종 7년(1407) 부산포에 왜관을 설치하면서다. 중심에서 멀리 떨어진 한적한 어촌이 군사도시이자 무역도시로 변모하는 계기가 되었다. 국경이나 요새의 성문을 보통 관문(關門)이라 하는데, 부산은 일본과의 관계에 있어 관문도시였다.

좌도수군첨절제사영(左道水軍僉節制使營)인 부산포진은 다대포(동래), 해운포(동래), 두모포(기장), 서생포(울산), 염포(울산), 감포(경주), 포이포(장기), 칠포(흥해), 오포(영덕), 축산포(영해) 등 10곳의 수군 진영을 관할했다. 또한, 고려 때부터 시행된 왜구 유화책으로 부산포가 인근 제포(경남 창원시 진해구 웅천동)와 함께 최초의 개항장이 되었고, 왜관의 역사는 이에서 비롯했다.

일본과 부산이 가까운 거리에 있는 게 늘 긍정적으로만 작동한 것은 아니다. '왜놈들이 사는 왜국' 일본에 대한 경멸은 부산에 대한 경멸로 이어졌다. 왜관 등에서 왜인과 섞여 사는 바람에 '잡거(雜居)'라는 말이 나오고, 부산 사람을 '잡것들'이라 불렀다는 주장도 있다. 조선조 500년 동안 조정에서 보는 과거에 동래 사람이 합격했다는 기록이 없는 것도 이런 '부산 푸대접론'을 방증한다.

부산이 한국에서 서울 다음가는 도시로 급부상한 계기도 일본의 영향이 컸다. 역사적으로 부산이라는 근대적인 도시 공간이 만들어진 직접적인 계기는 1876년 개항이었기 때문이다. 일본 제국주의의 강압에 따른 타율적인 개항이었지만 변방의 군사도시이자 무역도시였던 동래부가 근대적인 도시로 변모하는 일대 전환점이 된 것은 분명한 사실이다.

일제는 부산 용두산 일대 해안에서 시작하여 전통 주거 지역인 영주동, 초량, 부산진, 동래 쪽으로 영역을 확장하면서 부산이라는 새로운 근대도시를 구축해 나갔다.

부산에서는 1876년 개항에서부터 광복까지 식민의 70년 세월 동안 일제의 식민지 정책에 따라 일방적으로 개발이 추진됐다. 부산은 또한 1945년 8 · 15로부터 오늘에 이르기까지 광복의 70년 세월 동안 6 · 25전쟁, 산업화, 도시화 등을 겪어 왔다. 변방의 한촌에서 한국 제2 도시가 되기까지 근대화와 현대화의 과정이 압축적으로 전개된 시기였다.

한반도 동남단에 자리한 부산은 동과 남으로 동해와 남해를 마주 보고 있으며 북으로는 울산광역시와 경남 양산시 동면 · 물금읍, 서로는 경남 김해시 대동면과 경계를 이룬다. 부산은 해양성 기후의 영향으로 여름과 겨울의 기온 차가 크지 않으며 사계절의 변화가 뚜렷해 사람이 살기에 적합한 도시다.

15구 · 1개 군을 가진 광역시 부산의 면적은 총 769.82km²에 달한다. 1914년 3월 1일 행정구역 개편에 따라 부산부제를 실시하면서 부산은 근대도시로서의 성격을 갖추게 되는데 당시 면적은 불과 84.15km²로 지금의 중구 · 동구 · 영도구 그리고 서구 일부에 지나지 않아 상전벽해를 느끼게 한다.

인구는 2019년 6월 30일 현재 347만 9684명으로 집계된다. 1955년 인구 100만 시대, 1980년 인구 300만 시대를 연 이후 1995년 인구 389만 2972명으로 정점을 찍은 뒤 줄곧 내리막길을 걸어와 지금에 이르렀다.

부산의 지형은 한반도 동남단에 위치한 부산만을 기반으로 그려진다. 태백산맥 말단 포항 구조분지에서 남서로 달리다 대한해협에 몰입해 소반도, 섬, 만입이 발달하는 리아스식 해안의 특성을 보인다. 배후에 고도 500m 내외의 구릉성 산지가 독립적으로 분포하고 여기서 뻗어 나온 산각은 완만한 경사로 해안에 몰입한다.

부산의 해안은 그 길이가 306.2km에 달한다. 기반암으로 된 암석 해안과 모래로 된 사질 해안이 복잡한 해안선을 따라 산재해 있다. 그리고 영도, 가덕도, 조도, 오륙도를 비롯하여 40개가 넘는 섬이 부산에 있다.

부산의 해안선은 낙동강에서 기장까지 우회 곡선을 띤다. 낙동강 서쪽에서 시작하여 가덕도의 연대, 다대포의 몰운대, 영도의 태종대, 용당동의 신선대, 용호동의 이기대, 수영동의 첨이대, 해운대의 해운대, 기장의 시랑대로 연결된다. 대에는 정자가 세워져 부산 누정문화의 원류가 되었지만 전쟁이 일어나면 적정을 살피는 망루가 되었다.

부산은 이제 일본을 넘어 세계로 나아가는 관문도시로 자리 잡았다. 아시아, 시베리아, 유럽에 이르는 대륙의 관문으로서 한국 제1의 국제무역항과 국제공항을 발판으로 국제항로, 해상항로, 무역항로 등을 통해 세계 곳곳으로 뻗어 나가는 한국의 관문이 되었다.

부산의 문화예술

향토사학자이자 소설가인 최해군(1926~2015)은 일찍이 부산의 민중성에 크게 주목한 바 있다. 오랜 옛날부터 부산 사람들은 거칠고 화끈한 성정을 지녔고, 이런 부산 사람들이 모여 균등사회를 꿈꿨다고 분석했다.

삼한시대 동래 부근의 '거친 뫼', 즉 황령산(黃嶺山)을 중심으로 한 거칠산국(居漆山國) 사람들은 산악과 해안이 겹쳐 있는 변방의 영향을 받아 거친 성정을 지녔고, 이웃하는 신라와 가야에 맞설 만큼 사나운 기질이 있었다는 것이다. 또한 변방의 군사도시로 부유층도 권력층도 따로 없는 균등사회를 형성했다고 한다.

부산의 문화예술에서 민중성이 두드러지는 것은 이런 역사와 무관하지 않을 터이다. 유럽에서 보듯 예술의 발달에는 왕족이나 귀족 등 지배계층의 후원이 절대적인 영향을 끼친 것은 주지의 사실이다. 부산에 부유층이나 권력층이 형성되지 않았다는 것은 고급문화가 꽃필 수 있는 저변이 없었다는 뜻과 다름없다.

어쩌면 부산이 잊을 만하면 '문화 불모지'라는 소리를 듣는 것도 귀족문화, 양반문화 등 지배계층의 문화예술을 확인할 수 없는 현실과 무관하지 않을 터이다. 역사와 전통을 드러내 놓고 자랑하는 도시로서는 부산의 문화예술이 마뜩하지 않을 것이다. 서울은 물론이고 영남에서도 부산을 하도(下道)라며 은근히 깔보는 태도를 보여 온 게 사실이다.

부산을 따라다니는 '문화 불모지론'에 대해 한번 살펴볼 필요가 있다. 먼저 그 말속에는 부산에 대한 외부의 질시가 잔뜩 묻어 있다. 부산이 1876년 개항 이래 한국의 임시수도이자 제2 도시로 급성장한 역사에서 그 연원을 찾을 수 있다. 한마디로 '돈깨나 있는지 모르지만 부산은 전통이 없는 부박한 도시'라는 낙인이 그것이다. "부산에는 문명은 있지만 문화는 없다"는 말도 같은 맥락에서 나왔다.

안으로는 서울 진출을 꿈꾸던 이들이 부산 문화를 불평하면서 비롯했다는 지적도 있다. 1983년에 나온 『한국의 발견/한반도와 한국 사람-부산』을 보면 흥미로운 대목이 나온다.

"부산을 문화 불모지대라고 말해 온 이른바 부산의 문화인 중에는 이 고장의 민중과는 동떨어진 활동을 해 온 사람들이 적지 않다. 그저 중앙 문화를 그대로 받아들여 그 일부로서 예술 활동을 해 온 그들은 서울에 진출할 것을 꿈꾸며 부산을 즐겨 낮춰 보기도 한다. 입으로는 부산의 향토 문화를 말하면서도 실제로는 그 문화의 주된 담당자인 이 고장의 민중을 이해하려고는 애쓰지 않았다. 다만 작가 김정한 씨와 이주홍 씨를 비롯한 몇몇 문학 · 예술가들이 민중을 찾아 이야기함으로써 그 뿌리를 다지고 있을 뿐이다."

문화 불모지라는 비판에도 불구하고 부산은 기층문화의 보고다. 내륙의 농경민속과 바닷가의 어로민속이 두루 발달한 곳으로 부산과 비견할 만한 곳도 드물기 때문이다. 동래야류(중요무형문화재 제18호)와 수영야류(중요무형문화재 제43호)가 대표적이다.

정월 보름을 전후하여 해마다 장터나 타작마당, 시냇가 같은 야외에서 연희가 되는 야류는 한 해의 연중 무사와 풍년을 기원하는 들놀음이자 탈놀음이었다. 부산 하면 '야류의 도시'를 떠올릴 정도로 부산의 문화예술을 대표한다.

동래부가 있던 동래지역에서는 동래야류를 비롯하여 동래학춤, 동래지신밟기, 동래고무, 동래한량춤 등이, 좌수영이 있던 수영지역에서는 수영야류를 비롯하여 좌수영어방놀이, 수영농청놀이 등이 전해 온다. 이 밖에 동해안별신굿(중요무형문화재 제82-1호), 다대포후리소리, 부산아미농악, 구덕망께터다지기, 기장오구굿 등의 민속놀이가 있다.

부산의 민속놀이는 몸짓과 춤, 가락이 미분화된 상태로 민속극, 민속무용, 민속음악이 한데 어우러지는 악가무(樂歌舞) 일체의 전통을 보였다. 야류에서 보듯 신랄한 풍자 정신은 허위와 불의에 맞서는 부산의 저항정신과 닿아 있다.

민중들이 만들어 가는 기층문화의 전통은 부산이 근대도시로 바뀌면서도 여전히 이어졌다. 예술창작보다는 미적 향수에 방점을 찍는 방향으로 문화예술이 발달한 것이다. 특히 영화나 극장쇼 같은 대중문화가 강세를 띠게 되는 것은 기층문화와 미적 향수가 자연스레 결합한 결과로 보인다.

일제강점기 부산에서는 영화관과 극장을 중심으로 대중문화가 발달했다. 1895년 부산이사청에서 '극장 및 흥행을 위한 취체규

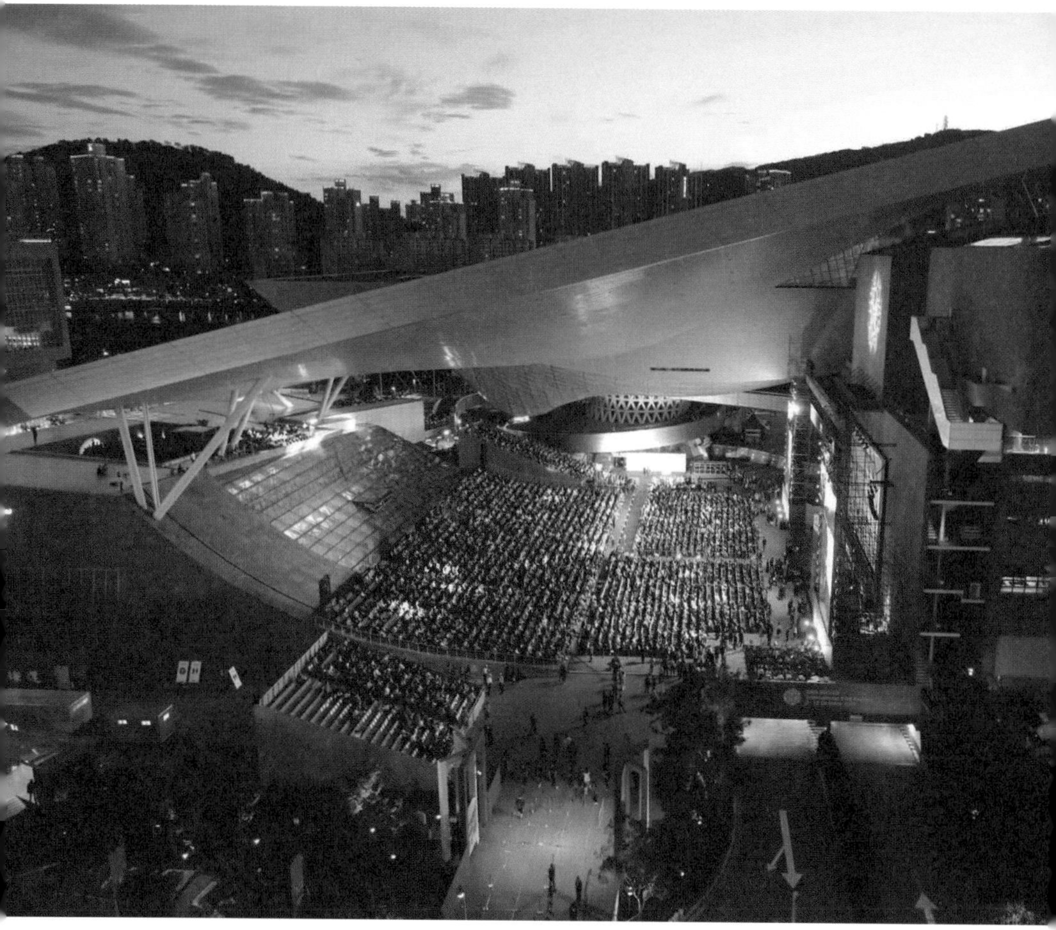

제24회 부산국제영화제 개막식 ⓒ부산일보

칙'을 제정할 정도로 일본식 극장들이 인기를 누렸다. 행좌, 송정좌, 부산좌를 비롯하여 1914년에는 욱관이라는 활동사진 전용관도 들어섰다.

이런 역사를 배경으로 1960~1970년대 극장 쇼 중심의 보림극장을 비롯한 범일동 극장가와 영화관 중심의 남포동 극장가가 부산 극장문화를 이끄는 양대 축으로 떠올랐다. 비록 극장 쇼는 퇴락했지만 여전히 부산에서는 대중가수 공연이 자주 마련된다. 그리고 영화는 부산의 대중문화를 선도할 지경이다.

오늘날 한국을 대표하는 '영화의 도시'로 부산을 호명하는 데 이의를 제기하는 이는 드물 것이다. 부산국제영화제가 한국을 넘어 아시아를 대표하는 영화제로 세계 속에 우뚝 섰기 때문이다. 심지어 부산에서는 영화 쪽에 예산과 지원정책이 쏠린다는 볼멘소리가 터져 나올 정도로 영화가 부산의 문화예술에서 차지하는 비중이 크다.

1924년 7월 11일 한국 최초의 영화제작사인 조선키네마주식회사가 부산에서 창립되어 4편의 영화를 제작함으로써 부산은 '한국영화의 발상지'가 되었다. 1958년 한국 최초의 영화상인 부산일보 주최 부일영화상이 탄생해 미적 향수가 발달한 부산에서 영화 비평을 이끌었다.

1996년 영화의 바다를 향해 항해를 시작한 부산국제영화제(BIFF)는 출범한 지 얼마 되지 않아 아시아 최고 영화제로 우뚝 섰다. 2005년 부산시가 '아시아 영상문화 중심도시'를 선포했고, 2014년 12월 아시아 최초로 '유네스코 영화창조도시'로 선정돼 아시아 영화 허브로 주목받게 되었다.

2007년 출범해 한국의 대표적인 방송영상콘텐츠 견본시로 자리 잡은 부산콘텐츠마켓(BCM), 2008년 출범해 세계 3대 광고제 진입을 노리는 부산국제광고제(ADSTARS), 2009년 출범해 부산을 게임의 도시로 정착시킨 지스타(G-STAR)도 부산 대중문화의 힘을 보여 주기에 충분하다.

부산은 항구도시의 특성상 국제성을 내세운 대형 문화예술 행사가 잇따라 열리는 곳으로 유명하다. 세계적인 규모의 격년제 미술 행사를 목표로 부산비엔날레가 2002년 출범했다. '야류의 도시' 부산의 극문화를 이어받아 2004년 부산국제연극제도 막 올랐다. '소리는 호남이지만 춤은 영남'이라는 전통을 계승한 부산국제무용제도 2008년 이후 부산의 아름다운 해변에서 개최되어 왔다. 부산국제음악제, 부산마루국제음악제도 부산 문화예술의 국제성을 증명한다.

요산 김정한(1908~1996), 향파 이주홍(1906~1987), 청마 유치환(1908~1967)으로 대표되는 부산 문학은 '사실주의 정신'을 이어받아 발전시켜 왔다. 소설문학에서는 리얼리즘적 경향이 강세를 띠었고, 시에서는 삶에 기초한 서정성이 우세를 보였다. 문학에 있어 근원적이고 본질적인 요소라 할 인간 존중의 정신에 주목한 것이다.

부산 미술이 시대 상황에 민감한 형태로서의 구상성을 지녀 '형상미술'이라 호명되었고, 부산 음악이 민족음악 혹은 지역음악에 주목한 것은 문학에서 나타난 '사실주의 정신'과 무관하지 않다. 이는 부산의 문화예술이 대체로 민중성에 기반하고 있기 때문으로 풀이된다. 체제 순응적인 귀족문화보다는 저항적인 기층문화에 더 근접해 있기 때문이다.

영도다리의 장소성

부산에 친구가 오면 약속 장소로 즐겨 찾는 곳이 있다. 영도다리다. "영도다리 중간에서 만나자"라고 할 때의 그 가볍고 부담 없는 만남이 먼저 좋았는지도 모른다. 부산에 왔으니 가장 부산다운 곳을 보여 주어야 하지 않겠느냐는 내밀한 속셈도 있었다. 영도다리만큼 부산에 관해 풀어놓을 이야깃거리가 많은 곳도 사실 드물기 때문이다.

영도다리 중간에서 만나면 노래부터 한 곡조 들어야 한다. 영도경찰서 쪽 다리 끝에 서 있는 현인 노래비를 찾아간다. '눈보라가 휘날리는 바람 찬 흥남부두에/목을 놓아 불러봤다 찾아를 봤다/금순아 어디로 가고 길을 잃고 헤매었던가/피눈물을 흘리면서 일사 이후 나 홀로 왔다~.' 노래비에는 '굳세어라 금순아'가 적혀 있고, 그 시절 그 노래가 지금도 현인의 목소리로 흘러나온다.

'흥남부두', '1·4 후퇴', '국제시장', '영도다리'로 이어지는 노랫말을 따라가다 보면 6·25 전쟁 때의 고단했던 피란민들의 애환이 절로 묻어난다. 부산에 온 실향민이 흥남에서 헤어진 여동생 금순이를 찾는 애절한 사연이 심금을 울린 '굳세어라 금순아'는 1953년 발매되자마자 국민가요로 떠올랐지 않은가.

영도다리는 만남과 이별의 장소였다. 피란민들은 기약 없는 이별을 하면서도 영도다리에서 만난다는 희망을 포기하지 않았다. 배가 지나갈 때마다 상판이 끄덕 올라가는 진풍경으로 구름 관중을 모은 영도다리는 전국에 널리 알려진 터라 재회의 기대를 걸기에는 그만한 곳도 없었다.

다리는 만남과 이별을 상징한다. 지금도 영도다리는 여전히 만남과 이별의 장소다. '…//아, 어둠과 램프를 함께 든 나의 주인/다리 위의 너//그 다리엔 출발이 마악 도착했지요/저쪽에서 그리운 사람들은/쉴 새 없이 이별했어요//이제 우리 어디서 만날까/어느 하루 파도가 되어/파도 앞에 나란히 나란히 누울까.'(강은교, 「다리 위에서-영도를 추억함」)

영도다리에는 또한 비장함이 묻어난다. 일본 교토 청수사에 가면 '기요미즈데라의 무대에서 뛰어내리다(清水の舞台から飛び降りる)'라는 말이 전해 오는데, 그 무대에서 뛰어내릴 정도로 각오를 단단히 한다는 뜻이라고 한다. 영도다리에도 결연한 각오를 다질 때 '영도다리에 가서 빠져 죽자'는 말이 전해 온다. 실제로 실의에 빠진 이들이 이 다리에서 극단적인 선택을 하기도 했다.

근년에도 영도다리는 의지할 데 없는 곤궁한 삶의 막장이 되고는 했다. 잊을 만하면 부산대교에서 잇따라 '투신 소동'이 일어나면서 영도다리의 옛 기억을 들춰냈다. 부산대교 아치 위에서 한 달새 세 차례나 자살 소동이 벌어진 적도 있다.

영도다리의 역사가 말해 주듯 투신 소동은 미수에 그쳐야 전말이 소상히 드러나게 마련이다. 홀어머니를 모시고 사는 40대는 기초생활수급 대상에서 탈락하자 만취 상태로 아치에 올랐고, 또 다른 40대는 억울한 사연을 언론에 알리는 방편으로 영도다리를 선택했다. 30대 둘은 약속이나 한 듯 밀린 임금을 받지 못했다며 부산대교 아치를 찾았다.

영도다리는 부산의 근현대를 압축하는 곳이다. 부산의 도시 변천사는 물론이고 한국의 근현대가 바뀌는 풍경을 지켜봐 왔다. 1934년 11월 일본인이 지은 국내 최초의 연륙교인 부산대교는 개항 100주년을 맞을 무렵 영도대교로 이름을 바꿨고, 1980년 한국인의 기술로 준공된 두 번째 영도다리는 부산대교가 되었다.

흔히 영도다리라 불리는 영도대교는 2009년 10월 해체 및 복원공사에 들어가 2013년 새로운 모습으로 탄생했다. 47년 만에 도개기능을 회복해 상판이 끄덕 올라가는 옛 영화를 재현했다지만 4차로를 6차로로 늘리고, 보행자 도로 너비는 되레 줄어들면서 분위기가 많이 바뀌었다.

이즈음에서 '부산은 무엇으로 기억될까' 하는 질문을 던져 본다. 그리고 부산의 상징에 대해서도 자문해 본다. 부산시청 홈페이지에 들어가면 '부산 소개'라는 이름 아래 '부산의 상징'이라는 항목이 뜬다. 부산의 상징에는 지역상징, 기관상징, 부산체, 부산시민헌장, 부산찬가, 부산시민의 날이 등장한다. 부산이란 어떤 곳인가를 여러 방법을 통해 알리고 있다.

아무래도 대표적인 게 지역상징일 터이다. 시화, 시목, 시조, 시어가 나온다. 시화는 동백꽃이고 시목은 동백나무인데, "진녹색의 잎과 진홍색의 꽃의 조화는 푸른 바다와 사랑이 많은 시민의 정신을 그려내고, 싱싱하고 빛이 나는 진녹색 활엽은 시민의 젊음과

의욕을 나타낸다"라고 풀어 놓았다.

시조 갈매기는 "새하얀 날개와 몸은 백의민족을 상징한다. 끈기 있게 먼 뱃길을 따라 하늘을 나는 갈매기의 강인함은 부산 시민의 정신을 잘 나타내기 때문에 부산의 새로 선정되었다"라고 적어 두었다. 시어 고등어는 "태평양을 누비는 강한 힘으로 목표를 향해 끊임없이 도약하는 해양수산도시 부산을 상징한다"라고 설명했다.

이들 상징을 생각해 보면 삶의 윤기 같은 게 느껴지지 않는다. 손때 묻어 반들반들해지고 세월에 농익은 모습이 아니라 이제 막 찍어낸 것 같은 조급함, 조악함, 작위성이 먼저 다가오는 것이다. 세월에 산전수전을 다 겪은 이력이 묻어나오지 않은 느낌이다.

어느 장소에 가면 마치 순간 이동이라도 하듯 부산의 역사 속으로 첨벙 뛰어들 수 있는 곳은 없을까. 아무리 생각해도 부산에서 영도다리만 한 곳도 없는 것 같다. 개항 이후 부산 근현대사의 장면 장면들을 모두 보아 왔기 때문이다. 그리고 영도다리를 끼고 있는 부산 중구와 영도구 또한 근대화의 역사적 현장이자 지금은 원도심으로서 옛 영화를 회복하는 중이기도 하다. 그동안 이런 저런 자리에서 '부산에서 가장 좋아하는 공간이 어디냐'는 질문을 받게 되면 일말의 망설임도 없이 '영도다리'라고 짧게 대답하고는 했다. 정확히 말하면 그곳은 영도다리를 제대로 조망할 수 있는 장소를 말한다. 세월 따라 그 지점은 약간씩 달라졌다.

영도다리 옆 물레방아횟집 근처 포장마차 거리를 즐겨 꼽던 시절이 있었다. 시래깃국에다 생선을 구워 술안주로 내놓는 노점에 앉으면 앞으로는 남항의 푸른 바다가 출렁이고, 왼쪽으로 사연 많

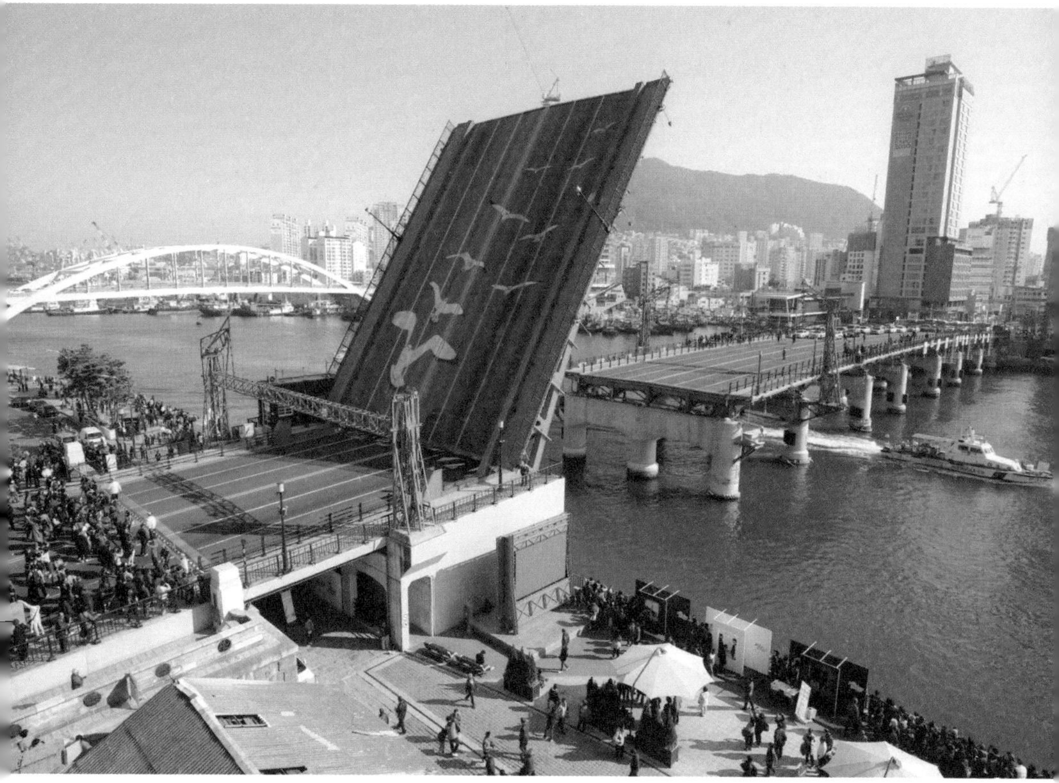

영도다리에서는 매일 오후 2시 도개 행사가 열린다 ⓒ부산일보

은 영도다리와 점바치골목, 오른쪽으로 인파로 늘 왁자지껄한 자갈치를 끼고 있어 부산을 한자리에서 느끼기에는 안성맞춤이었다. 지금은 점바치골목도, 물레방아횟집도, 노점들도 사라지고 없다.

최근에는 롯데백화점 광복점 옥상을 즐겨 찾는다. 제법 넓은 옥상 공원에 오르면 남항과 북항을 거느린 부산항은 물론이고 원도심을 360도 가까이 막힘없이 조망할 수 있어 좋다. 낮에는 도시의 온갖 풍경이, 밤에는 밤하늘의 무수한 별빛에 견줄 만한 까마득한 불빛들이 '부산살이'의 애틋함과 신산스러움을 전해 준다. 영도대교와 부산대교라는 두 개의 영도다리를 모두 조망할 수 있는 곳도 여기다.

앞으로도 '부산에서 가장 좋아하는 공간이 어디냐'는 질문을 받게 되면 '영도다리'라고 대답할 것만 같다. 부산살이의 숱한 사연을 간직한 영도다리는 늘 그리운 곳으로 남을 것이기 때문이다.

'대중문화 천국' 부산

부산에서 문화예술은 한때 극장 쇼와 영화를 뜻했다. 바다 건너 일본의 영향으로 일찍이 극장 문화가 발달했기 때문이다. 대중의 문화 향수라는 차원에서 문화예술은 쇼와 영화의 동의어에 가까웠다. 지금은 사라지고 말아 빛이 바랬지만 부산 동구 범일동의 보림극장, 부산 기장군의 기장극장 등은 쇼와 영화라는 문화예술을 한곳에서 즐기는 대중문화의 메카였다.

부산에서 가요와 영화 등 대중문화가 활짝 꽃을 피우게 된 것은 1876년 개항 이후 전국에서 가장 먼저 극장문화가 태동했기 때문이다. 일본에서 건너온 각종 쇼와 활동사진을 보여 주는 가설극장, 옥내극장이 개항장 부산포의 일본인 전관 거류지를 중심으로 속속 들어섰다.

부산의 변두리였던 기장의 경우 1960~1970년대 가설극장과 영화관이 번갈아 동네를 찾아오고는 했다. 가설극장에서는 국극, 콩쿠르, 서커스 등의 공연이 펼쳐졌다. 논밭에다 천막을 둘러친 가설영화관에서는 은막에 비가 내리기 일쑤일 정도로 필름의 손상 흔적이 많은, 그래서 중간에 곧잘 끊어지기도 했던 영화가 상영되곤 했다.

가설극장이나 가설영화관이 마을에 세워질라치면 한바탕 홍보

활동으로 동네가 떠들썩하고는 했다. 악극단이 동네를 한 바퀴 도는가 하면 확성기를 튼 차량이 영화나 공연을 알리기도 했다. 선전 문구도 유사했다. "문화예술을 사랑하시는 면민 여러분, 안녕하십니까. 오늘 밤…." 상투적인 선전 활동이 끝나면 극장 쇼와 영화를 즐기는 밤이 기다리고 있었다. 시쳇말로 하면 '저녁이 있는 삶'이었다.

노래를 좋아하지 않는 한국인이 어디 있으랴마는 부산 사람들의 대중가요 사랑은 유별난 데가 있다. 라디오와 TV 등 매스컴에 나오는 노래에 열광하던 부산 사람들은 '가라오케', '노래방' 등 일본에서 물 건너온 대중문화 박래품에도 환호했다.

일본 가라오케를 한국형 노래방으로 바꿔 전국에 퍼트린 곳이 부산이다. '방 문화'라는 독특한 문화가 부산에서 태동한 것이다. 사람들이 모이는 곳은 거대한 노래방이 되기 일쑤였다. 롯데 야구하면 무조건적인 지지를 보내는 부산 사람들이 즐겨 주말을 보내는 야구장에 가 보라. 세계에서 가장 큰 노래방이 야구장이다. 언론사와 백화점의 문화센터도 노래를 배우려는 시민들로 문전성시를 이룬다.

한국 가요사에서 부산은 기라성 같은 가수를 배출한 곳으로도 유명하다. 지리적으로 가까운 일본의 영향으로 부산은 일찍이 '트로트의 메카'로 불리는 등 대중음악의 전성시대를 열어 나갔다. 현인(1919~2002)을 비롯하여 나훈아, 문주란, 정훈희, 태진아, 현철, 설운도, 최백호 등 내로라하는 가수들이 명멸했다.

부산 영도구 영선동 출생인 현인은 부산은 물론이고 한국을 대

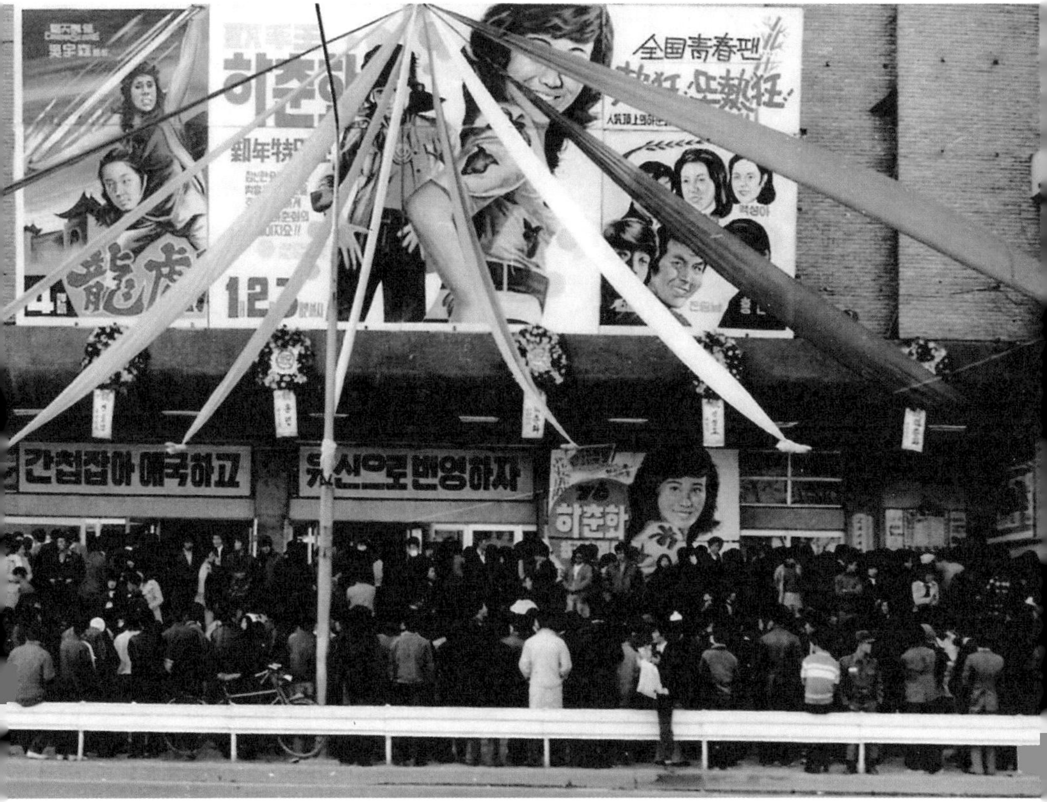

1970년대 극장식 쇼와 영화의 메카였던 보림극장 ⓒ부산일보

표하는 대중가수다. 해마다 여름이면 현인가요제가 부산에서 열려 그를 추억한다. 현인은 1950~60년대라는 격동의 시기에 서민의 아픔을 달래 준 가수로 꼽힌다. 샹송, 칸초네, 탱고, 맘보 등 서양의 새로운 음악을 본격적으로 소개한 이력에서는 부산 사람 특유의 혼종성을 떠올리게 된다.

'한국 포크록의 전설' 한대수에서부터 이름조차 기억되지 않는 수많은 인디밴드에 이르기까지 음악적 스펙트럼도 다채롭다. 최근에는 부산 출신 아이돌 가수들의 활약상도 두드러진다.

부산에서 '노래 속의 부산, 부산의 노래' 공연을 즐겨 무대에 올렸던 대중가요 연구가인 이동순 시인은 "부산은 한국 근현대사의 축도라 할 만하기에 한국 가요사에는 부산과 관련된 노래가 무수히 많다"며 "제목에 부산이 들어가는 작품만 40편이 넘고, 부산의 지명이 가사에 들어간 노래를 꼽자면 수백 편이 될 것"이라고 지적했다. 시인은 '연락선은 떠난다', '울며 헤진 부산항', '굳세어라 금순아', '이별의 부산정거장', '추억의 영도다리', '용두산 엘레지', '돌아와요 부산항에' 등의 노래를 직접 아코디언을 연주하며 들려주고는 했다.

최근까지만 해도 보림극장은 가요와 극장 쇼의 메카 부산에 대한 아련한 향수를 자극했다. 영화를 상영하고 쇼를 상연했던 옛 보림극장의 외관을 그대로 간직하고 있었기 때문이다. 한때 옛날식 극장 간판이 걸려 지나다니는 사람들의 이목을 끈 적도 있다. 건물 측면에는 '별들의 고향', '저 하늘에도 슬픔이', '절찬상영'이라는 간판이, 정면에는 '쇼-나훈아의 꿈', '남진 리사이틀', '하춘화

리사이틀'이라는 간판이 내걸려 보림극장의 옛 영화(榮華)를 웅변했기 때문이다. 이 간판들의 갑작스러운 등장으로 보림극장이 다시 문을 연 것 아니냐는 말이 돌았다. 하지만 간판은 간판으로 그쳤다. 단지 보림극장이 있었던 곳이라는 사실을 알리는 안내판에 불과했기 때문이다.

어느 순간 간판은 일제히 내려졌고, 극장 건물은 가림막에 둘러싸인 채 철거공사가 시작됐다. 그동안은 내부가 마트여서 외관이 남아 있었지만 이마저도 이젠 끝이다. 극장이 있던 곳에 아파트와 오피스텔을 짓는 공사가 시작된 것이다. 분양을 알리는 안내문에는 '보림극장 그 명소 그 자리'라는 선전 문구가 빠지지 않았다. 부산시와 건물주가 모여 보림극장의 흔적을 일부 전시하는 쪽으로 의견을 모았다는 후일담도 나오지만 두고 볼 일이다.

남포동에 있던 보림백화점 2층에서 1955년 개관한 보림극장은 1968년 조양직물 공장 땅을 사들여 범일동 시대를 열었다. 삼일극장, 삼성극장과 함께 '범일동 극장 트리오'로 불리며 한때 잘나갔지만, 남포동 극장가 중심의 영화 배급 탓에 영화관으로서의 입지가 좁아졌다. 1970년대부터는 나훈아, 남진, 하춘화 등의 쇼 무대가 잇따라 마련되면서 새로운 전성기를 열어 나갔다.

비록 보림극장과 기장군의 기장극장은 이제 외관마저 사라지고 말았지만 부산 극장 쇼의 전통은 이어지고 있다. 벡스코 오디토리움, 부산 KBS홀, 부산시민회관 등지에서 콘서트가 계속하여 열리고 있고, 가수들의 노래에 열광하는 관중도 여전하다.

부산 영화는 이제 축제가 되었다. 1996년 돛을 올린 부산국제영화제가 매년 부산의 가을을 영화의 바다로 출렁이게 하는 예술축제로 단단히 자리를 잡았기 때문이다. 부산국제영화제의 성공은 한국영화의 발상지인 부산을 한국 영상문화의 중심지로 발돋움시켰고, 서구에 밀려 있던 아시아 영화에 세계인들이 주목하게 했다.

영화제는 아시아 영화감독들의 신작 및 화제작을 소개하는 '아시아 영화의 창(A Window of Asian Cinema)', 아시아 신인감독들의 첫 번째 또는 두 번째 장편영화들을 경쟁시키는 '새로운 물결(New Currents)', 최신 한국영화를 소개하는 '한국영화 파노라마(Korean Panorama)', 최신 화제작과 세계적인 감독들의 최신작을 소개하는 '월드 시네마(World Cinema)', 단편영화 · 애니메이션 · 다큐멘터리 · 실험영화로 구성된 '와이드 앵글(Wide Angle)', 야외 특별상영관에서 상영하는 '오픈 시네마(Open Cinema)', '특별 기획프로그램(Special Program)' 등으로 구성됐다.

아시아 영화를 발굴 · 소개해 아시아 영화산업의 중심지 역할을 하고, 부산지역 영상산업 유치와 활성화를 도모하는 한편 문화예술 도시로서의 이미지를 고양하고, 문화상품의 관광자원화를 통해 관광객을 유치한다는 부산국제영화제 개설 목적은 얼마 되지 않아 성공을 거뒀다고 평가된다.

부산국제영화제를 계기로 부산을 영상 등 문화예술의 중심지로 성장시키자며 2011년 설립한 영화의전당은 영화제의 성공을 단적으로 웅변한다. 영화의전당은 시네마운틴, 비프힐, 더블콘 등 3개의 건물로 구성되며, 본관인 시네마운틴에는 3개의 영화상영관과 공연을 즐길 수 있는 하늘연극장이 있다.

하지만 2014년 제19회 영화제에서 세월호 참사를 다룬 다큐멘터리 〈다이빙벨〉 상영을 놓고 영화제 측과 부산시가 갈등을 벌인 것은 두고두고 논란이 되었다. 부산시가 지금까지 유지해 오던 '지원하되 간섭하지 않는다'는 '팔 길이 원칙'을 깬 것이 화근이었다. 이런 문제는 언제든 재발할 수 있다는 점에서 영화제의 자주성과 독립성을 보장하는 장치가 시급하다.

되돌아보면 초창기 부산국제영화제의 흥행은 극장이 몰려 있던 남포동 극장가가 주도하다시피 했다. 영화제가 열리는 부산은 '영화특별시'가 되고, 그 특별시의 중심에 부산 중구 남포동 비프(BIFF)광장이 있었다. 비프광장은 영화와 영화의 별인 스타에 환호하는 관객의 열기로 늘 달아올랐다. 남포동 거리에서 예고 없이 은막의 스타를 만날 수 있다는 기대감이 부산 사람들을 설레게 했다.

관객이야말로 부산국제영화제의 첫째가는 힘의 원천이 아닐 수 없다. 부산국제영화제를 찾은 외국인에게 영화제에서 인상적인 것을 꼽으라 하면 "영화에 대한 이해도가 뛰어난 관객과의 대화"라고 서슴없이 대답할 정도다.

부산이 오늘날 영화도시로서의 이미지를 굳힌 것은 배우, 감독, 제작자 등 영화인의 도시라기보다는 영화를 보고 즐기고 비평하는 관객의 도시라는 사실에서 비롯했다고 해도 과언이 아니다.

사라짐, 그 단발성의 문화

삶은 곧잘 무대에 비교되고는 한다. 때와 장소를 살아가는 게 인생이라는 점에서 '지금 여기'는 중요하지 않을 수 없다. '지금 여기'가 강조되는 예술이 공연예술이다. 무대는 객석의 이목이 쏠리면서 달궈진다. 공연이 끝나고 난 뒤에는 쓸쓸한 정서가 남는다. 모든 것이 끝난 뒤에 찾아오는 적막감 같은 것인데 일생을 마치는 소회와 닮았다.

부산의 문화는 좀 직접적인 데가 있다. 숨기고 자시고 할 것 없이 날것 그대로를 드러내는 경향이 짙다. 변방의 군사도시이자 왜관을 끼고 있는 상업도시의 전통을 이어받은 부산은 근현대에 들어와서도 일제의 대륙 침탈 교두보가 되면서 군사도시와 상업도시의 면모가 오롯했다. 현실적이고 실리적인 실질을 좇고, 은유와 수사는 뒷전으로 밀렸다.

예술도 극장문화의 발달과 함께 무용, 연극, 음악 등 많은 사람 앞에서 직접적으로 보여 주는 공연예술이 두드러졌다. 민속무용, 민속극, 민속음악이라는 '악가무(樂歌舞) 일체'의 연희가 민중의 사랑을 받았다. 장르가 분화하면서 춤, 연극, 음악은 그 나름대로 전통을 이어갔다.

공연예술은 무대에 오른 이후에는 사라지고 마는 찰나의 미감을 관객에게 선사한다. 더욱이 부산은 떠나고 헤어지며 미끄러지는 항구도시의 특성이 있어 전통의 무게가 잘 쌓이지 않는 편이다. 부산 문화예술에서 시간과 함께 계승 발전하는 모습을 찾아보기 어려운 것은 이런 이유 때문은 아닐까.

춤만 하더라도 그렇다. '소리는 호남, 춤은 영남', '서도 소리, 전라도 창, 경상도 춤'이라는 말이 예부터 회자할 정도로 부산 · 경남은 춤의 고장이었다. 춤에서만큼은 호남 못지않은 예향이라는 자부심이 있었다.

부산 · 경남의 춤은 무속계열, 가면무계열, 농악계열, 민속놀이계열, 기방계열 등으로 나뉜다. 부산의 춤으로는 야류에서 추는 춤을 총칭하는 덧뵈기춤을 비롯하여 동래학춤, 동래고무, 허튼춤, 동해안별신굿의 굿춤, 각종 장끼(場技)춤(병신춤 · 두꺼비춤 · 요동춤 · 번쾌춤 · 도굿대춤 · 보릿대춤) 등이 있다. 폭이 크고 역동적인 데다 자유분방하기까지 한 덧뵈기춤은 화통하고 선 굵고 소탈한 부산 사람들의 성정을 쏙 빼닮았다는 평가를 받는다.

오늘에 와서도 부산 춤꾼이 무대에 오르면 뭔가 활기차고 역동적인 게 기운이 남다르다는 평을 곧잘 듣는다. 심지어 부산이 '비보이(B-boy)의 성지'이자 '한국 힙합의 발상지'로 떠받들어지는 것도 예사로운 일이 아니다. '춤은 영남'이라는 부산 춤의 전통이 부산 사람들의 기질과 정서 속에서 여전히 펄떡이고 있기 때문이다.

안타까운 것은 부산에서는 전통이 잘 쌓이지 않는다는 점이다. 부산 예술문화를 대표하는 춤이 위기를 맞고 있다는 말은 그래서 나온다. 항구도시의 기질과 성정으로 미뤄볼 때 가꾸고 키워 나가는 세심한 정성이 문화예술의 세계에서도 부족하다는 게 드러나기 때문이다.

미래의 부산 춤꾼을 기르는 지역의 대학에서조차 춤을 외면하고 있다는 것은 문제의 심각성을 더한다. 부산 춤을 계승 발전시키기는커녕 예술 교육에서부터 싹을 자르는 것은 구조적으로 무용을 고사시키는 일이다.

부산에서는 이미 동아대가 2011년 무용학과를 폐과한 바 있다. 경성대와 신라대가 마치 약속이라도 한 듯 무용학과를 없애겠다고 나서면서 부산 춤의 위기감은 극단까지 고조되었다. 신라대는 2016년 무용학과를 없앤 뒤 창조공연예술학부 안의 무용 전공으로 편입했고, 경성대는 2017년 무용학과 폐지를 공식 확정했다. 부산에서 무용학과의 명맥을 잇고 있는 곳은 이제 부산대가 유일하다.

이들 지역 대학은 산업 수요에 맞춰 학과 전공 개편을 한 대학을 평가해 매년 150~300억 원을 지원하는 교육부의 프라임 사업에 참여하겠다는 의사를 밝히면서 취업률이 낮은 무용학과를 구조 조정 대상에 제일 먼저 넣었다. 학과 평가 결과 무용학과가 최하위를 맴도는 데다 신입생 충원율, 중도 탈락률, 취업률 등도 평균을 밑돌았다는 게 학교 측 주장이다.

부산 예술문화를 대표하는 춤이 백년대계의 대학으로부터도 외면을 당하는 처지에 놓인 것은 지역문화의 씁쓸한 단면이 아닐 수 없다. 물론 프라임 사업에 따라 폐과 위기에 놓인 것은 무용학과만은 아니다. 미술학과, 음악학과 등 예술학은 물론이고 철학, 사

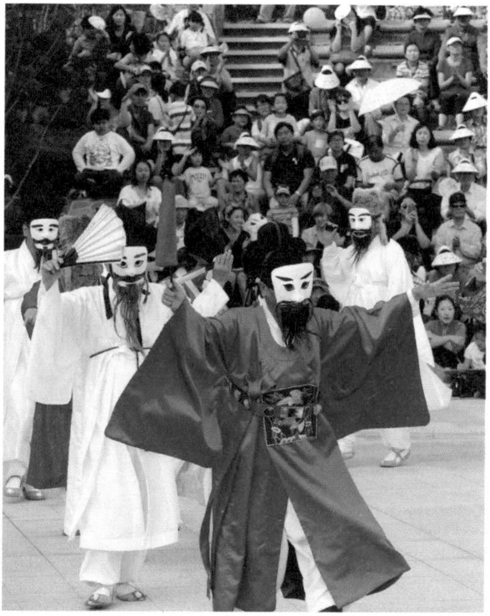

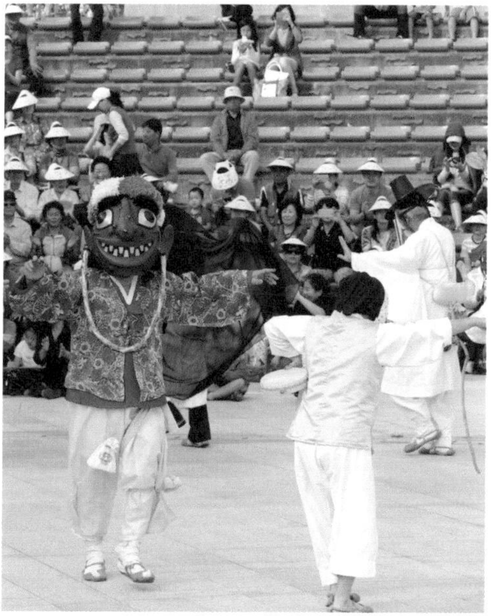

동래야류 ⓒ부산일보

학 등 인문학에까지 불똥이 튀었다 하니 갈수록 예술문화의 설 자리가 좁아지고 있다.

교육부가 추진하는 산업연계 교육활성화 선도대학사업(PRIME)과 대학인문역량 강화사업(CORE)이 기초학문을 축소하고 인문학을 돈벌이 수단으로 삼는다는 대학 안팎의 목소리와는 별개로 지역대학은 지역의 대학으로서 떠맡아야 할 사회적 책무가 있다.

비판적 지성의 요람이면서 지역문화를 계승 발전시켜 나가는 문화 파수꾼의 역할이 그것이다. 지역대학이 이런 기대를 외면한 채 지역문화의 싹을 자르는 데 되레 앞장선다는 것은 지역으로서는 불행한 일이다. 이는 지역문화의 위기일 뿐만 아니라 지역대학의 위기이며, 나아가 지역의 위기라 하지 않을 수 없다. 이런 수준의 지성이라면 이제 부산에서 누구를 붙들고 지역의 미래를 함께 고민해 나갈 것인가.

이처럼 부산문화에는 항구도시 특유의 부박함을 떠올리게 하는 단발성이 곧잘 작동한다. 소멸을 전제로 한 단발성은 부산 사람들이 지닌 슬픈 정조의 바탕이다. 단발성은 소멸이기도 하지만 쉼표, 휴식, 새로운 시작, 준비를 뜻하기에 이중적이다.

'연락선은 떠난다'(1937), '울며 헤진 부산항'(1940), '꿈에 본 내 고향'(1951), '굳세어라 금순아'(1952), '경상도 아가씨'(1953), '이별의 부산정거장'(1953), '해운대 엘레지'(1958), '항구의 사랑'(1959), '용두산 엘레지'(1964), '아메리칸 마도로스'(1967), '청춘 등대'(1968), '돌아와요 부산항에'(1972)…. 부산과 관련한 대중가요들은 대부분 떠나고 헤어지는 장소인 부산의 단발성을 노래한다.

부산에서는 오래된 건물을 찾기도 어렵다. 특히 한국 최초로 세워졌다는 공공건물들은 거의 자취를 감췄다. 서구식 양옥 형식의 일본제국 전신국, 부산일본영사관, 부산상업회의소, 일본영사관 소속의 부산경찰서, 부산상품진열관, 최초의 근대식 병원인 제생의원, 부산우편국, 부산세관청사 등 역사성이 깃든 건축물은 공론화 과정도 없이 사라져 갔다.

사정이 이러하다 보니 부산은 '어른이 없는 도시'라는 데까지 진도가 나간다. 전통이 쌓이지 않은 탓에 위아래가 없고, 젊은이들은 비교적 기고만장하지만 원로들은 제대로 대접을 받지 못해 답답해한다는 것이다.

이래저래 부산의 '문화 불모지론'과 겹쳐지는 대목이다. 부산은 차근차근 정주의 문화를 만들어 나가야 한다. 밖으로는 항구도시답게 활달한 개척정신을 발휘하되 안으로는 전통을 기반으로 내실을 다져 나갈 때가 된 것이다.

평화의 바다로 가는 부산

누구나 바다를 꿈꾼다. 고향 부산을 떠나 서울에서 살 때 보니 그곳 사람들도 바다를 꿈꾸기는 마찬가지였다. 동해의 푸른 바다로 무작정 달려가고 싶다는 열망이 젊은이들에게서 느껴졌다. 해 지는 서해의 넉넉함과 여유로움도 동경의 대상이었다. 온종일 어느 곳을 가도 바다가 보이는 도시에서 태어나고 자란 까닭에 육지에 둘러싸인 내륙에서의 생활은 바다에 대한 그리움을 더욱더 절절한 것으로 키웠다.

바다는 시원이고 마침표다. 모든 생명이 물에서 나와서 그런지 바다는 어머니 자궁 안의 양수처럼 편안함을 준다. 시원을 거슬러 올라가 한참을 유영하다 보면 문득 바다에 닿을 것만 같다. 모든 강이 육지에서의 고단한 삶을 바다에서 내려놓듯 바다는 종착역이자 마침표다. 더는 나아갈 곳이 없는, 그래서 마침내 회귀하여 처음으로 돌아가는 순환의 무수한 반복이 있는 곳이 바다다.

부산이란 도시에 대해 사람들은 무얼 먼저 떠올릴까. 아마도 바다가 첫손에 꼽힐 듯하다. 부산의 인상에 관한 조사 때마다 해수욕장, 해운대, 태종대, 오륙도, 영도다리, 광안대교, 자갈치 등 바다와 연관된 말들이 단골로 등장하곤 하기 때문이다.

그런 바다라 하더라도 사람들은 저마다 다른 빛깔과 소리, 냄새 등으로 부산을 기억할 것이다. 누구에게는 부산의 바다가 피서지이자 해수욕장일 것이며, 다른 누구에게는 영화의 바다, 또 다른 누구에게는 일본이나 대양으로 나가는 뱃길일 터이다.

부산의 바다는 지리적으로 볼 때 일단은 한반도에서 태평양으로 나아가는 관문이다. 거꾸로 일본 등 부산의 바다 그 너머에 있는 나라 입장에서는 태평양에서 대륙으로 들어가는 관문이 되기도 한다.

한반도의 육지를 따라 내달려 온 기차가 부산역에서 그 운명을 다하듯, 바다를 달려온 배들도 부산항에서 멈춰서고 만다. 대륙과 해양, 해양과 대륙의 한 매듭을 짓는 곳이 부산이다.

부산의 바다는 동아시아, 동북아의 중심이자 지중해다. 아시아의 동부에 있다 하여 동아시아, 동북부에 있다 하여 동북아시아라 부르는 한국 · 중국 · 일본이라는 솥발 같은 삼국의 한가운데에 부산의 바다가 있는 것이다.

세계 인구의 5분의 1, 세계 총생산의 4분의 1, 세계 교역액의 5분의 1을 차지하는 한 · 중 · 일 3국은 같은 문명권이었다. 그 배경에 한자를 통한 소통의 역사가 있다. 조선시대 부산에서 출발해 일본에 들어간 조선통신사 행렬은 한문 필담으로 일본인과 소통한 것으로 유명하다. 청나라 베이징을 찾은 사신 행렬도 한문 필담으로 중국인과 대화를 나눴다. 한 · 중 · 일은 한자가 있어서 소통에서만은 큰 문제가 없었다.

공동문어였던 한문과 세계 종교로 유교와 불교를 공유한 점에 주목한 문학평론가 조동일은 동아시아를 하나의 문명권으로 접근한 『동아시아 문명론』을 펴낸 바 있다. 동아시아 한문·유교·불교문명이 그것이다. 남·동남아시아 산스크리트·힌두교·불교문명, 서남아시아·북·동아프리카 아랍어·이슬람문명, 유럽 라틴어·기독교문명과는 분명히 다른 범주를 보인다고 주장했다.

유전하고 있는 같은 문명권의 기억은 한·중·일 삼국이 언제든 신삼국시대를 열어나갈 수 있는 가능성을 제공한다. 제대로 활용하기만 한다면 2020년 도쿄 올림픽, 2022년 베이징 동계올림픽이 그 모멘텀이 될 수도 있을 것이다.

동아시아 혹은 동북아의 그 바다는 때로는 성난 파도가 몰아치는 전쟁의 바다이기도 했지만 대부분은 안전한 항해를 기원하던 평화의 바다였다. 부산의 바다를 역사라는 창을 통해 긴 안목과 호흡으로 바라본다면 전쟁 혹은 평화의 바다로 가를 수 있다. 국경의 관문도시 부산은 전쟁의 바다 아니면 교역이라는 이름의 평화의 바다로 이웃 나라와 경계를 지었다.

작고한 향토사학자이자 소설가인 최해군 선생은 "우는 아이도 '왜구 온다' 하면 울음을 뚝 그쳤을 정도로 이 고장 아이들은 어릴 적부터 바다에서 오는 불안을 안고 자랐다"며 "왜구의 노략질로 온화하고도 너그러워야 했을 부산 사람의 기질에 경계심과 저항성이 생겼다"고 지적한 바 있다.

노략질이 횡행하던 전쟁의 바다를 평화의 바다로 바꾼 데는 왜구를 통제 안으로 끌어안은 왜관이 크게 기여했다. 부산포에 왜관을 두어 대일무역의 개항장으로 삼은 것은 1407년(태종 7년)부터였다. 관문도시의 성격상 군사도시이자 무역도시라는 이중적인 성격을 지닐 수밖에 없는데, 요새 역할을 한 부산진이 세워진 것은 이보다 앞선 1397년(태조 6년)이었다.

임진왜란, 정유재란 등 전쟁의 바다였을 때 왜관은 굳게 문을 닫았다. 1678년(숙종 4년)부터 1876년(고종 13년)까지 198년간은 초량왜관의 번성기였다. 여기에 발맞춰 조선통신사가 1601~1811년 총 12회에 걸쳐 평화의 바다를 건너갔다.

한일 평화의 사절 조선통신사를 오늘에 불러내 새롭게 조명한 곳이 부산이다. 부산에서 조선통신사 한일 문화교류 사업을 본격화한 것은 2003년이었다. 그해 9월 26일 부산 코모도호텔에서 열린 '조선통신사 한일협의회 교류총회'가 계기였다.

한국에서는 조선통신사문화사업추진위원회, 일본에서는 나가사키현에서 도쿄에 이르기까지 50개 조선통신사 연고지를 묶은 일본 조선통신사연지연락협의회가 각각 중심이 되어 참가했다. 2003년은 조선통신사문화사업추진위원회, 2004년은 조선통신사연지연락협의회가 각각 교류 사업을 주관하며 그 이후로는 협의해 추진한다는 협정서도 채택했다.

2017년 유네스코가 한국과 일본의 조선통신사 기록물을 세계기록유산으로 등재한 것은 부산이 강조해 온 평화의 바다에 손을 들어준 쾌거다. 2002년부터 추진한 조선통신사 행렬 축제 등을 통해 한일 문화교류의 찬란한 역사를 되살려 낸 곳이 부산이고, 민간단체 차원에서 일본과 협력해 조선통신사의 유네스코 세계기록유산 등재를 끌어낸 곳도 부산이기 때문이다.

한국의 근현대사도 부산의 평화도시 이미지 강화에 크게 기여했다. 일본 제국주의의 대륙 침략 교두보였지만 재외동포들을 실은 귀국선이 감격스러운 귀항을 한 곳이 부산이었고, 동족의 가슴에 총부리를 겨눈 6·25 한국전쟁 때는 팔도의 피란민들이 모여들어 전쟁의 폐허를 딛고 새로운 희망을 노래하던 곳이기도 하다.

역사가 시작된 이래 부산의 바다는 전쟁과 평화의 시기를 번갈아 맞이하면서 전쟁의 상처는 다독이고 평화의 소중함은 내면화하는 과정을 되풀이해 왔다. 전쟁은 가고 평화는 와야 한다. 그 평화의 중심에 부산이 우뚝 서야 한다.

부산은 이제 한국과 일본, 중국의 동아시아를 넘어 세계에 이르기까지 평화도시로서의 이미지를 구축해 나가야 한다. 평화를 도시 브랜드로 삼아 동아시아 평화 중심, 세계 평화 중심으로 자리매김할 때다.

2019년 7월 4일 일본이 반도체 소재 3개 품목에 대한 수출 규제에 들어간 데 이어 8월 7일 한국을 '화이트리스트(수출절차 간소화 대상국)'에서 제외하는 수출무역관리령 개정안 공포를 강행하면서 부산 바다는 상심의 바다로 변하고 있다.

대마도로 가는 배편이 속속 끊기고 바다 건너 일본과 한국을 오가던 사람들의 발걸음도 잦아들고 있다. 이런 위기의 시기에는 평화를 내면화해 온 부산이 중심을 잡아 상심의 바다를 희망의 바다로 바꿔야 한다.

한일 양국 간에 대립과 갈등의 파고가 아무리 거셀지라도 부

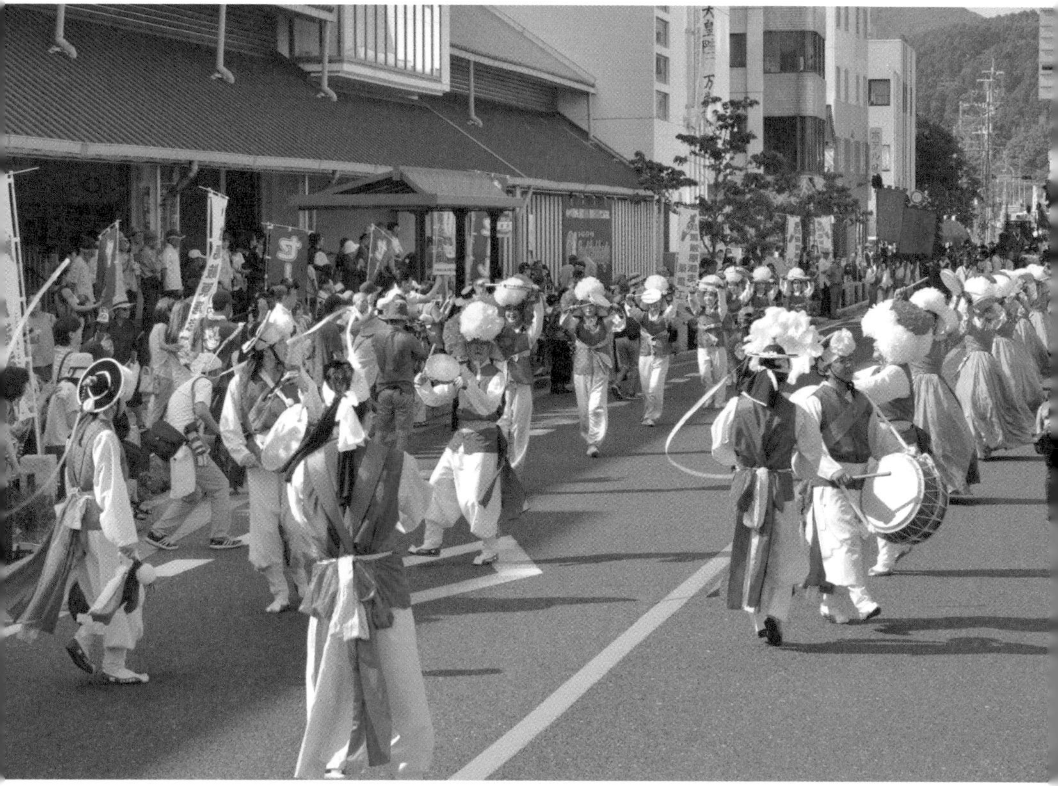

2019년 8월 4일 일본 대마도에서 열린 조선통신사 행렬 재연 행사 ⓒ부산일보

산만은 언제나 그 대립과 갈등의 완충지대로 남아야 한다. 서로를 향한 일체의 강제와 억압을 거둬들인 '한일 평화의 비무장지대(DMZ)', 부산이 중심을 잡고 서 있어야 할 자리다.

부산美의 정체

부산미는 로컬리티다. 로컬 부산의 정체성인 로컬리티를 부산미라 부를 수 있다. 부산이라는 도시와 그곳을 살아가는 부산 사람들을 제대로 알고자 한다면 먼저 부산미를 파악해 부산미학을 곧추세울 일이다.

부산과 부산 사람들의 정체성, 곧 부산미는 부산이라는 공간과 그 공간을 살아가는 부산 사람들의 역사적 경험이라는 시간이 만나는 데서 생겨난다. 부산의 무수한 공간과 시간을 직조한 끝에 마침내 도달한 '지금 여기'에서 일어나는 다양한 관계성의 총체가 부산의 로컬리티인 까닭이다.

부산미와 부산미학은 따라서 지역의 가용 가능한 모든 노력의 집대성과 다름없다. 부산의 장소와 시간을 제대로 파악하려면 다양한 학문적 성취를 기반으로 해야 하기 때문이다. 지역에 관한 연구가 축적될수록 부산미와 부산미학은 수월하게 모습을 드러내지만 허약한 연구 토양에서는 적절한 성과를 끌어내기가 어렵다.

부산美의 정체를 알려면 부산이라는 장소에서 부산 사람들이 살아가는 다양한 모습을 먼저 들여다보아야 한다. 자연의 미, 예술의 미, 인간의 미, 도시의 미, 일상의 미를 조망할 필요가 있다는 뜻이다.

부산의 자연미, 예술미, 인간미, 도시미, 생활미는 부산의 미적 특성을 드러내면서 부산의 정체성으로 곧바로 육박해 들어간다. 부산미에는 부산의 정신이 녹아들어 있기 때문이다.

부산의 자연미는 끝도 없이 드넓은 대양이면서 때로는 폭풍이 몰아치는 사나움을 간직한 바다를 끼고 있다는 점에서 쾌와 불쾌의 감정이 뒤섞인 숭고미가 그 바탕을 이룬다. 이는 '화통하다', '화끈하다', '진취적이다', '박력 있다', '개방적이다', '직선적이다', '거칠다', '무뚝뚝하다' 등으로 표현되는 부산인의 기질로 나타난다.

부산의 예술미는 귀족문화나 고급문화보다는 기층문화나 대중문화가 발달했다는 점이 눈에 띈다. 동래야류나 수영야류에서 보듯 활달한 역동성과 체제 비판적인 저항성이 두드러진다. 고급문화의 전통이 쌓이지 않은 탓에 '문화 불모지'라는 오명을 뒤집어쓰기도 하지만 영화, 가요 등 대중문화는 크게 발달해 대조를 보인다. 특히 예술창작보다는 미적 향수가 두드러진다.

부산의 인간미는 바다를 낀 자연의 숭고미에 영향을 받아 화통한 기질적 특성을 보이는 데다 삼한시대 동래 부근에 있었다는 거칠산국의 유래에서 보듯 야성을 지닌 게 특징이다.

부산에서 3대 이상 살아온 토박이가 30%에 불과할 정도로 혼종성을 띠고 있어 모험심 강한 역동성에다 떠돌이의 자유로운 영혼을 지니고 있는 것도 부산인에게서 볼 수 있는 인간적인 면모다.

부산의 도시미는 산, 하천, 바다가 이루는 지형의 영향을 받아 고개와 언덕, 굽은 도로의 불규칙한 시가지 형태를 보이는 게 특징이다. 산, 하천, 바다의 영향으로 다양하고 복잡한 도시 형태를 이루고 있을 뿐만 아니라 도시 변화과정에서 삶에 대한 적극적이고 능동적인 태도가 더욱 다양하고 역동적인 도시 형태를 이룩했다고 분석된다.

부산의 생활미는 다양한 문화를 수용하고 타협하는 개방성과 유연성을 특징으로 한다. 부산은 일본과 가깝다는 지리적 이점으로 인하여 개항 무렵부터 박래품에 대한 관심이 높았고, 바다를 통해 새로운 라이프 스타일이 국내에 들어오는 교두보 역할을 했다. 세계의 최신 패션과 노래방 문화와 같은 외래문화가 직수입되는 부산은 또한 실용성을 중시하는 면모를 보였다.

모든 것이 화(化)하고 통(通)하는 부산에서는 화통(化通)이 부산미의 정점이자 벼리의 위치에 자리하고 있다. 폭풍이 불고 성난 바다가 있는 변방의 땅끝 부산의 자연과 그곳을 살아가는 야성의 부산인에게서 발견되는 화통은 부산의 대표적 미의식이자, 부산성을 가장 잘 드러내는 부산미다. 화통은 숭고미, 대인의식, 변방의식 혹은 땅끝의식, 야성 등의 미적 질 혹은 미적 개념과 맥락이 닿아 있다.

화통의 부산미는 부산의 미적 특성인 '혼종성', '역동성', '저항성', '단발성'을 낳는 모태가 된다. 혼종성은 부산의 오랜 '잡것들의 문화'에서 비롯되어 '한솥밥(melting pot)' 정신을 길렀다. 역동성은 '우리가 남이가'를 거쳐 '다이내믹 부산'으로 분출됐다. 저항성은 거친 야도의 뿌리가 되었고, 단발성은 마침내 소멸하고 마는 슬픈 정조의 바탕이 되었다.

화통의 부산미에서 첫 번째로 혼종성이 미적 성질로 떠오른 것은 '잡것들의 문화'에 기인한 바 크다. 글로컬 시대를 맞아 유연한 포용성과 다양성 등으로 변주될 것으로 기대된다. 혼종성은 이중성, 착종성, 왜색성, 잡연성, 이질감, 낯설게 하기, 개방성, 포용성, 유동성, 다양성, 다문화 등의 미적 질 혹은 미적 개념과 맥락이 닿아 있기 때문이다.

화통의 부산미에서 두 번째로 역동성이 미적 성질로 떠오른 것은 이질적인 것을 한데 녹이는 부산의 열정에 힘입었다. 나아가 부산이 진취적이고 모험적인 미래를 꿈꾸는 데 이바지할 것으로 기대된다. 역동성은 우리가 남이가, 의리, 다이내믹, 진취성, 휘몰이 정신, 화끈하다, 실질성, 떠도는, 자유정신, 모험성, 진보성, 선구자 정신 등의 미적 질 혹은 미적 개념과 맥락이 닿아 있다.

화통의 부산미에서 세 번째로 저항성이 미적 성질로 떠오른 것은 화통과 같은 뿌리를 갖는 상반된 미감이기 때문이다. 저항성은 저항적이다, 거칠다, 터프하다, 시끄럽다, 변방성, 민중성, 독립운동, 민주화운동, 노동운동, 록, 인디음악, 청년문화 등과 같은 다양한 미적 질 혹은 미적 개념과 맥락이 닿아 있다.

화통의 부산미에서 네 번째로 단발성이 미적 성질로 떠오른 것은 혼종성, 역동성, 저항성과 함께 화통의 부산미를 구성하면서 이들 미적 특성이 순환하는 고리 역할을 하기 때문이다. 특히 소멸을 전제로 한 단발성은 부산인에게 있어 슬픈 정조의 바탕이 된다. 하지만 슬픔에 매몰되지 않는다는 점에서 비감, 애상, 엘레지 등과는 변별점을 가진다. 슬픔을 딛고 툴툴 일어서는 성숙한 감성을 보인다.

모든 것이 화하고 통하는 화통은 부산을 무한한 가능성의 영토로 만든다. 글자 그대로 무엇이든 되고 부산이든 통하는 화통이 부산의 정체성이기 때문이다. 이러한 도시의 개방감은 진취적이면서도 또한 퇴행적이다. 양극단의 날카로움을 무디게 하여 무덤덤한 얼굴을 보이기도 한다.

바다와 뭍이 만나고, 평화와 전쟁의 역사가 교차하며, 열정과 찰나적 감성이 뒤섞인 부산은 지방소멸 시대를 맞아 자치와 분권으로 도시의 진면목을 찾아 나설 것을 요구받는다. 억압과 간섭을 뒤로하고 자율과 진취가 넘칠 때 비로소 부산은 로컬의 '지금 여기'를 드러낼 것이다.

미학에서도 부산미와 부산미학의 시대적 소명은 있다. 혼종성, 역동성, 저항성, 단발성을 아우르는 화통의 부산미는 한국미학에서는 다루지 않은 미적 특성이라는 점에서 한국미학이 재구성되어야 할 필요성을 제기한다. 부산이라는 구체적 장소가 없는 한국이란 공허하게 마련이다.

한국인의 미의식으로 한, 멋, 풍류, 신명, 해학 등이 고찰되어 왔지만 로컬에 관한 담론은 무시되어 왔다. 부산미와 부산미학은 한국미와 한국미학을 더욱 푸르고 풍성한 풀밭으로 인도할 것이다. 로컬이 주목받으면서 로컬미와 로컬미학도 이제 시대의 요청이 되었다.

4장

기장의 美

기장의 날줄과 씨줄

일요일이면 아침 일찍 부산 기장군 일광역 앞에서 노모와 복국을 먹고는 택시를 불러 어머니를 집으로 모신 후 혼자 걸어서 사는 곳으로 돌아오는 날이 많다. 일광해수욕장을 오가며 바닷가에 서서 저 멀리 달음산을 조망하는 일은 이럴 때의 큰 즐거움 중 하나다. 그러고는 도로로 길을 잡아 집으로 향한다.

집으로 가던 어느 날 길에서 발견한 뜻깊은 글이 있다. 하필이면 지금 사는 기장의 역사를 간략하지만 핵심을 짚어 전달하고 있었다. 반가워서 한참이나 들여다봤다.

2011년 10월 9일 기장군청 앞 도로변에 높이 7.5m의 자연석으로 세운 '기장군 복군 기념비' 앞 금석문이 그것이다. 주장하는 바를 간명하게 잘 간추린 글이라는 인상이 들었고, 그런 만큼 술술 잘 읽혔다. 금석문 내용은 이렇다.

> 옛날 기장 지역이 속해 있던 거칠산국은 서기 57~79년 사이에 신라(석탈해왕 때)에 정복되었는데 505년 신라는 이곳에 거칠군 갑화양곡현(촌)을 두었었다. 서기 757년(신라 경덕왕 16년) 갑화양곡이 기장으로 개명되었으며 고려 성종 2년(983년)에 김해(금주)의 영현이 되었다가 후에 양산 울산 등에 속했다 다시 복현되었다. 1599년

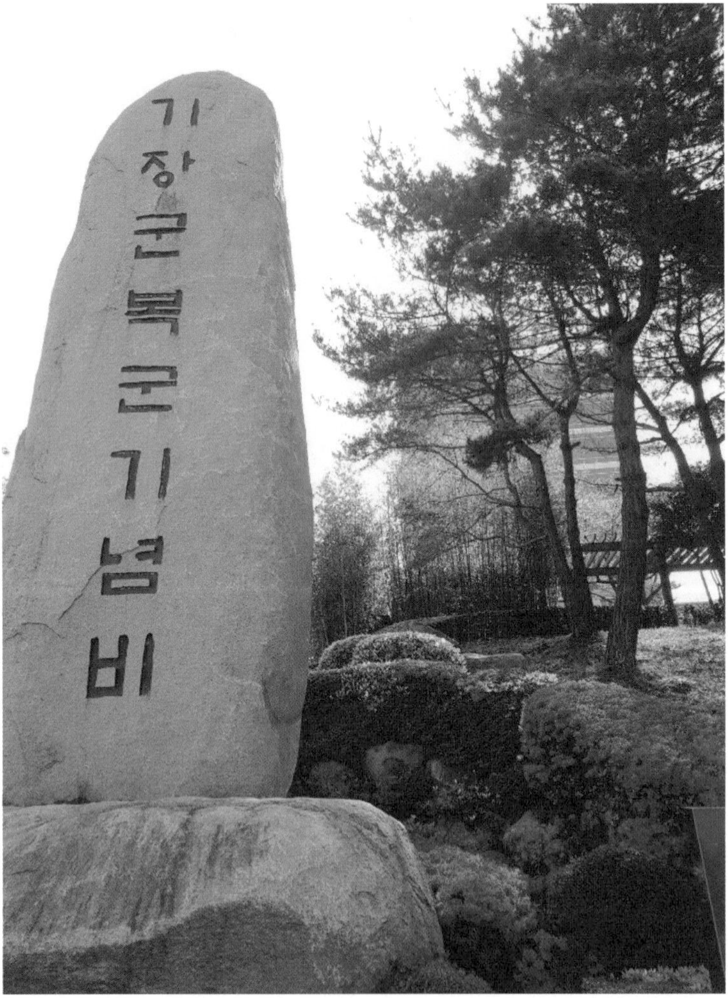

기장군 복군 기념비

(조선 선조 32년) 임진왜란이 끝난 뒤 기장현은 폐현되어 현 장안 일광 정관지역은 울산현으로 들어가고 기장 철마 등지는 동래현으로 편입되었었다. 1617년 복현된 기장현은 1895년 현에서 군으로 승격되었으나 19년 만인 1914년 군(郡)으로서는 인구와 면적이 적다는 이유로 동래군으로 다시 편입되었다. 1963년 동래군의 구포읍과 사상 북면 그리고 기장의 송정동이 부산직할시로 편입되고 대신 서생면이 들어왔다. 기장 일광 장안 철마 등 서생을 제외한 5개면은 옛 기장군인데도 동래군으로 호칭되어 오다 1973년 7월 1일 동래군은 양산군에 통합되었다. 1980년 서생면이 울주군으로 복귀되었으며 1986년 양산군 동부출장소가 기장읍에 설치되었다가 출장소 설치 9년 만인 1995년 3월 1일 옛 이름인 기장군으로 복군과 동시 부산광역시로 편입되었다. 군을 잃은 우리들은 역사와 전통 그리고 자존심을 되찾기 위해 온 군민이 혼연일체가 되어 역사와 생활권이 다른 양산군으로의 통합은 부당하다는 진정 탄원 등을 정부에 계속 건의하여 1990년대 들어 기장군을 잃은 지 80년 만에 드디어 복군의 영예를 찾았다. 그래서 앞으로 우리 군민들은 과거와 같은 일들이 되풀이되어서는 안 된다는 굳은 뜻으로 이 자리에다 청사(靑史)에 빛나는 금석문을 세워 현재의 거울로 삼고 후세에 길이 길이 애향의 엄숙한 산 교훈으로 남기고자 한다.

2011년 10월 9일 기장군 복군 기념비 건립추진위원회.

기장군 복군 기념비 앞 금석문에 새겨진 글을 보노라면 시대에 따라 나라와 왕조가 바뀌면서 이리저리 기장의 영토가 갈라붙여지는 영욕의 세월이 고스란히 드러난다. 내산국(萊山國), 장산국(萇山國)이라고도 불렸던 가야의 소국 거칠산국(居漆山國)으로 출발했지만 신라에 합병되었고 고려, 조선, 일제강점기를 거쳐 오늘에 이르기까지 신산스러운 역사를 겪은 곳이 바로 기장이다. 실로 변방과 경계의 땅이 아닐 수 없다.

기장에 관한 최초의 기록은 『삼국사기』 권34 지리지 동래군조에서 발견된다. "동래군은 본래 거칠산군을 경덕왕이 개명한 것인데 그대로 부른다. 그 영현은 둘로 동평현은 본래 대증현을 경덕왕이 개명한 것인데 그대로 부르고 기장현은 본래 갑화양곡현을 경덕왕이 개명한 것인데 그대로 부른다." 기장은 갑화양곡(甲火良谷)이라 불렸고, 『고려사』 권57에는 차성(車城)이라고도 기록돼 있어 차성이라고도 불렸음을 알 수 있다.

거칠산군은 거칠산국에서 유래했다. 거칠산국 혹은 내산국, 장산국은 부산 동래 부근에 있던 가야의 소국이었다. 가야와 신라가 영토를 놓고 극심하게 다투던 동래 · 울산 · 언양 · 양산 중 한 곳인 동래는 지금의 부산을 일으킨 근거지였다. 거칠산국이었던 거칠산군을 기장현이 동평현과 함께 반분했다는 역사적인 사실로 미뤄 볼 때 기장의 부산 편입은 당연하다 하겠다.

기장이 동래군 소속에서 경남 양산군으로 편입된 1973년 7월 1일 이래 기장군이라는 명칭 회복과 부산시 편입은 기장 사람들의 소망이었다. 1986년 기장군 복군추진위원회(회장 공태도)가 구성되었고, 마침내 1994년 12월 대통령령 제4802호에 따라 기장군이 정식으로 복군 되었다.

교육, 식수, 교통, 그린벨트 문제 등을 이유로 기장지역발전협의회를 중심으로 부산시 편입을 강력하게 요구하던 차에 1994년 9월 30일 부산시 편입 찬반 주민투표가 있었다. 당시 전체 세대수는 1만 9841세대였고, 투표 참여 세대수는 전체의 75.6%인 1만 5001세대였다고 한다. 찬성 1만 1818세대, 반대 2988세대, 무효 195세대로 부산시 편입에 찬성한 기장 사람들의 비율이 78.8%였다. 이에 따라 기장은 1995년 3월 1일 부산광역시 기장군으로 편입되었다. 정부가 1995년 도농(都農) 통합시를 만들면서 인천에는 강화군과 옹진군, 대구에는 달성군, 울산에는 울주군이 광역시로 편입되었다면 부산에 편입된 군이 바로 기장군이다.

부산의 동북부에 있는 기장군은 동쪽과 남쪽으로 동해와 남해, 남서쪽으로 부산 해운대구 · 금정구, 서쪽으로 경상남도 양산시 동면, 북쪽으로 울산광역시 울주군 온양읍 · 서생면과 접한다. 부산광역시, 울산광역시, 경상남도 등 3개 광역시 · 도에 둘러싸인 접경 지역으로 변방과 경계의 땅이라는 지역적 특성을 지금도 여전히 증명한다.

기장군은 일제강점기인 1914년 4월 1일 부 · 군 · 면 통폐합 때 동래군에 흡수되었다가, 1973년 양산군에 편입되었고, 1995년 기장군이 부활하면서 경상남도 양산군에서 부산광역시로 이관되었다.

기장군 행정구역은 3읍(기장읍, 장안읍, 정관읍) 2면(일광면, 철마면)이고, 군청 소재지는 기장읍이다. 면적은 218.32km², 농경지는 30.75km²이다. 2019년 6월 현재 인구수는 16만 5090명이고 세대수는 6만 8649세대이다. 기장의 꽃은 진달래, 기장의 나무는 해송,

기장의 새는 갈매기, 기장의 물고기는 멸치다.

기장의 산천은 어떤 경개를 보일까. 풍수가 장영훈은 1860년께 기장의 산천 경관을 노래한 가사문학 「차성가」를 인용해 기장 산천 지령의 연원이 천성산에 닿아 있다는 데 주목했다.

"천성산에서 내린 산줄기 하나가 용천산을 거쳐 펼쳐지자 산자락들은 하늘의 선녀가 펼쳐 놓은 비단 폭이며 하늘의 은하수는 물줄기로 내려와 동남 대해를 만들어 놓았구나. 여기에 뭇별들은 서북 산악을 이루며 병풍처럼 두른다."

서북 산악을 배산으로, 동남 대해를 임수로 한 배산임수(背山臨水)가 기장의 지리적 특성이라고 밝히고 있다. 곧 서북 산악이 병풍 배산을 이루고 동남 대해의 임수로 툭 터진 곳에 기장이 자리하고 있다는 것이다.

지형적으로는 기장은 서쪽이 높고 동쪽이 낮은 서고동저(西高東低)형이다. 중·북부에 산지가 많고, 대표적인 산으로는 달음산(587m), 용천산(543m), 백운산(520m), 천마산(400m), 철마산(605m) 등이 있다.

평야는 이들 산지 사이를 흐르는 좌광천, 일광천, 수영강 주변에 소규모로 분포하고, 동해의 해안선을 따라 좁고 긴 평야가 전개된다. 서부의 경계를 이루는 수영강은 용천산에서 발원하여 남쪽으로 흘러 수영 부근에서 온천천과 합류하여 수영만으로 흘러든다.

기장이라는 명칭은 옛 지명인 갑화양곡에서 유래했다. 거칠산군이 '거친 뫼'인 황령산을 끼고 있어 '거칠다'라는 우리말에서 비롯한 이름으로 보는 것처럼 갑화양곡도 우리말을 한자음으로 바

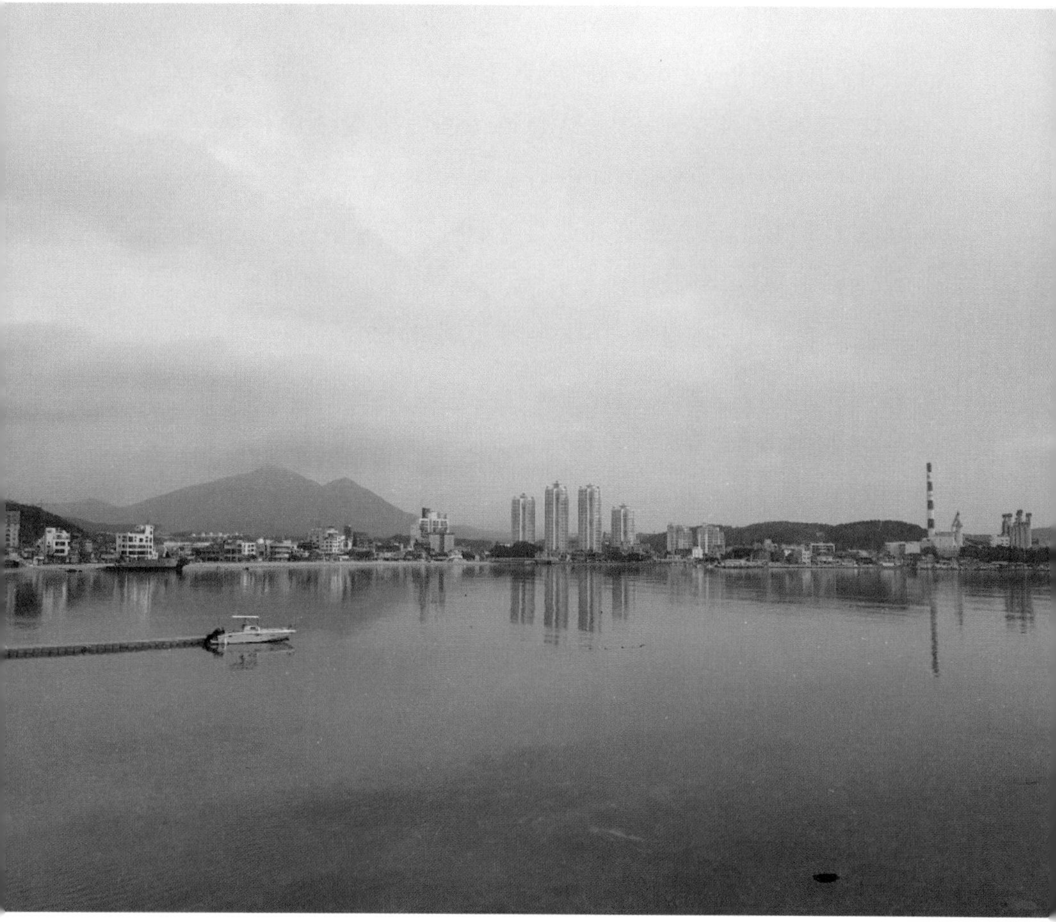

일광 바닷가에서 바라본 달음산

꾼 이두식 지명으로 보아야 한다는 주장이 있다.

갑화양곡을 이두식으로 풀이하면 갑국(甲國) 또는 갑향(甲鄕)이 된다. 갑향의 갑은 음독하여 갓(邊)과 통한다며 '갓 마을'(邊城-변두리 마을)이라 해석하기도 하고, 갑을 대(大)와 통한다며 '큰 마을'로 보기도 한다. 갑은 또한 10간의 첫 글자로 수(首), 시(始), 초(初)와 통해 '첫째 마을', '첫 마을'로 볼 수도 있다. 바다에서 육지로 귀환할 때 처음으로 닿는 곳이라는 뜻의 지명이라고 한다.

'기장'의 지명 유래는 다음과 같다. 『서경』 고우기장주(苦虞機張註)에 기(機)는 노아(弩牙 · 쇠뇌의 시위를 걸어 매는 곳)라 하고, 또 노기기장(弩機旣張)이라 하여 갑병으로 국토를 지키기 위하여 이곳 변방인 기장을 수비한 데서 명칭이 유래되었을 가능성이 있다는 지적이다.

별칭으로 차성(車成)으로 불린 이유는 차(車)는 정수리(首)를 뜻하기에 차성은 곧 수성이다. 이는 해안과 접하는 군사상의 요충지라는 뜻이다. 기장이라는 명칭은 해안과 접하고 있는 변경의 군사 요충지라는 데서 유래했다는 게 통설이다.

기장은 역사적으로 부침이 많았던 곳이고 관방(關防 · 변방의 방비를 위하여 설치한 요새) 유적이 지금도 곳곳에 남아 있는 군사 요새이자 관문도시였다. 지금도 부산, 울산, 경남이라는 세 곳의 광역시 · 도와 접하면서 동해와 남해에 바짝 입지를 기댄 부산의 동북쪽에 자리하고 있다.

기장의 문화예술

1960~70년대만 하더라도 기장에는 민요와 민속놀이 등 기층문화가 두렷이 살아 있었다. 정월 대보름이면 골목마다 풍물 행렬이요, 집집이 지신밟기였다. 망태에다 꿩을 넣고 어깨에는 총을 멘 포수와 긴 담뱃대를 물고 짐짓 점잔을 빼던 양반네 등을 앞세워 한바탕 들놀음이 펼쳐지곤 했다. 꽹과리, 징, 북, 장구 소리 요란하고, 고깔을 쓴 소고패 행렬과 하얗고 긴 띠를 돌리던 상모놀이가 흥을 돋우곤 했다.

'에헤 에루 서낭(城隍)아, 서낭 지신을 울리자', '에헤 에루 지신아, 성주지신을 울리자', '여루 여루 지신아, 지신을 밟아 울려 보자', '잡귀 잡신은 물알로, 만복은 이리로!'…. 기장 사람들은 정초와 대보름 사이에 날을 잡아 악귀와 잡신을 물리치고 마을의 안녕과 가정의 만복을 기원하는 것으로 한 해를 열었다.

경상도 지역의 대표적인 민요인 '쾌지나칭칭나네'도 기장에서 즐겨 부른 노래다. 많은 사람이 한데 모여 야외에서 시끌벅적하게 놀 때 한 사람이 메기면 나머지 사람들이 받아주는 신명 나는 노래였다. 노동요가 많은데 지역마다 가사를 달리하여 재미를 더하는 게 '쾌지나칭칭나네'의 묘미다.

'쾌지나칭칭나네/쾌지나칭칭나네(후렴)//서산밑에 서처자야/(후렴)//남산밑에 남대롱아/(후렴)//첫달(닭)울어 밥해묵고/(후렴)//앞동산을 치치달아/(후렴)//뒷동산을 내리달아/(후렴)//올라간다 올고사리/(후렴)//내리간다 냇고사리/(후렴)//빼빼돌아 돌개나물/(후렴)//한푼두푼 돗나물아/(후렴)….'

기장 장안읍 임랑에 전해 내려오는 '쾌지나칭칭나네'다. 기장은 물론이고 부산을 대표하는 가락이 된 '쾌지나칭칭나네'가 '가등청정 나오네' 하며 일본 적장이 쳐들어옴을 예고한다거나 '쾌재라, 가등청정이 쫓겨나가네'에서 유래했다는 설도 있다.

임랑포 왜성이 있는 임랑으로서는 그럴듯한 설이 아닐 수 없다. 가토 기요마사(加藤淸正, 1562~1611)의 군대가 임랑포 왜성과 죽성리 왜성에 주둔하면서 조선의 사기장과 도공들을 일본에 끌고 간 것은 역사적 사실로 남아 있다. 임진왜란이 '도자기 전쟁'으로 불리는 것은 그런 연유에서다.

멸치 후리소리의 본고장도 기장이다. 멸치잡이는 부산에서도 기장의 대변, 죽성, 칠암, 임랑, 월내, 길천 등지에서 성행했다. 임랑의 멸치잡이 후리소리는 멸치 떼가 있는 바닷속에 그물을 펼치는 '놓는소리', 멸치 떼가 들어간 그물의 줄을 감으면서 부르는 '망께소리', 멸치를 그물에서 풀어 내릴 때의 '가래소리'로 나뉜다.

'에산 에산야 에산 에산야/이야차 이여차 에산 이야차/잡아당기라 에산 데리가자 에산…//야산도리 에야도리 어서돌리라 에산/에산 에산 오동동 에산야에산/큰아기젖통 에산야에산 에산망께 에산야망께…//에성가래여 오동동만산춘에/어랑성 가래여 어어이 온동네 사람들아(후렴)/먼데 사람은 구경하이소(후렴)/자테

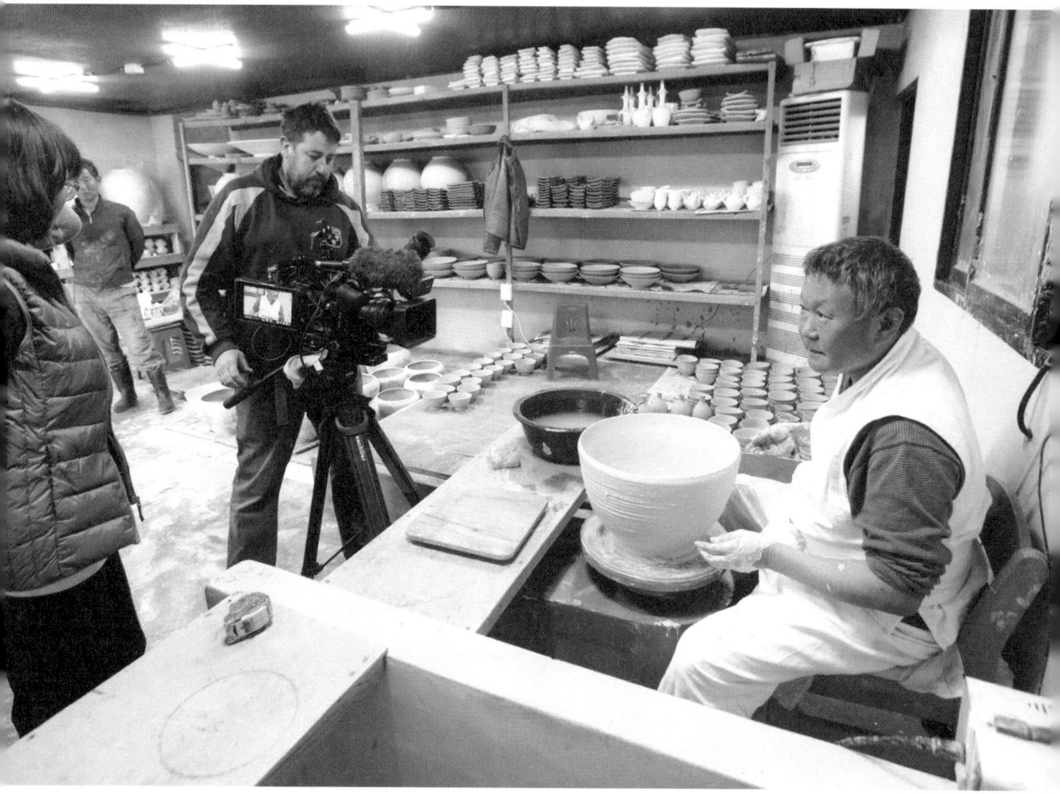

장안요 신경균 도예가의 전통 도자기 제작 방식을
영국 맨체스터 샐포드대 최인숙 교수팀이 카메라에 담고 있다. ⓒ부산일보

사람은 힘을 씨소(후렴)/서발 조끼에 다들어간다(후렴)/이 가래가 누가랜공(후렴)/동래부사람 가래로이다(후렴)/얼씨구나 절씨구나 (후렴)….'

어업과 농업을 함께하는 지역의 특성상 어요와 농요가 고루 발달해 기장의 기층문화는 한층 더 풍부했다. 설날 · 정월대보름 · 단오 · 추석 등 음력 24절기와 명절에 따라 되풀이되던 농경사회의 민속인 세시풍속도 기장에서 활짝 꽃을 피웠다. 특히 기장은 귀족이나 토호가 발달하지 않은 까닭에 민중의 기층문화야말로 기장의 대표적인 문화예술로 평가할 수 있다.

앞서 '쾌지나칭칭나네'에 얽힌 도자기 전쟁을 언급했지만 도자문화가 번성한 부산에서도 기장은 도자문화의 본고장과 다름없다. 기장 죽성리 왜성 가까운 곳에는 임란 때 일본으로 끌려간 도공들의 넋을 위로하는 '무명도공추모비'가 설립돼 있다.

조선시대만 하더라도 과학기술과 문화예술의 총화에 가까웠던 도자문화의 장인들이 기장 곳곳에 포진해 있었고, 이런 장인들을 본국으로 데려가는 것은 일본 왜장에게는 가장 값진 전리품으로 여겨졌다.

기장은 고려와 조선시대에 걸쳐 도자문화가 두루 발달했다. 흙, 나무, 물이라는 도자 생산의 3박자를 제대로 갖춘 곳이 기장이기 때문이다. 자기소와 도기소가 들어서 관청 상납용 도자기는 물론이고 민간에서 필요로 하는 그릇들도 생산됐다. 특히 기층민들이 즐겨 사용하던 옹기도 장안읍 명례리와 오리 등지에서 만들어져 널리 유통되었다.

장안읍 장안리 상장안, 장안읍 장안리 하장안, 장안읍 기룡리, 장안읍 오리, 장안읍 명례리를 비롯하여 기장읍 청강리, 정관면 두명리, 정관면 병산리 등 곳곳에 가마터가 남아 있는 게 이런 역사적인 사실을 증명한다. 특히 장안에서 울산 남창 옹기마을 등지로 이어지는 구간은 한국 도자문화의 중요한 벨트라 할 만하다.

지금도 기장은 부산의 도자문화를 선도하는 지역이라고 해도 과언이 아니다. 유네스코 전시회와 베니스비엔날레 등을 통해 장안 도자기의 세계화에 앞장서고 있는 도예가 신경균의 기장 장안 장안요와 부산무형문화재 제13호로 고 김윤태 사기장을 계승하고 있는 도예가 김영길의 기장 일광 부산요 등이 대표적이다.

기장에서는 문학예술의 전통도 면면히 이어 오고 있다. 변방과 경계의 땅이었던 기장은 유배지로 안성맞춤이었고, 따라서 유배문학이 일찍이 발달했다. 동래향교와 함께 부산의 관립 중등 교육기관으로 우뚝 선 기장향교를 중심으로 유림의 문예활동도 이어졌다.

기장 안에서는 가사문학인 「차성가」가 기장의 자긍심을 살린 문학적 결실로 평가받는다면 기장 밖에서는 오영수의 소설 「갯마을」이 인기를 누렸다. 이 소설은 갯마을문학축전 등을 통해 기장을 널리 알리는 계기가 되었다.

1618년 기장 죽성리로 유배 와서 7년간 머문 고산 윤선도(1587~1671)는 「견회요(遣懷謠)」, 「우후요(雨後謠)」 등 여섯 편의 시를 남겼다. 일광 삼성대와 관련하여 동생과 이별하며 지은 「증별소제」 2수도 전해 온다.

1689년 기장 철마 웅천리로 유배 온 지호 이선(1631~1692)은 『송강가사 이선본』을 남겼고, 1801년 기장에 유배되어 6년을 지낸 효전 심노숭(1762~1837)은 38책의 『효전산고』를 저술했다. 기장 지역의 문인으로는 자구 문규로, 성헌 문평로, 가산 정인준, 추파 오기영, 삼사당 정덕영 등이 있다.

「차성가」는 기장에서는 무형의 보물이자 기장문학을 대표하는 작품으로 인정받았다. 원작자가 누구인지 밝혀지지는 않았지만 고사 등에 해박한 지식을 가진 것으로 보아 19세기 후반의 유학자풍 양반으로 추정되고 있다. 스쳐 지나가는 기행의 노래라기보다는 작품 속에 진한 애향 정신이 녹아 있어 기장 토박이가 지었을 것이라는 추측이 유력하다.

'아동방 팔로에 명산대천 허다하다/태백산 낙동강이 우리영남 제일이라/지령이 이러하니 인걸이 없을손가/성현군자 뉘뉘시며 문장달사 뉘뉘신고/가소한 이내장부 하읍기장 생장하여/국중승지 뉘다보리 경내산천 구경하세/원적산 높이올라 용산을 굽어보니/일지맥 내린용이 직녀칠양 완연하다/은하수 흘러나려 동남대해 되어있고/기두성 버린채로 서북산악 둘러있다….'

기행가사인 「차성가」는 서사에 이어 하서, 하북, 중북, 상북, 동면, 상서, 남면, 읍내면을 돌며 기장의 옛 별호인 차성을 제목에서 사용했듯 기장의 아름다운 산천 경관과 유구한 역사를 노래한다. 기장군청 안에 '차성가 비'가 세워져 있다.

'아낙네들은 해순이를 앞세우고 후리막으로 달려갔다. 맨발에 식은 모래가 해순이는 오장육부에 간지럽도록 시원했다. 달음산

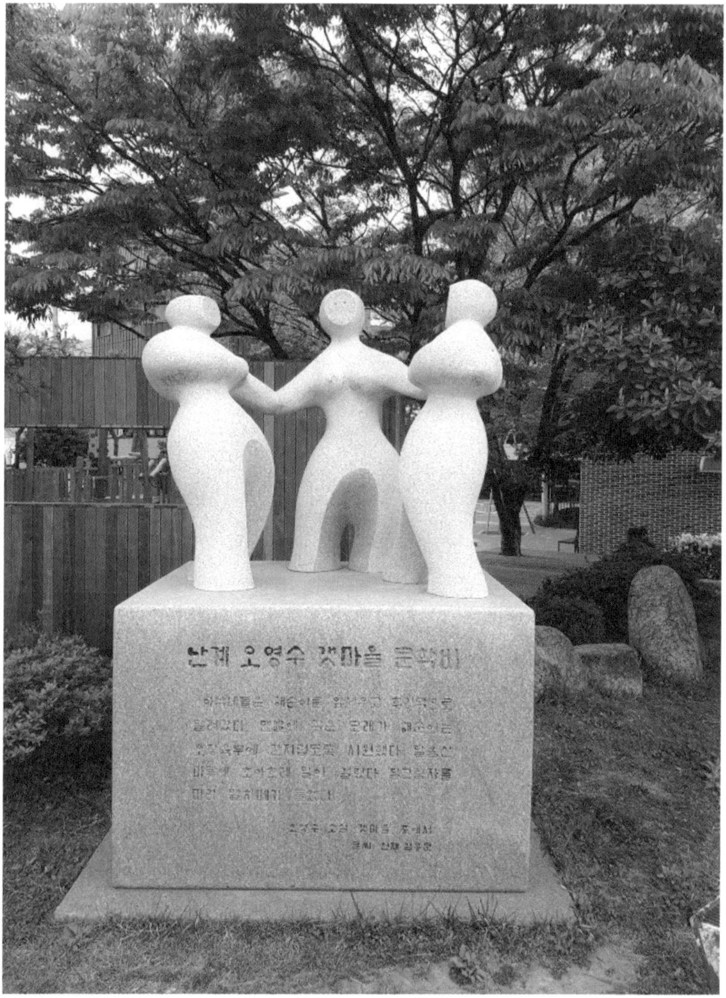

난계 오영수 갯마을 문학비

마루에 초아흐레 달이 걸렸다. 달그림자를 따라 멸치 떼가 들었다.'

일광 갯마을 초입에는 소설에 나오는 구절을 새긴 '난계 오영수 갯마을 문학비'가 들어서 있다. 난계 오영수(1909~1979)는 큰누이가 일광초등학교 교사로 부임해 오자 지인의 도움으로 1943년 일광면에서 임시직 서기로 근무했고, 해방될 때까지 줄곧 살면서 체험한 갯마을 경험을 토대로 1953년 『문예』에 소설 「갯마을」을 발표했다.

이 소설은 1965년 문예영화의 거장 김수용 감독이 메가폰을 잡고 당대의 스타 고은아, 신영균이 출연한 동명의 영화로도 만들어져 갯마을 일광을 널리 알리는 계기가 되었다. 영화는 제9회 부일영화상, 제5회 대종상영화제, 제3회 청룡영화상, 제2회 백상예술대상, 제1회 백마상에서 작품상과 감독상을 받은 것은 물론이고 제13회 아태영화제 흑백촬영상, 제1회 스페인 카르타헤나 국제해양영화제 금상 등을 수상해 한국영화의 수준을 한 단계 끌어올렸다는 평가를 받았다.

달음산의 장소성

달음산(587m)은 기장의 벼리다. 그 산에 올라 사방을 둘러보면 벼리를 당기듯 기장이 그물코에 한가득 담겨 올라온다. 정관읍, 장안읍, 일광면, 기장읍, 철마면 등 기장군의 3읍 2면이 바다를 향해 좌에서 우로 360도 회전하면서 파노라마처럼 펼쳐진다. 거꾸로 기장군 5개 읍 · 면 어디에서도 한가운데에 우뚝 솟아오른 달음산을 우러러볼 수 있다. 기장 어디를 가나 달음산은 기장 사람들을 따라다닌다.

기장의 벼리인 달음산은 당연히 기장팔경 중 으뜸인 제1경이다. 산꼭대기 닭 볏 모양의 기암괴석이 동해에서 솟아오르는 새벽빛을 가장 먼저 맞는다고 하여 1경이 되었다고 한다. 기장과 인근 일대에는 동해 일출의 햇살이 우리나라에서 가장 먼저 닿는 곳이라는 말이 곳곳에 전해 온다. 달음산은 물론이고 백운산, 불광산, 장안사 척판암 꼭대기, 대운산, 바닷가 간절곶 등에도 동해 새벽빛이 가장 먼저 닿는다는 주장이 분분하다.

달음산의 뒤를 이은 나머지 7경은 어디일까. 사람마다 입장이 다를 수 있지만, 기장에서는 보통 다음과 같은 순으로 차례를 매긴다.

2경은 기장읍 연화리 앞 작은 섬 죽도, 3경은 소설가 오영수의 대표작 「갯마을」의 무대가 된 일광면 삼성리 일광해수욕장, 4경은 장안사와 척판암 등 오래된 사찰이 명성을 더하는 장안읍 장안리 장안사 계곡, 5경은 폭포의 물보라가 오색의 무지개를 만든다는 철마면 웅천리 홍연폭포, 6경은 정관면 매학리 백운산에 병풍처럼 우뚝 솟은 소학대, 7경은 예부터 기장 제일의 명승지로 알려진 기장읍 시랑리 동암마을 남쪽 해변 시랑대, 8경은 아름다운 송림과 달빛에 반짝이는 은빛 파랑이 어우러진 장안읍 임랑리 임랑해수욕장이다.

기장의 벼리이자 제1경인 달음산은 또한 신화의 장소이기도 하다. 달음산은 백두대간이 남으로 뻗어 내린 낙동정맥에 그 맥을 댄다. 가지산, 운문산, 신불산, 영축산과 함께 산악인들이 즐겨 찾는 영남알프스 산군 중 하나인 천성산이 달음산의 뿌리다. 『기장현읍지』는 "원적산의 맥이 동쪽으로 뻗어 백운산을 낳고 백운산이 다시 멀리 동쪽으로 뛰어 동해에 맞대면서 달음산을 이뤘다"라고 적고 있다.

원적산은 오늘날 천성산(千聖山, 920m)으로 불린다. 원효 스님이 당나라에서 온 천 명의 승려를 『화엄경』으로 교화하여 모두 성인으로 만들었다는 전설에 따라 그 이름이 붙여졌다. 천 명의 성인이 난 곳이어서 능히 전쟁의 참화도 피할 수 있다는 속설이 뒤따르는 것은 물론이다.

천성의 산맥이 이어진 달음산에도 원효의 전설이 서려 있다. 달음산 서쪽 취정사에 머물던 스님이 왕도 서라벌로 가기 위해 옥녀봉을 넘다 때맞춰 동해에 떠오른 해를 바라보다 문득 갈증을 느꼈다. 마침 한 처녀가 옹달샘에서 샘물을 긷고 있어 스님이 물을 청하자 처녀는 표주박 가득 샘물을 떠 공양했다. 세 번이나 받아 마신 스님이 "나무 관세음보살" 인사를 하자 처녀는 이내 몸이 굳어져 관세음보살상으로 변했다고 한다. 옥녀봉을 거느리고 있는 달음산이 관음의 땅, 관음의 세상이었음을 보여 주는 설화다.

기장의 벼리이고 제1경이자 관음보살의 가피가 있는 신화의 장소 달음산은 세상의 모든 것을 두루 구족한 산이다. 먼저 봉우리와 산의 이름에서부터 음양, 남성성과 여성성, 강인함과 부드러움의 조화가 두렷하다. 이런 조화를 통해 밝은 세상에서도 흠을 드러내기 어려운 천의무봉한 완전함을 추구한다.

달음산 정상에는 두 개의 봉우리가 솟아 조화를 이룬다. 주봉인 취봉과 옥녀봉이다. 그런데 두 봉우리가 사뭇 대조적이다. 산꼭대기에 거대한 바위가 있어 마치 독수리처럼 산 아래를 굽어본다고 하여 독수리(鷲) 이름을 따서 취봉 혹은 수리봉이라 부른다. 옥녀봉 혹은 구슬아기봉은 원효 대사에게 물을 공양한 관음보살의 화신인 옥녀에게서 나온 이름이다.

취봉이 남성적이라면 옥녀봉은 여성적이다. 취봉 아래의 샘은 취정이요, 옥녀봉 아래의 샘은 옥정이다. 이들 샘에서 발원한 내는 각각 취정천, 옥정천이 되었고, 그 곁의 절 이름도 각각 취정사, 옥정사가 되었다.

지금은 달음산이라는 하나의 명칭으로 굳어졌지만, 달음산은 취봉산(鷲峰山), 월음산(月陰山)으로 불리기도 했다. 취봉산은 주봉인 취봉에서 나온 이름이다. 『기장현읍지』 등 고서에는 취봉산이라는 기록이 많이 남아 있다. 발음이 어려워서인지 추봉산, 축봉산으로 바뀌어 불리기도 했다고 한다.

월음산은 달 그늘이 지는 산이라는 뜻이다. 옥정사 산문 앞 돌에는 한자로 월음산 혹은 달음산(達陰山)을 쓰고 있는데, 아마도 민중 사이에 우리말 '달'이 들어간 달음산이 널리 사용되다 일제강점기 지명을 한자로 죄다 바꾸면서 변화한 게 아닌가 추정된다. 따라서 이곳 주민들에게 달음산은 달과 연관된 이미지를 갖는다. 동해에서 해가 돋고, 달음산에서 달이 지기에 그런 것인가.

달음산은 산, 바다, 강이 어우러지는 삼포지향(三抱之鄕)의 꼭짓점이다. 동해와 남해에 맞닿은 달음산에 올라서면 부산의 진산인 금정산 고당봉이 해 저무는 서쪽에 있고, 북으로는 대운산, 문수산이 아스라하다. 내로라하는 산들과 멀찍이 떨어져 유유자적하면서도 바다를 배경으로 끊어지는 듯한 절경(絶景)의 오롯한 결기를 달음산은 감성적으로 토해 낸다. 산과 바다가 어우러진 진경(珍景)이 아닐 수 없다.

바다를 보고 달음산은 또한 좌우로 이 고장의 하천들을 끼고 있다. 좌로는 좌광천이요, 우로는 일광천이다. 좌광천은 하천이 좌천리를 흐른다고 하여 붙여진 이름이다. 나무가 높으면 바람을 많이 타고 강이 길면 그 이름도 제각각이기 마련인데, 좌광천은 정관읍에 가면 정관천, 발원지에 가까운 병산리에 가면 병산천으로 각각 변주된다. 일광천은 달음산 아래에서 세 개의 개울이 만나 하천을 이루었는데 취정천이 곧 일광천이다.

좌광천은 송림과 은빛 파랑이 어우러진 임랑해수욕장을, 일광천은 갯마을의 정취가 물씬 묻어나는 일광해수욕장을 각각 낳았다. 달음산은 기장의 제1경이면서 기장팔경 중 두 곳이나 자식으로 길러냈다.

달음산은 통기타와 청바지의 시대인 1970~80년대 젊은이들이 즐겨 찾던 산이었다. 주말이면 동해남부선 기차를 타고 좌천역에 내려 광산마을을 지나 달음산에 오르는 대학생, 직장인 등 젊은이들의 행렬을 흔히 볼 수 있었다. 통기타와 휴대용 전축을 들고 삼삼오오 모여 노래를 부르고 춤을 추면서 교외에서만 느끼는 자유로움을 만끽하던 곳이 달음산이다. 또한, 산악인들은 취봉을 오르내리면서 더 험하고 높은 산의 등정을 준비했다. 산악 훈련 장소로 달음산이 사랑받았다.

대학생이든 등산객이든 당시 젊은이에게는 부산을 떠나 기장, 울산, 경주, 포항으로 뻗은 동해남부선이나 삼랑진, 원동으로 떠나는 경부선이 서울 젊은이들에게 사랑받았던 춘천행 경춘선에 버금갈 정도로 인기를 누렸다. 기장 좌천역에 내리면 달음산, 울산 울주군 남창역에 내리면 대운산, 경남 양산시 원동역에 내리면 천태산이 젊은이들을 기다리고 있었다.

달음산을 보면 관음보살 혹은 해수관음을 자연스럽게 떠올리게 된다. 또한 달 밝은 밤이면 관음보살은 하늘의 달이 여러 맑은 물에 두루 나타나듯 수월관음으로 화현한다. 달음산의 관음보살은 동해의 새벽 햇살을 받아 환한 모습을 띠면서 뒤로는 산의 맥처럼 길게 꿈틀거리는 청룡을 수호신으로 거느린다.

동해와 남해, 그리고 서해의 망망대해를 내려다보는 이 땅의 해

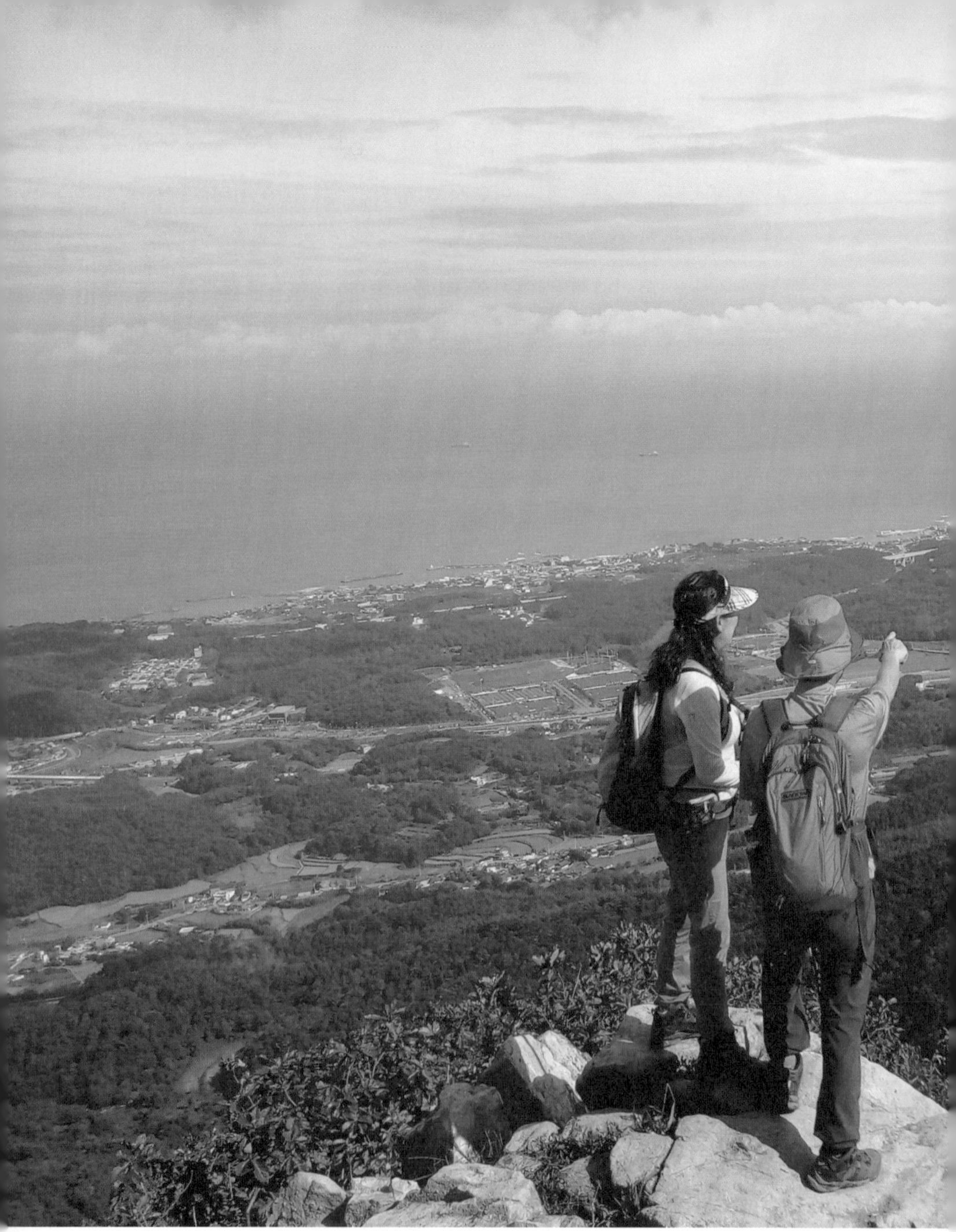

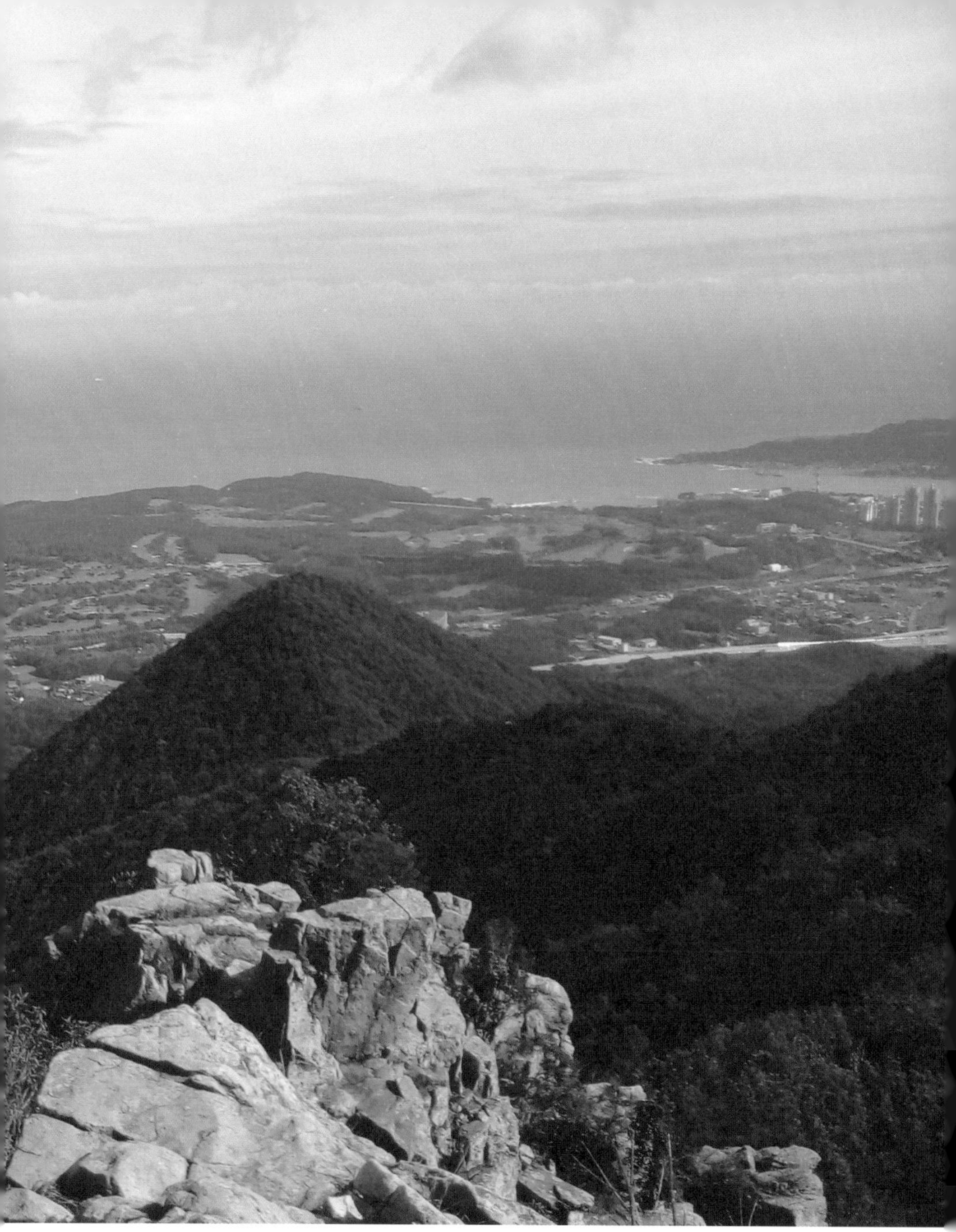

달음산 취봉에서 바라본 월음산 그리고 동해 ⓒ부산일보

수관음은 물론이고 베트남 닌빈의 '춤추는 동굴' 항무아의 산꼭대기에서 본 듯한 백의관음과도 아련하게 겹쳐진다.

저 멀리 창세기의 시원에 닿을 듯 푸르디푸른 해원이 햇빛을 받아 반짝반짝 출렁이는 모습을 멀찌감치 떨어져 앉아 조용히 관하고 있는 달음산.

'달음산 마루에 초아흐레 달이 걸렸다. 달그림자를 따라 멸치떼가 들었다. -데에야 데야. 드물게 보는 멸치 떼였다.'

오영수 소설 「갯마을」의 마지막 구절처럼 그 달음산에 휘영청 달이라도 밝으면 봄밤의 꿈처럼 세상 시름은 모두 사라지고 오로지 적멸의 고요와 충만함만 온 누리에 가득할 듯하다.

변방과 경계의 땅

기장은 변방과 경계의 땅이다. 그 변방과 경계의 땅 기장은 뒤로는 산, 앞으로는 바다를 끼고 있어 더욱 첩첩하다. 기장의 해안길을 따라 함께 달리는 바다마저 그 변방성과 경계성이 오롯하다. 저 멀리 대한해협과 대마도를 사이에 두고 일본과 마주 보는 국경의 바다이기 때문이다.

안으로 눈을 돌려도 기장은 부산, 울산, 경남의 3개 광역시 · 도에 둘러싸여 있어 변방과 경계의 이미지가 강하다. 이는 기장이 근현대에 들어와서도 부산, 울산, 경남이라는 광역권을 이리저리 오르락내리락했던 이력과 무관하지 않다.

기장은 또한 동해와 남해를 가르는 분기점에 위치한다. 기상청은 동해와 남해를 가르는 지점이 부산광역시와 울산광역시의 해안 경계점이라는 입장이다. 그렇게 보면 우리나라 최초의 원자력발전소인 고리원전이 들어서 있는 부산 기장군 장안읍 고리 앞바다가 바로 동해와 남해를 가르는 지점이다.

되돌아보면 동해와 남해 분기점을 둘러싸고 이론이 있었던 게 사실이다. 국립해양조사원은 분기점을 놓고 오륙도 해안인 승두말이라 했다가 지금은 해운대 달맞이언덕 해월정 앞바다라며 오락가락했다.

어쨌든 해운대 달맞이 언덕 앞바다라 하더라도 사실상 기장과 해운대의 경계지점에 가깝다. 그런 점에서 기장은 기상청과 해양조사원이 지정한 분기점을 양쪽에 끼고 있는 셈이어서 동해와 남해의 실질적인 경계라고 해도 과언이 아니다.

기장 바다는 동해와 남해의 접경이자 서로 다른 조류가 섞이는 합수의 바다다. 이런 혼종의 바다에서 빠른 물살을 헤치며 다양한 식생이 꿈틀거린다. 그런 바다를 끼고 있는 기장은 미역, 다시마, 멸치, 갈치, 붕장어, 곰장어 등의 맛이 뛰어난 일미(一味)의 고장이 되었다.

기장은 역사적으로 고대로부터 시작하여 불과 20여 년 전의 최근에 이르기까지 행정의 경계를 넘나들었다. 중앙권력으로부터 멀리 떨어진 변방에 위치한 까닭에 지역의 경계가 엎치락뒤치락 바뀌기 일쑤였다. 기장 혹은 차성이라는 지역 명칭에서도 이런 변방성은 잘 드러난다. 변두리 마을, 군사 요새, 바다에서 처음 만나는 육지 마을 등의 뜻을 지명은 내포하고 있다.

변방의 방비를 위하여 설치한 요새인 관방의 유적이 지금도 기장 곳곳에 남아 있는 것은 기장이 변방과 경계의 땅이었다는 사실을 웅변한다. 기장은 『조선왕조실록』에 '연해방어최긴지읍(沿海防禦最緊之邑)'으로 자주 언급될 정도로 해안 방어의 요충지 노릇을 톡톡히 했다. 정관박물관이 기장의 대표적 역사 콘텐츠를 소개하는 전시로 '연해 방어의 긴요한 고을, 기장'을 마련한 것도 그 때문이다.

기장의 관방 유적은 봉수, 성곽, 왜성 세 가지로 대별할 수 있다.

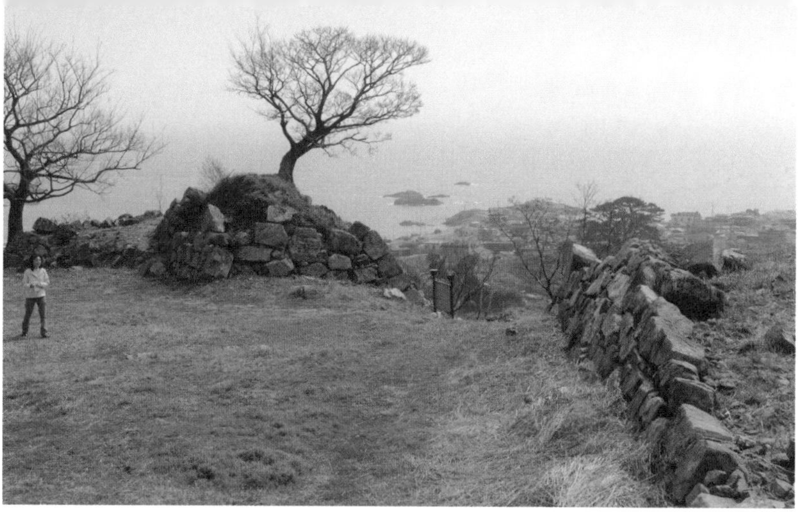

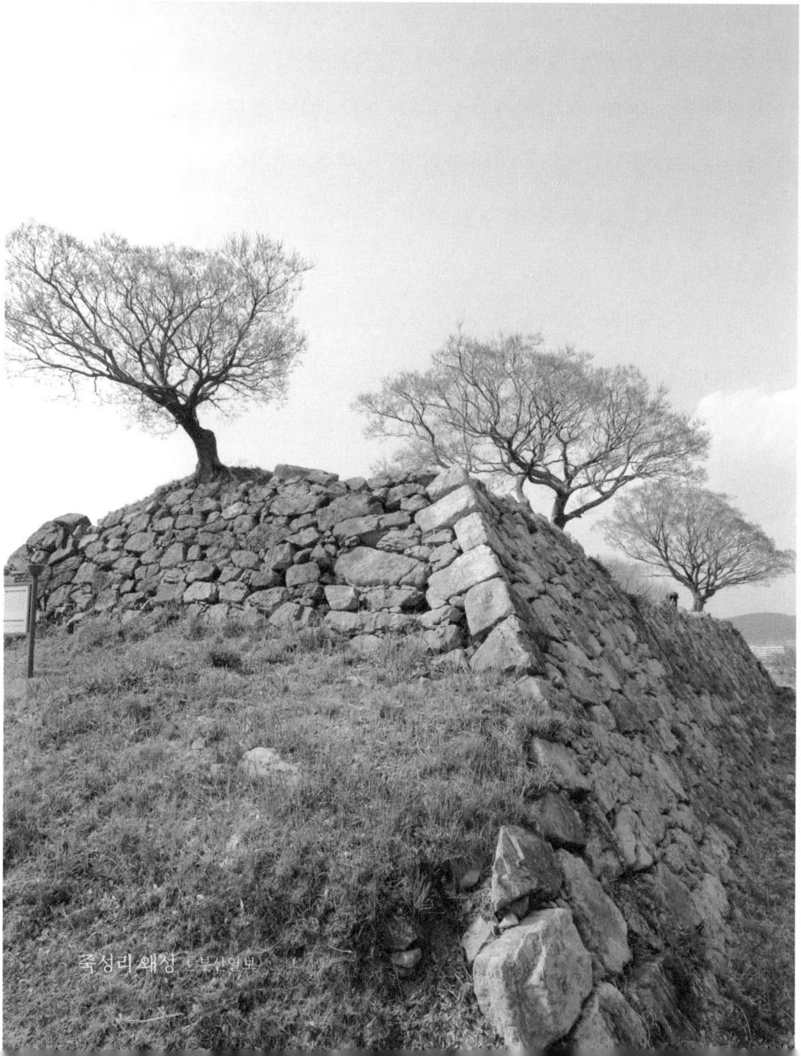

죽성리 왜성 (부산일보)

먼저 바다를 따라 설치된 연변봉수는 적의 침입을 알리는 연락망 구실을 했고, 성곽은 유사시 외적에 대한 방어 목적으로 축조되었다. 왜성은 거꾸로 왜인들이 스스로를 보호하는 거점이자 물자 수탈과 도공 피랍의 출항지가 되기도 했다.

봉수는 불을 피워 낮에는 연기로, 밤에는 불빛으로 외적의 침입 등 유사시 급한 소식을 알리던 통신수단이었다. 기장의 연변봉수는 전국 봉수망의 5개 노선 중 동래에서 서울로 이어지는 제2로 봉수로의 간봉 1로에 위치하며, 남쪽으로 해운대 장산 간비오봉수, 북쪽으로 서생 이길봉수와 각각 이어졌다.

기장에는 3곳의 봉수가 남아 있다. 남산연대로도 불리는 기장읍 죽성리의 남산봉수는 대변항과 죽성만을 내려다보는 요지 중의 요지에 자리 잡았다. 남으로 간비오산, 북으로 장안읍 임랑리 임랑포봉수대와 연결되었다.

임랑포봉수대는 북쪽으로 아이포봉수와 이어지는데 부산의 봉수 가운데 원형이 가장 잘 보존된 곳으로 평가받는다. 장안읍 효암리 고리원전 북쪽 봉대산에 있는 아이포봉수는 북쪽으로 서생포 일대를 조망하는 이길봉수로 연결된다.

기장의 성곽시설로는 행정적, 군사적 기능이 결합하였던 기장 고읍성과 기장읍성을 비롯하여 기장산성, 월평리 반월성, 두모포 진성 등을 꼽을 수 있다. 왜성은 기장에만 두 곳이나 축조되었는데 그만큼 기장이 군사적 요충지였음을 시사한다. 기장읍 죽성리의 죽성리 왜성과 장안읍 임랑리의 임랑포 왜성이 그곳이다.

변방과 경계의 땅인 기장은 유배지로도 적지였다. 서울과 멀리 떨어진 기장이었기에 조선시대에는 인기 유배지 중 하나였다. 기장에는 여러 유배지가 있고, 곳곳에 유배 생활을 하다 돌아간 이들의 흔적이 남아 있다.

기장읍 죽성리 두호마을 북쪽 황학대 인근은 고산 윤선도의 유배지다. 고산은 성균관 유생으로서 권신 이이첨 등의 횡포를 상소했다가 함경도 경원에 이어 이곳 기장으로 유배됐다. 일광면 삼성리 바닷가에 있는 삼성대는 고산이 동생과 이별하며 지은 시에 등장하는 곳으로 이 지역에 널리 알려져 있다.

기장읍 시랑리 동암마을 해변의 시랑대는 기장팔경 중 하나인 명승지로, 조정에서 좌천되어 기장현감을 지낸 권적(1675~1755)을 비롯하여 시인 문객들의 사랑을 받았다. 기장읍 연화리 오랑대는 기장에 유배 온 친구를 찾아온 선비 5명이 아름다운 풍경에 반해 술과 가무와 시를 즐긴 데서 그 이름이 유래했다고 한다.

철마면 웅천리에는 함경도관찰사 등을 지낸 지호 이선이 귀양살이의 근심을 달랬다는 뜻에서 수리정(愁離亭)이라 부른 정자가 있다. 이곳에서 송강 정철의 가사를 정리하여 『송강가사 이선본』을 남겼다.

변방과 경계의 땅인 기장은 정치적 · 사회적 혼란기에는 극심한 분열 양상을 보이기도 한다. 해방이 되고 6 · 25전쟁이 일어난 격동기 기장은 빨치산의 출몰로 좌우의 극심한 대립 등 역사적인 고통을 겪었다.

빨치산들은 달음산, 천마산, 함박산, 문래봉, 망월산, 백운산, 철마산, 거문산 등을 루트로 하여 영남 알프스의 신불산을 오르내리

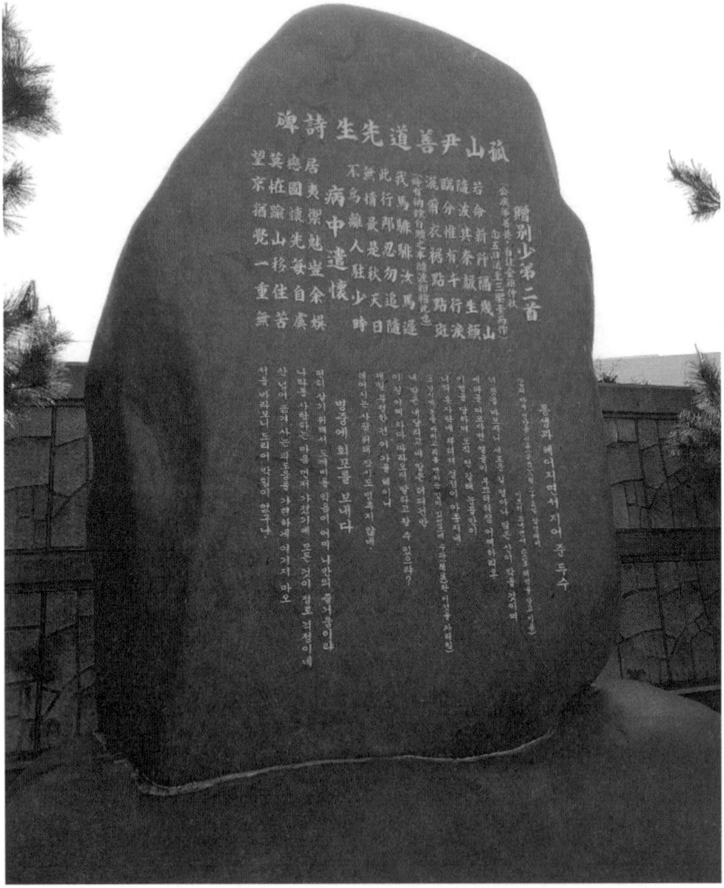

삼성대 앞 고산 윤선도 시비

며 활동했다.

빨치산들의 주요 은신처는 장안사가 있는 삼각산과 달음산 길목인 용천저수지 주변 소나무 숲속으로 알려졌다. 이곳은 또 다른 빨치산 은거지인 남창 대운산으로 연결되는 지점이기도 하다. 빨치산과 경찰의 대치가 오래 이어지면서 기장역 방화, 장안면장 피살 사건 등 각종 사건 · 사고가 끊이지 않았다.

무릇 새로운 가능성은 변방에서 일어나는 법이다. 원효의 땅이었던 시절에 기장은 불국토라는 정토를 꿈꾼 곳이었다. 근현대에 들어와서는 독립국가를 소원하는 한편 사회주의, 공산주의 등 새로운 유토피아에 대한 다양한 실험이 일어나고 스러진 땅이었다. 실로 기장은 변방과 경계의 땅이었다.

민중의 노래, 저항의 외침

기장 사람들은 어떤 사람들일까. 기질적 특성은 무엇이며, 그 감성적 세계는 어떠할까. 기장 사람들의 인간미를 살펴보는 것은 기장의 미를 단도직입으로 파악하는 일이다. 그렇다면 기장을 대표하는 인물로 누구를 꼽을 것이고, 이들은 시대와 어떤 방식으로 호흡했을까.

흥미로운 것은 기장 사람들의 활약상이 한국의 근현대사와 맞물려 20세기 초반부터 눈에 띄게 두드러진다는 사실이다. 일제강점기와 해방 공간에서 지식인은 물론이고 민중들의 욕망이 강력하게 분출하는 것은 기장의 인간미를 살피는 데 의미 있는 실마리를 제공한다.

기장 사람들을 이해하기 위해서는 기장의 항일독립운동사를 찬찬히 들여다볼 필요가 있다. 3 · 1운동, 독립운동, 사회주의 · 공산주의 실험 등을 통해 짧은 시간에 집중적으로 기장 사람들의 감성이 나타나고 있기 때문이다.

기장 사람들은 '저항적'이고 '역동적'이며 '개방적' 혹은 '진취적'이라는 기질적인 특성을 고스란히 드러내고야 만다. 따라서 저항성, 역동성, 개방성 혹은 진취성은 기장 사람들의 정체성을 논할 때 빼놓아서는 안 될 항목이 되었다.

기장에는 항일독립운동 사적지가 여덟 곳 있다. 독립기념관 한국독립운동사연구소와 국가보훈처가 낸『부산 · 울산 · 경남 독립운동사적지 1』에는 3 · 1운동 관련 5곳, 사회운동 관련 1곳, 사회주의 독립운동 관련 1곳, 미조사 사적지 1곳 등이 있다고 기록되어 있다.

먼저 3 · 1운동과 관련하여 독립선언문을 제작한 장소인 '명정의숙 및 보명학교 터'를 꼽을 수 있다. 기장읍성 내 장관청 자리가 그곳이다. 1910년 권상중이 지역 유지와 함께 사재를 털어 설립한 기장 최초의 남녀 사립학교인 보명학교와 명정의숙은 민족교육의 요람으로, 기장지역 독립운동과 직 · 간접적인 관련을 맺은 독립운동의 산실이었다.

김약수, 박세현, 김도엽, 오신근, 오기원 등이 이끈 기장광복회에 이어 보명학교와 명정의숙 출신들이 3 · 1운동과 1920년대 이후 각종 사회운동을 주도했다. 김두봉, 권은해 등 많은 독립운동가를 배출한 것이다.

기장 3 · 1운동 계획지인 '권은해 집터'도 사적지다. 권은해는 보명학교와 명정의숙의 설립을 주도한 권상중의 딸로 3 · 1만세운동에 직접 나섰고 이후로는 기장과 양산지역에서 여성운동을 한 인물이다. 당시 김도엽 등 청년들과 함께 이 집 사랑방에서 태극기를 만드는 등 기장 3 · 1운동을 계획했다.

3 · 1운동 만세 시위지와 관련한 사적지로는 '기장장터', '좌천장터', '기장공립보통학교' 3곳이 있다. 기장장터에서는 1919년 4월 5일(기장 장날) 오전 11시 지역 유지와 청년들이 중심이 되어 만세

운동을 일으켰다. 시위는 4월 8일과 10일에도 이어졌다.

좌천장터는 1919년 4월 9일(좌천 장날) 정관면 사람 5명이 중심이 되어 만세 시위를 한 곳이다. 기장에서 3·1운동이 일어나자 독립선언문을 입수하여 500~600명에 달하는 장꾼들과 함께 대한독립 만세를 외쳤다. 시위를 주도한 김윤희, 정지모는 혹독한 고문의 여독으로 즉사했고, 신두성은 고문 후유증에 시달리다 사망하는 한편 오진환은 상해로 망명하고 박일봉은 국내에서 피신 생활에 들어갔다.

기장공립보통학교에서는 1919년 4월 10일 기장 장날을 맞아 앞선 4월 5일과 8일의 기장 시위에 이어 대대적인 만세운동이 일어났다. 학생들과 함께 교문을 나선 시위대는 기장읍성을 누비며 대대적인 만세운동을 펼쳤고, 시위는 11일 새벽 1시까지 이어졌으나 경찰의 발포와 탄압으로 해산됐다.

사회운동과 관련한 사적지로는 '기장여자야학교 터'가 있다. 1919년 4월 1일 오신식이 설립한 기장여자야학교는 기장지역 청년사회운동의 성과로 꼽힌다. 설립 당시 정규학교와 마찬가지인 6년제로 운영된 기장여자야학교는 이후 기장기독교청년회와 기장여자청년회가 공동으로 운영하다가 1923년 기장여자청년회가 정화여자야학으로 이름을 바꿨다. 이 야학은 오랫동안 유지되면서 기장 사회운동의 바탕이 되었다.

사회주의 독립운동과 관련한 사적지로는 '김도엽 생가터'가 있다. 1899년 기장 대라리에서 태어난 김도엽은 기장장터 3·1운동을 주도한 인물로 2년 6개월의 옥고를 치렀다. 제1차 고려공산당

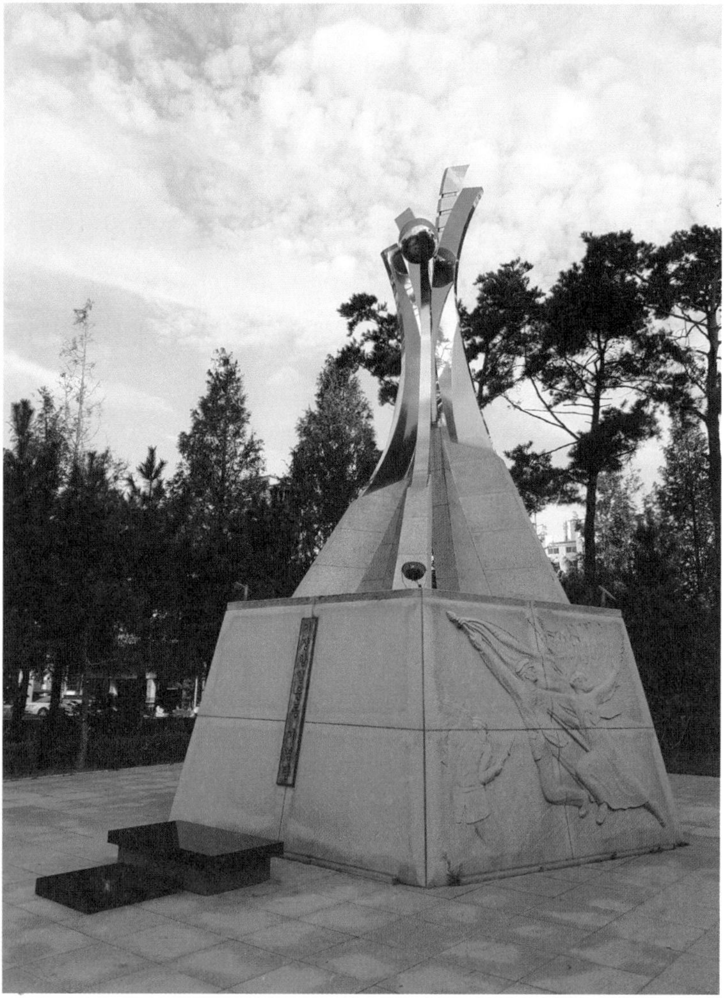

기장 항일운동 기념탑

청년회 모스크바 유학생이었던 그는 기장 최고의 사회주의자로 꼽히며, 항일독립운동의 공을 인정받아 1992년 정부로부터 건국훈장 애국장에 추서됐다.

미조사 사적지로는 '정진청년회관-신간회 기장지부 터'가 있다. 정진청년회는 기장에서 노동야학회를 열었고, 정진청년회관은 1920년대 후반 좌우익 세력이 합작하여 결성한 대표적인 항일단체인 신간회의 기장지부가 있던 곳이다. 정확한 위치가 확인되지 않아 더 상세한 조사가 요망된다.

항일독립운동 사적지와 관련한 인물들만 보더라도 기장은 민족주의와 사회주의 등을 망라한, 항일독립운동의 전진기지였다 해도 과언이 아니다. 민족의식과 사회변혁에 일찍이 눈을 뜬 인사들이 많았고, 특히 기장의 최초 사립학교인 보명학교와 명정의숙은 숱한 항일독립운동가와 사회운동가를 기른 요람이었다. 한 지역에서 이토록 많은 항일독립운동가가 배출된 것은 놀라운 일이 아닐 수 없다.

1889년 기장 동부리에서 태어난 김두봉은 주시경과 더불어 광문회에서 조선어사전 『말모이』 편찬에 참여한 빼어난 한글학자였다. 또한, 3·1운동 참여 이후로는 중국에 망명해 항일무장투쟁의 필요성을 절감하고 의열단장 김원봉과 함께 1938년 10월 민족혁명당원을 중심으로 조선의용대 창설을 주도했다. 해방 이후 북조선임시인민위원회 부위원장을 맡아 북한 제2인자가 되었고 김일성종합대학 초대 총장을 역임하기도 했다.

김두봉의 사촌 동생인 김약수는 1890년 기장 동부리에서 태어나 사회주의 항일운동가로 활동했고, 해방 이후로는 남한과 북한에서 정치인으로 활약했다. 기장광복회 회장을 역임했고 1920년 우리나라 최초의 노동운동단체인 조선노동공제회를 창설했다. 1948년 5월 10일 총선거 때 동래(기장) 선거구에 출마해 제헌 의원에 당선되었고, 초대 국회 부의장을 지냈다. 반민특위 활동에 적극적이었던 그는 국회프락치사건에 연루되어 복역 중 6·25전쟁이 터지자 월북했다. 북한에서는 재북평화통일촉진협의회 상무위원 겸 집행위원을 지냈지만 1959년 반당반혁명분자로 몰려 숙청됐다.

1903년 기장 동부리에서 태어난 권은해는 명정의숙을 나와 항일운동가, 사회활동가, 사회주의 혁명가로서의 삶을 살아간 여성이다. 1904년 기장 대라리에서 태어나 보명학교를 다녔던 박용선은 부모로부터 물려받은 재산 대부분을 독립운동에 바친 사회주의 항일운동가였다. 1907년 기장 동부리에서 태어난 박영출은 동래고등보통학교 재학 중 동맹휴학을 주도했고, 사회주의 노동운동가로 활약했다.

1884년 기장 철마에서 태어난 오태환은 기장지역의 대표적인 조선 말기 개화의 선각자다. 영남 3대 재벌이라 불렸던 막강한 집안 재력을 활용해 민족자본과 민족교육 육성에 이바지했다. 민족자본 육성을 위해서는 동래은행 창립에 참여해 초대 은행장을 역임했다. 보성전문학교(현 고려대학교)가 설립되고 도서관을 지을 때는 많은 돈을 냈다. 철마사립보통학교, 동래고등학교, 동래일신학교 등에도 상당한 금액을 희사했다. 독립운동 사건인 경북유림사건이 탄로되었을 때는 상해 임정에 독립운동 자금을 보낸 혐의로 영어의 몸이 되기도 했다.

1897년 기장 서부리에서 태어난 박세현은 명정의숙 교장을 지내며 교육 계몽운동에 앞장섰다. 김약수, 박우돌, 이오은 등과 기장광복회를 조직했고 실질적으로 광복회를 주도했다. 일제의 모진 고문과 회유에도 꺾이지 않고 동지와의 의리를 지킨 그는 1918년 22세의 나이로 부산형무소에서 순국했다. 1993년 건국훈장 애족장에 추서됐다.

1897년 기장 대라리에서 태어난 오기원은 안희제 선생의 백산상회에서 일하며 항일운동에 눈떴고, 기장 3 · 1운동을 주도하다 옥고를 치렀다. 1901년 기장 동부리에서 태어난 구수암도 기장 3 · 1운동을 주도했고 옥고를 치른 뒤 감옥에서 나온 지 3일 만에 고문 후유증으로 21세의 나이로 순국했다.

이 밖에 기장을 알린 인물로는 1898년 기장 대변에서 태어난 박순천이 있다. 마산 3 · 1운동을 주도한 혐의로 옥고를 치렀고 해방 이후로는 여성 국회의원으로 이름을 날렸다. 1927년 기장 장안 임랑리에서 태어난 박태준은 포항제철 신화를 일군 기업인이었다. 국무총리를 지내는 등 정치인으로서도 굵직한 행보를 보였지만 기업인만큼 성공적이지는 않았다.

원효의 길, 원효의 땅

기장의 오래된 사찰은 하나같이 원효(617~686)와 연관을 맺는다. 『기장현읍지』는 기장의 4대 사찰로 선여사(船餘寺), 안적사(安寂寺), 취정사(鷲井寺), 장안사(長安寺)가 있고, 이들 사찰은 모두 원효 스님이 창건했다고 기록하고 있다.

기장 4대 사찰 말고도 현존하는 옥정사, 원효대, 원효암, 석탑사 등 크고 작은 절에도 원효의 설화가 전해 내려온다. 스님의 정토 신앙과 일심 · 화쟁 · 무애 사상을 따르는 승려들이 광범위하게, 그리고 지속하여 기장에 뿌리를 내리고 있었다고 볼 수밖에 없는 대목이다.

기장에서 원효를 찾아가는 길은 부산에서도 가장 오래된 사찰의 하나로 꼽히는 장안사에서 시작한다. 장안사는 스님이 673년(신라 문무왕 13년) 창건했다. 절 앞에 두 개의 계곡이 만나고 있어서인지 창건 때는 쌍계사(雙溪寺)라 불렀다가 809년 신라 제40대 애장왕이 다녀간 이후로는 '길이 편안하라'라는 뜻에서 장안사로 이름을 바꿔 부르게 되었다고 한다.

부산에서 가장 오래된 목조 건축물로 손꼽히는 장안사 대웅전은 국가문화재 보물 제1771호, 대웅전 한가운데에 석가모니불을 중심으로 좌우로 약사여래불과 아미타불을 모신 장안사 대웅전 석조석가여래삼불좌상은 국가문화재 보물 제1824호로 각각 지정되어 있다.

장안사 응진전 석조석가삼존십육나한상, 장안사 명부전 석조지장시왕상, 장안사 대웅전 석가영산회상도, 장안사 응진전 석가영산회상도, 장안사 명부전 지장보살도, 장안사 명부전, 장안사 응진전 등은 부산시 유형문화재다.

장안사에서 나와 오른쪽 계곡을 넘어 호젓한 활엽수림 산길을 따라 걸어 올라가다 보면 땀이 송골송골 맺힐 무렵인 20분 정도의 거리에 척판암이 있다. 척판암 가는 길은 기장에서 가장 아름다운 산길 중 하나다. 그다지 애를 먹지 않으면서도 숲을 만끽하며 걸을 수 있는 게 이 길의 미덕이다. 장안사를 둘러싼 산세를 즐기면서 발아래 계곡의 숲을 내려다보는 시원한 눈맛이 산을 따라 올라갈수록 일품이다.

척판암은 경치뿐만 아니라 불교 신화로도 유명한 곳이다. '원효스님이 현판을 내던져 대중을 구했다(初曉擲板救衆)'는 『송고승전(宋高僧傳)』의 역사적 현장이기 때문이다. 척판암은 장안사와 함께 원효가 673년 지은 토굴로 알려져 있다. 창건 당시에는 담운사(談雲寺)라 불렀다. 불광산이나 인근 대운산의 구름과 연관된 이름으로 추측된다.

척판암(擲板庵)이라는 이름은 '현판을 던진 암자'라는 뜻이다. 원효 스님이 이곳 불광산에 토굴을 지어 수도하다 선정 중 신안통으로 중국 장안을 바라보니 종남산 태화사 대웅전에서 천 명 대중이 예불을 드리고 있었다. 그런데 장마로 인한 산사태로 절집

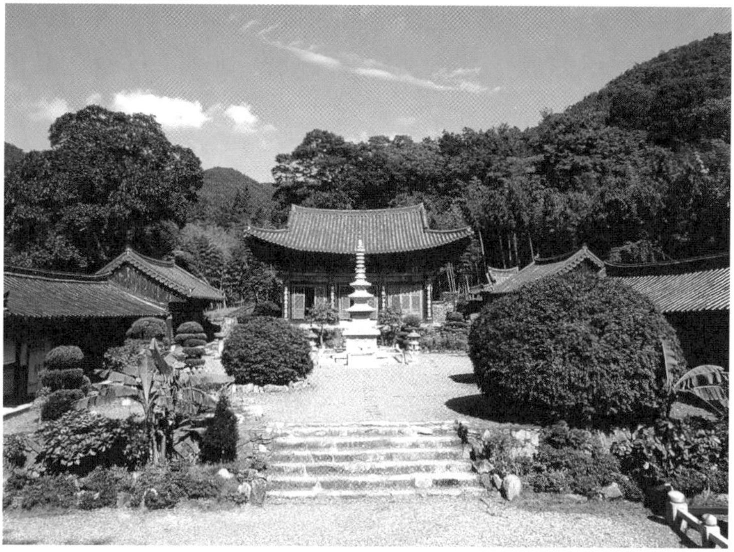

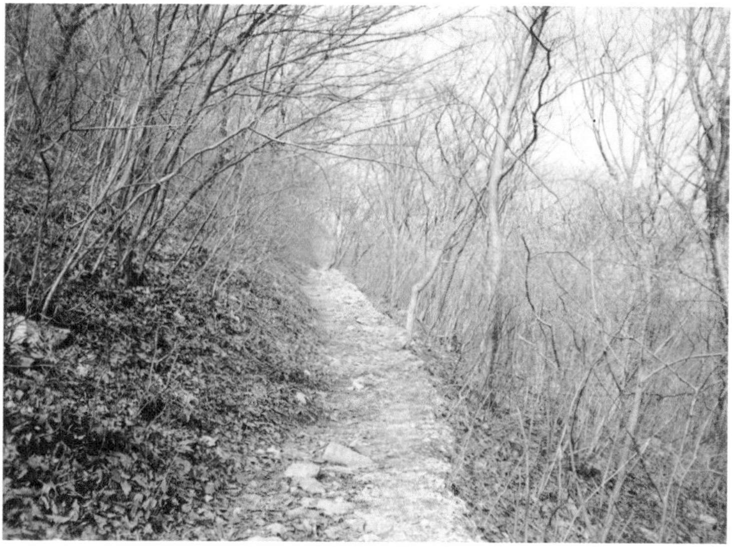

장안사 전경과 척판암 올라가는 길 ⓒ부산일보

이 곧 매몰될 찰나여서 이런 위급한 사태를 급히 알리고자 현판에 '해동원효척판구중(海東元曉擲板救衆)'이라는 여덟 자를 적어서 그곳으로 힘껏 던졌다고 한다.

대웅전 앞뜰 위에서 현판이 윙윙거리며 맴도는 진귀한 광경을 보려고 모두가 대웅전 앞뜰로 나오자 그제야 대웅전이 무너졌다. 생명을 구한 일천의 스님들은 신라로 들어와 은인인 원효 스님의 제자가 되었고, 이들은 훗날 천성산 일천 성인이 되었다고 한다.

척판암이 원효의 이적지로 두루 알려지면서 참선 수행하는 승려들이 모여들었는데, 한국 근대 불교의 중흥조인 경허 스님이 1938년 척판암 중수에 나서기도 했다. 경허와 그의 제자 혜월의 법맥을 이은 운봉선사가 1943년 창건한 절집이 한국 선승들의 요람인 임랑 묘관음사다.

이곳 사람들이 동해 새벽빛이 맨 먼저 와 닿는 산꼭대기 바로 아래에 세워진 암자라고 굳게 믿는 척판암은 '불광산 숲길'의 한 이정표가 되기도 한다. 불광산 숲길은 희망 근로 프로젝트의 일환으로 만들어진 3km 길이의 트레킹 코스로 장안사~백련암~척판암~불광산 정상으로 이어진다.

이 아름다운 산길은 길을 걷다 보면 어디론가 홀연히 사라질 듯한 신비감을 느끼게 된다. 제임스 힐턴의 소설 『잃어버린 지평선』에서 비행기가 불시착하는 바람에 만나게 되는, 히말라야 어디인가 있다는 이상향인 샹그릴라로 순간 이동할 것만 같은 황홀경을 맛보게 된다. 평생 늙지 않고 젊음을 유지할 수 있다는 샹그릴라의 꿈을 이곳 불광산(佛光山)에서 조우하게 되는 것은 이곳이나 그곳이나, 차안이나 피안이나 모두 불교 성지이자 불국토인 까닭이다.

불광산 숲길은 불광산 정상에서 곧장 가면 시명산을 만나고, 오른쪽으로 꺾으면 대운산으로 접어든다. 대운산 내원암 일대는 원효 스님이 마지막으로 도를 닦았던 장소로 영남 제일의 명당으로 꼽힌다.

특히 내원암 계곡 도통골 용심지라는 암자에서 원효가 도를 닦았다는 말이 전해 온다. 『동국여지승람』에는 대운산이 불광산으로 기록되어 있고, 내원암이 장안사 암자라는 설도 있어 대운산과 불광산은 하나로 보는 게 타당할 듯하다.

불광산이기도 했던 대운산(大雲山, 742m)에 오르면 시야를 가리지 않는 통쾌한 눈맛을 확인할 수 있다. 동쪽으로 동해, 남쪽으로 달음산과 금정산, 서쪽으로 원효산과 천성산 그리고 그 너머의 취서산, 신불산, 운문산, 가지산 등 영남알프스, 북쪽으로는 울산 문수산을 볼 수 있다.

부산 기장군과 울산 울주군의 경계를 이루는 대운산과 불광산에서 발길을 부산 쪽으로 돌리면 산길은 불광산 너머 시명산, 삼각산, 석은덤산, 함박산으로 이어진다. 석은덤산은 대둔산, 큰덤산으로도 불렸다. 좌광천 발원지인 석은덤산 아래 계곡은 비단같이 아름답다 해서 비단골 또는 금동(錦洞)이라 이름했다.

'크게 밝은 뫼'라는 뜻의 순우리말 한밝뫼에서 유래한 듯한 함박산을 내려오면 내덕마을과 선암마을로 이뤄진 덕선리를 거쳐 달음산 초입에 닿는다. 좌광천을 건너 광명사로 길을 잡으면 갈미산 너머 달음산에 마침내 닿는다.

갈미고개 아래 달음산 옥녀봉 기슭에 있는 샘터인 옥정 옆에 자리한 옥정사는 원효와 관음보살의 화신인 옥녀의 전설이 전해 내려오는 사찰이다. 옥녀와 상봉한 스님은 그 자리가 관음도량이 들어설 터라는 것을 알았다고 한다. 그곳에 초막을 짓고 머물던 원효는 동해 용왕에게 옥샘을 지켜 주기를 당부하고는 서라벌로 떠났다. 그 뒤 동해 용왕이 지키는 옥샘과 관세음보살상이 있는 그곳에 옥천사를 지었고, 이후 이름이 옥정사로 바뀌었다고 한다.

옥녀봉 옥정과 대비를 이루는 취봉 취정 옆에 자리한 절이 있었으니 기장의 4대 사찰 중 하나인 취정사다. 옥정사에서 달음산 정상을 넘어 일광면 용천리 쪽 원효대, 원효암 인근에 있었다고 하는데 지금은 터만 남아 있다. 기장지역 4대 사찰 가운데 장안사보다 서열이 높았고, 절을 세운 원효 스님이 청룡등이 너무 낮아 장안사보다 번창할 수 없다고 말했다는 얘기가 전해 온다.

선여사는 달음산 정상에서 천성산을 바라보고 길을 잡아 천마산, 함박산 너머 당도하게 되는 백운산 아래에 있었다고 한다. 폐사지로 남아 있는 선여사는 범어사와 어깨를 나란히 할 정도로 큰 사찰로, 기장 제일 가람이었다고 한다. 철마면 임기리 상곡마을 북쪽이 선여사지다. 정관읍 용수리 석탑사가 원래 선여사가 있던 자리에 세워졌다는 주장도 있다.

백운산 너머 천성산은 현세에서 불국토를 이룬 원효 성지이다. 지금도 내원사를 비롯하여 원효암, 홍룡사, 미타암 등 원효 스님이 창건했다는 절집이 곳곳에 있다. 척판암에서 현판을 던져 생명을 구한 일천의 당나라 대중이 신라로 찾아오자 스님이 무리를 이끌고 당도한 곳이 천성산이다.

원효는 대둔사(大芚寺)를 창건하고 상 · 중 · 하내원암 등 89개의 암자를 지어 1000명을 거주시켰다고 한다. 중내원암에는 큰 북을 달아 놓고 산내의 모든 암자에서 다 듣도록 했는데 여기서 집붕봉이라는 이름도 생겨났다. 『화엄경』을 설한 자리는 화엄벌, 천 명의 대중이 득도한 이 산은 천성산으로 각각 불리게 되었다.

다시 길을 돌려 취정사에서 일광천을 따라 내려가다 일광산에 올라 산성을 지난 뒤 해운대 장산을 향해 길을 재촉하다 보면 안적사를 만나게 된다. 남방수선제일도량(南方修禪第一道場)으로 이름을 떨쳐 온 안적사는 원효와 의상 스님의 수행 설화가 깃든 곳이다.

신라 문무왕 원년인 661년 원효와 의상이 수도처를 찾기 위해 명산을 순례하다 꾀꼬리 소리 무성한 앵림산에 산문을 열어 수도하게 되었다. 그러던 중 천녀로부터 천공을 받게 된 의상의 교만한 마음을 경계하고자 원효가 금강삼매화로 천녀의 접근의 막았다는 전설이 전해 온다. 그리하여 안심입명(安心立命)으로 적멸(寂滅)을 이룰 수 있다 해서 사찰 이름을 안적사(安寂寺)라 부르게 되었다고 한다.

원효의 길은 기장의 4대 사찰을 중심으로 살펴볼 때 취정사의 달음산을 가운뎃점으로 하여 위로 장안사의 불광산, 선여사의 백운산 양쪽으로 뻗고 아래로는 앵림산의 안적사로 뻗는 y자 모양을 취한다. 다시 백운산에서 천성산으로, 불광산에서 대운산으로 그 길을 확장하면 천성산, 대운산을 향해 두 팔을 활짝 벌린 채 달음산에서 중심을 잡고 앵림산에 발을 딛고 있는 더 큰 Y자 모양의 순례길이 자연스레 심상에 떠오른다.

일심·화쟁·무애의 유토피아

기장은 변방이다. 기장에서 가장 큰 어항을 대변(大邊)이라 부를 정도로 크고도 넓은 가장자리에 있다. 가장자리에 있는 만큼 중심의 논리, 중심의 영향력이 엷어질 수밖에 없다. 그러다 보면 새로운 가능성을 꿈꾸는 곳이 되기에 십상이다. 새로운 가능성은 늘 변방에서 나온다는 말이 나오는 이유이기도 하다.

토머스 모어의 『유토피아』(1516), 캄파넬라의 『태양의 나라』(1623), 프랜시스 베이컨의 『신아틀란티스』(1627), 올더스 헉슬리의 『멋진 신세계』(1932) 등은 저마다 꿈꾸는 이상향을 소설의 제목으로 삼았다.

제임스 힐턴은 『잃어버린 지평선』(1933)에서 이상향을 샹그릴라(shangri-la)로 불렀다. '지상낙원, 멀리 떨어진 은신처'를 뜻한다. 허균의 소설 『홍길동전』(1618)은 이상향을 율도국이라 이름했다. 수평선 너머 외딴곳에 있는 신비의 섬으로, 동양의 무릉도원이 한국에서 구체화한 결과물이다.

이상향을 대표하는 말인 유토피아(utopia)는 토머스 모어가 만들어 냈다. 그리스어로 '없다(ou)'와 '장소(topos)'를 조합했는데, '어디에도 없는 장소'를 뜻한다. 유토피아 혹은 이상향은 '현실에는 결코 존재하지 않는 이상적인 사회'를 일컫는 말이 되었다.

유토피아는 일상의 풍경과 단절되는, 그래서 낯설고 새로워지는 지점에서 탄생한다. 절경은 따라서 풍경의 '다르게 보기'다. 모든 것에 익숙한, 관습적이고 예의 얽매인 시각으로는 새로운 신세계와 대면하기 어렵다. 예술도 이와 마찬가지여서 '낯설게 보기'야말로 예술이 예술로서의 가치를 띠게 되는 지점이다.

유토피아는 그래서 변두리, 경계에서 비롯한다. 경계를 넘어 아예 다른 새로운 세상인 하나의 섬으로 가서 단절을 더욱 심화하기도 한다. 이 세상 어디에도 없다는 유토피아는 철저한 현실과의 유리에서 가능하기 때문이다.

현실과 작별하는 순간은 빛이 되는 환한 지점이다. 빛을 통한 거듭나기이든 빛과 함께하는 순간 이동이든 현실 세계와 차원을 달리하는 그 지점 혹은 경계야말로 새로운 가능성의 출발지다.

낯설게 보기의 그 지점은 어떤 찰나적 모습으로 나타날까. 기독교인들을 박해하던 유대교의 율법주의자 사울은 기독인들을 잡으러 다마스쿠스로 가던 중 빛을 만나 회심하고, 기독교를 세계 종교로 우뚝 세우는 사도 바울로 눈부시게 변신한다. 바울은 빛으로 화한 예수를 만나 사흘 동안 눈을 못 뜰 정도로 신비로운 빛의 체험을 한다. 눈에 비늘이 떨어져서야 비로소 세상을 다시 보게 되는 바울은 신약의 3분 1가량을 쓴 주요 저자로 활약하는 등 기독교의 터전을 닦게 된다.

불교에서도 빛은 광명의 세상을 드러낸다. 대일여래는 위대한 광휘의 변조여래(遍照如來) · 변조존(遍照尊) · 광명변조(光明遍照)로도 불리는 비로자나불이다. 연화장세계(蓮華藏世界)의 중심이자 광

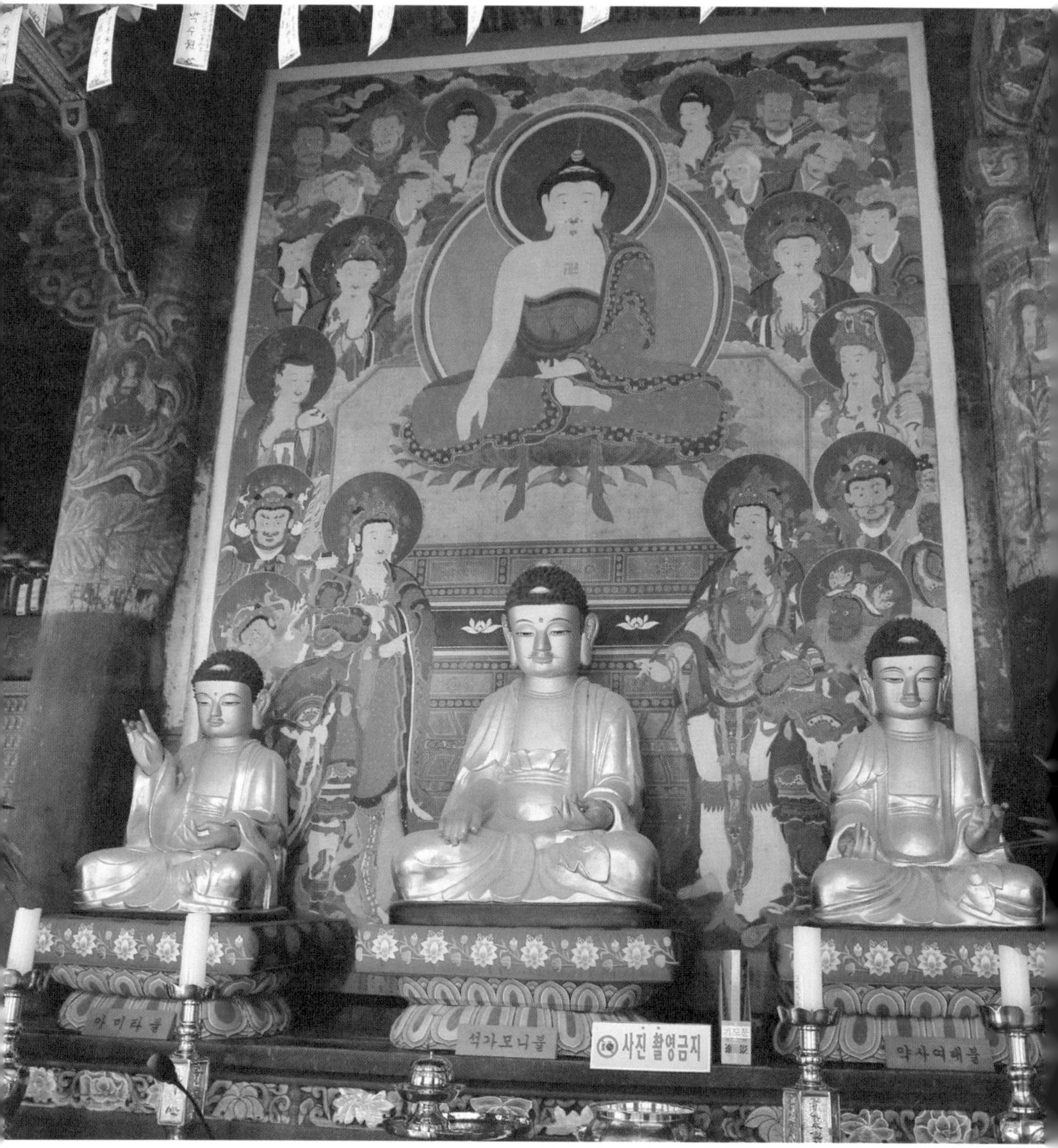

국가문화재 보물 제1824호인 장안사 대웅전 석조석가여래삼불좌상 ⓒ부산일보

대한 세계관의 주체다. 법신불인 광명의 부처 비로자나불은 때와 장소, 사람에 따라 가변적으로 그 모습을 드러낸다. 석가모니불은 비로자나불이 세상에 모습을 보인 응신(應身)이다.

원효는 『대승기신론소』에서 법신불은 모든 중생이 갖추고 있는 불성(佛性) 또는 여래장(如來藏)이며, 지복한 덕성은 이미 다 갖추어져 있음을 주장한 바 있다. 법신은 큰 지혜 광명(大智慧光明)이며, 세상을 두루 남김없이 비추어 모든 것을 다 알게 되는 것(偏照法界)이며, 있는 그대로를 참되게 아는 힘(眞實識知)이며, 방황과 더러움도 없는 맑고 깨끗한 마음(自性淸淨心)을 본성으로 하며, 영원하고 지복하고 자유자재하고 번뇌가 없으며, 인과의 법칙에 따라 변동하는 것이 아니라 스스로 존재하는 것이라고 했다.

"옴 아모카 바이로차나 마하무드라 마니 파드마 즈바라 프라바르타야 훔." 비로자나불 진언은 곧 광명진언이다. 이 진언을 외우면 부처의 광명을 얻어 모든 업보와 죄보가 소멸한다고 한다. 원효는 『유심안락도』에서 중생이 이 진언을 두 번이나 세 번, 또는 일곱 번을 귀로 듣기만 하여도 모든 죄업이 없어지며, 십악과 사역죄와 사중죄를 지어 죽은 다음에 악도에 떨어질지라도 이 진언을 외우면 능히 해탈을 얻을 수 있다고 말했다.

특히 그릇에 흙이나 모래를 담아 놓고 이 진언을 108번 외운 뒤 그 모래나 흙을 시신 위에 뿌리거나 묘지 또는 묘탑 위에 뿌리면 비로자나불의 광명이 망인에게 이르러 모든 죄업을 소멸시켜 줄 뿐 아니라 서방극락세계의 연화대로 인도하게 된다고도 했다. 신라가 백제, 고구려, 당나라와의 통일전쟁을 모두 끝냈을 때 원효는 격전지를 돌며 광명진언을 직접 염송한 모래를 뿌리며 희생자들을 위로했다고 전해 온다.

스님의 법명 또한 빛과 연관된다. 스스로를 '첫새벽' 혹은 '으뜸가는 새벽'으로 새길 수 있는 원효라 불렀다. 당대를 같이 살다간 사람들도 원효를 '새벽'(始旦)이라는 뜻의 우리말로 불렀다고 한다. 첫새벽 혹은 '신새벽'은 모든 어둠을 물리치고 한 줄기 빛 속에 모두가 어우러져 걸림이 없을 때 동 터 오는 법이다.

일심 · 화쟁 · 무애는 원효 사상의 고갱이다. 일심이 원효가 지향하는 이상향 혹은 정토라면, 그 길에 이르는 방편이 화쟁이요, 일심과 화쟁이 불국토가 아니라 오늘의 이 땅에 현현하는 모습이 바로 무애다.

원효는 진평왕-선덕여왕-진덕여왕-태종무열왕-문무왕-신문왕 대에 걸쳐 삼국 통일(676)의 소용돌이 속을 살다가 갔다. 피비린내 나는 전쟁터가 곳곳에 널려 있었고, 통일과 평화의 길은 멀기만 했다. 게다가 민중을 고통과 번뇌의 바다에서 건져내는 데 앞장서야 할 불교는 급속히 귀족화했고, 직수입된 선진불교 이론은 종파 간의 갈등을 부추겼다. 정치적으로나 정신적으로나 일심 · 화쟁 · 무애 사상이 요구될 수밖에 없는 시대였다.

마음 중에서 큰마음을 뜻하는 일심(一心)은 원효의 온갖 생각들을 건져 올릴 수 있는 벼리다. 그의 사상은 일심을 근본으로 굳건히 체계화되어 있고, 원효의 가장 독창적인 사유체계로 인정받고 있는 화쟁(和諍)도 일심을 떠나서는 존재하지 못한다. 실천행을 뜻하는 무애행은 더 말할 필요가 없다.

무수한 강줄기를 다 머금은 바다와 같은 한마음, 그 바다의 짜디짠 한맛(一味)을 뜻하는 일심. 그가 도달하고자 했던 귀일심원(歸一心源)은 요익중생(饒益衆生)과 더불어 그의 사상을 읽는 대표적인 잣대가 되었다. 일심의 근원으로 돌아가는 것과 중생을 이익되게 하는 것이 서로 다르지 않음을 그는 행동으로 보여 주었다.

화쟁이란 쟁론(諍論)을 화합한다는 뜻으로 각기의 서로 다른 학설 중 어느 하나를 고집하거나 또는 버리거나 하지 않고 비판과 분석, 긍정과 부정의 논리를 펴서 보다 높은 차원에서 두 학설 사이의 모순과 대립을 해소해 하나로 묶어 담는 화합의 방법이다. 어떠한 문제를 두고 두 가지 이상의 이론이 있을 때, 서로 다른 견해를 이른바 융섭(融攝)의 이념에 따라 화회(和會)시키고 회통(會通)을 해 일미의 법해(一味法海)로 귀납시키는 사상을 말한다.

융섭에 있어서 융(融)은 화합을 뜻한다. 물에 기름처럼 분리되고 서로 배척하는 것이 아니라 서로 섞이고 녹아 회통하는 것이다. 또 융섭에 있어서 섭(攝)은 거둠을 뜻한다. 마음을 관대히 하여 남을 껴안아 받아들이는 것을 말한다.

『삼국유사』의 기자 일연은 원효의 생애를 한마디로 요약했는데, '무엇에도 얽매지 않은 사람'(不羈)이 바로 그것이다. '의해' 편에서 원효의 전기를 쓰며 지은 제목인 '원효불기(元曉不羈)'가 그 뜻이다.

원효는 무애의 실천행을 통해 한 단계 질적 승화를 도모한다. 일심의 등불을 높이 들고 화쟁론으로 그 빛이 골고루 온 세상에 스며들도록 선과 교를 넘나들며 100여 부 140여 권에 달하는 저

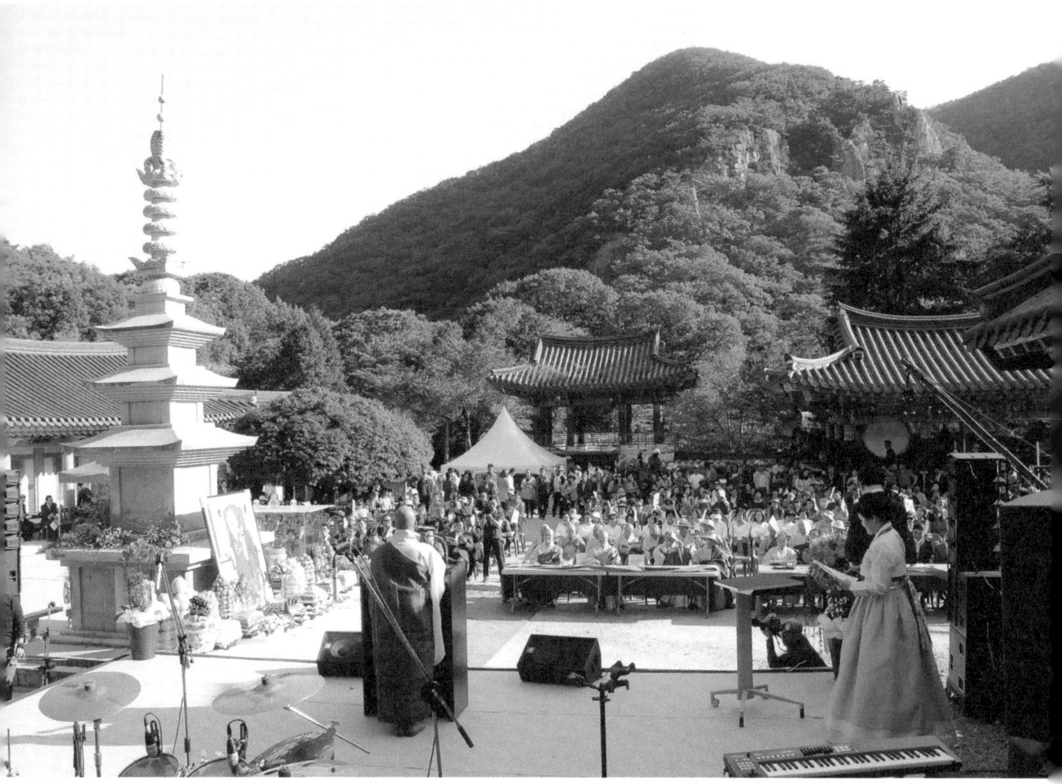

원효 스님의 창건 역사를 기리는 장안사 개산문화축제 ⓒ부산일보

술 활동을 펼쳤지만 실천행이 뒷받침되지 않는 공부는 공염불일 뿐이라는 것이다.

당시 신라 불교계는 왕실이나 귀족을 중심으로 운영되었고, 승려들은 성내의 대사원에서 귀족 생활을 하면서 민중의 교화에는 무관심한 채 홀로 진여를 자처했다. 그런 불가의 태도를 보고 원효는 붓을 꺾기도 했다.

원효가 민중 속으로 몸을 낮추면서 선택한 방편이 예술이었는데, 끈질긴 예술의 생명력을 새삼 확인하게 된다. 광대들이 갖고 노는 큰 박을 얻어 춤을 추고 노래를 불러 불교적인 가르침을 널리 알린 것은 기층 민중에게는 이미 춤추고 노래하는 일이 일상화된 까닭이다.

이와 함께 '나무아미타불'이라는 염불을 대중화시킨 것으로도 유명하다. '아미타 부처께 귀의합니다'라는 염불만 계속하여 외워도 극락정토에 갈 수 있다는 믿음을 민중에게 심어줬다. 춤추고 노래하며 염불하는 것만으로도 사바를 벗어나 피안으로 갈 수 있다는 것을 설파했다.

『삼국유사』 '원효불기' 편에서는 "천촌만락(千村萬落)에서 노래하고 춤추며 교화하고 읍영하여 돌아오니 가난하고 무지몽매한 무리들까지도 모두 부처의 호를 알게 되었고, 모두 나무(南舞)를 칭하게 되었으니 원효의 법화가 컸던 것이다"라고 기록하고 있다.

원효는 천촌만락 구석구석을 다녔는데 기장지역에 스님이 창건한 절집과 스님과 관련된 전설이 집중적으로 남아 있는 것을 보면 이곳을 아미타 부처님이 산다는 정토, 곧 불국토로 여겼음을 미뤄

짐작하게 한다. 서라벌에서 볼 때 기장은 새로운 가능성을 꿈꿀 수 있는 변방이었을 터이다.

기장은 또한 원효의 이름처럼 동해의 아침 햇살이 가장 먼저 닿는 첫새벽의 땅이었다. 달음산, 백운산, 불광산, 일광산 등지에는 동해의 새벽빛이 가장 먼저 닿는 곳이라는 속설이 무성하게 전해 온다. 그리고 '크게 밝은 뫼' 한밝뫼에서 유래한 함박산을 달음산에서 백운산으로 가는 중간은 물론이고 달음산에서 불광산으로 가는 길목에서도 만나게 된다.

기장은 빛의 누리, 빛의 세상, 빛의 나라였다.

길은 바다로, 동해로 통한다

'모든 길은 로마로 통한다'는 말이 있다. 그 길 위에서 로마의 평화를 뜻하는 '팍스 로마나(Pax Romana)'가 이뤄졌다. 로마에 가면 로마의 법을 따르듯 기장에 와서 기장의 법을 따른다면 그 길은 바다로 나 있다.

기장에서 모든 길은 바다로 통한다. 바다를 따라 뱃길은 물론이고 기차와 전철, 자동차, 사람이 다니는 찻길, 도로, 고속도로 등이 나란히 함께 달린다. 때론 산과 겹쳐 바다가 보이지 않기도 하지만 기장의 길은 완강하게 그 기준선을 바다로 삼는다. 그 바다는 또한 부산의 가장 동쪽에 있어 바다로 통하는 길은 늘 동터 오는 새벽의 길, 새벽길이다. 해 뜨는 곳을 바라보고 걸어간다면 그 길은 또한 동해의 길, 동해선으로 나 있다.

부산의 길인 갈맷길의 시작점이 기장이다. 갈맷길은 부산에 가면 만나게 되는 길로 갈매기와 길이 만난 '갈매기의 길'이다. 그 길은 바다, 강, 산, 온천이 어우러진 사포지향(四抱之鄕) 부산의 지역적 특성을 담았다. 제주에 올레가 있고, 스페인과 프랑스 접경에 산티아고 순례길이 있다면 부산에는 갈맷길이 있는 셈이다. 그 길의 처음 혹은 끝자리에 기장이 있다.

모두 278.8km로 어른 걸음으로 91시간이 걸린다는 갈맷길은 9

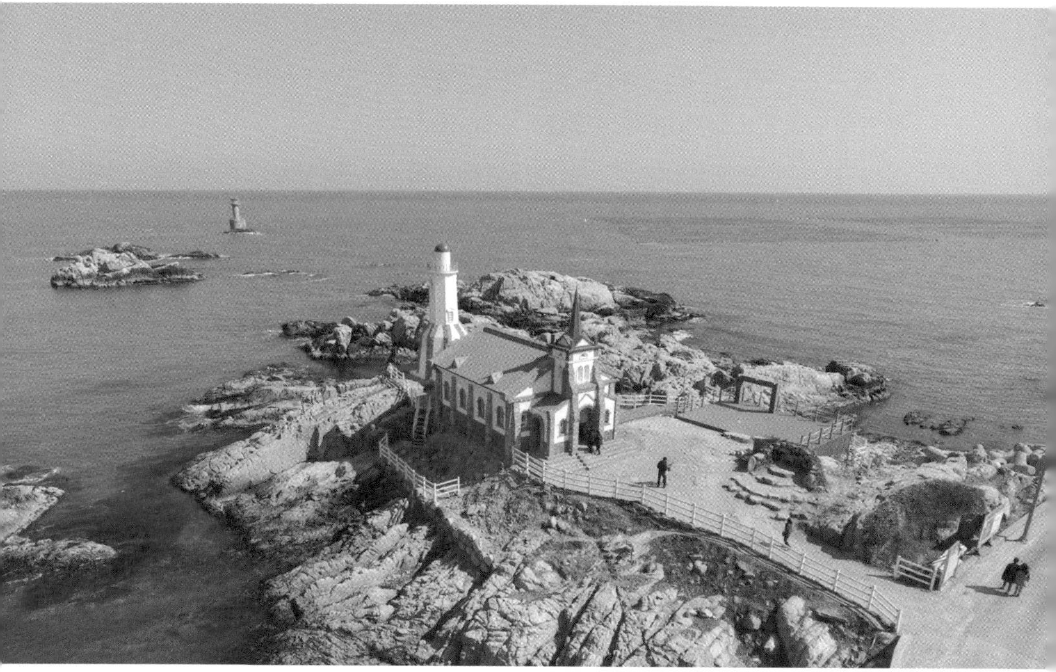

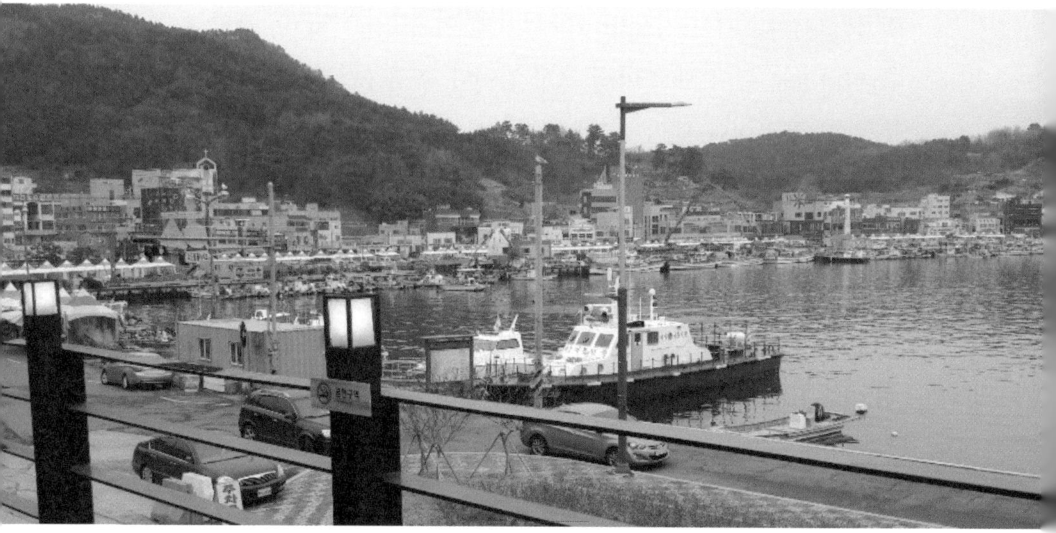

갈맷길 1코스 2구간 죽성만에 있는 죽성드림세트장 ⓒ부산일보
멸치축제로 이름난 대변항

개 코스, 21개 길(해안길 6곳, 강변길 3곳, 숲길 8곳, 도심길 4곳)로 구성되어 있다. 희망 근로 사업의 일환으로 2009~2010년 628억 원을 투입해 184개소, 863km의 그린웨이를 조성했다.

기장 구간은 갈맷길 1코스에 해당한다. 1코스는 기장에서 출발해 기장과 해운대의 경계를 넘어 문탠로드에 이르는 33.6km로, 10시간이 소요된다.

구체적으로 임랑해수욕장~칠암~부경대학교 수산과학연구소~일광해수욕장~기장체육관~기장군청에 이르는 12.2km(4시간 소요)가 1코스 1구간이고, 기장군청~죽성만~대변항~오랑대~해동용궁사~송정해수욕장~문탠로드에 이르는 21.4km(6시간 소요)가 1코스 2구간이다. 따라서 기장 구간은 전체 33.6km에서 송정해수욕장~문탠로드 4.9km를 뺀 28.7km다.

갈맷길 1코스는 기장에서 전해 오는 아홉 포구 길과 겹친다. 장안읍 고리마을에서 기장읍 공수마을에 이르는 40.7km의 해안선을 따라가는 길이 바로 아홉 포구 길이다. 아홉 포구에 끼지 않는 포구도 네 곳이나 있어 기장의 해안 포구를 잇는 길은 실제로는 십삼 포구 길이다.

포구에 앞서 주목해야 할 것은 바다와 만나는 하천의 존재다. 민물(담수)과 짠물(해수)이 교차하는 기수역 혹은 하구역은 소금의 농도가 다양한 까닭에 여러 생물이 살아가는 생태계의 보고다. 또한 강을 따라 사람과 물산의 이동도 편리해 포구가 발달하기 쉽다.

기장에서 포구에 접어드는 대표적인 하천으로 다섯 곳을 꼽을 수 있다. 장안사 척판암의 전설이 서린 불광산에서 발원하여 금

수동 계곡을 거쳐 동해와 만나는 장안천, 석은덤이 있는 병산에서 발원하여 정관 · 좌천을 지나 임랑에서 동해와 만나는 좌광천, 달음산에서 발원하여 일광 강송정에서 동해와 만나는 일광천, 만화리 · 용소골 · 덕발지역에서 발원하여 기장군청 인근에서 신천을 형성한 뒤 죽성에서 동해와 만나는 청강천, 안적사의 전설이 서린 앵림산에서 발원하여 내리마을을 거쳐 공수마을과 송정마을 사이를 흘러 동해와 만나는 송정천이 바로 그곳이다.

기장의 크고 작은 하천을 따라 흘러내려 온 민물이 동해의 짠물과 만나는 강과 바다의 어귀에는 아홉 포구가 두루 발달했다. 장안읍 고리 일대의 화사을포, 장안읍 월내리 일대의 월내포, 일광면 문동리 일대의 독이포, 일광면 동백리 일대의 동백포, 일광면 이동리 일대의 기포, 일광면 이천리 일대의 이을포, 기장읍 신암과 대변 일대의 무지포, 기장읍 공수마을 일대의 공수포, 해운대와 경계를 이루는 송정 일대의 가을포가 구포로 전해 온다. 이 밖에 월내포와 독이포 사이의 임을랑포, 독이포와 동백포 사이의 칠암외포, 이을포와 무지포 사이의 항곶포와 두모포 등 네 곳의 포구도 있다.

갈맷길, 아홉 포구 길은 또한 해파랑길이기도 하다. 동해의 떠오르는 해와 푸른 바다가 함께하는 해파랑길은 동해와 남해의 분기점인 부산 오륙도 해맞이공원에서 강원도 고성 통일전망대에 이르는 10개 구간, 50개 코스, 길이 770km의 길이다.

해파랑길 가운데 부산을 통과하는 구간은 1~4코스에 해당한다. 이 중에서도 기장 구간은 2코스, 3코스, 4코스에 겹쳐 있다. 해운대 미포에서 시작하는 2코스는 송정해수욕장, 송정천을 지나 기장 구간에 들어간 뒤 공수마을, 해동용궁사, 시랑대, 국립수산과학원, 부산힐튼호텔, 오랑대, 해광사, 죽도를 지나 대변항으로 이어진다.

3코스는 대변항에서 출발해 봉대산봉수대, 기장군청, 일광해수욕장을 지나 임랑해수욕장에 이르는 20.5km의 오롯한 기장의 길이다. 4코스는 임랑해수욕장에서 울산 울주군 진하해수욕장에 이르는 길인데 기장 구간은 임랑을 지나 묘관음사, 월내역, 장안천, 봉태산 숲길에 이르는 길이다.

기장의 길은 동해로 가는 길이다. 젊은 날 동해는 고단한 현실의 피안이자 비상구였다. 민주화운동이 분출하던 1970~80년대 동해는 이 세상 어디엔가 존재할 듯한 해방구이자 신세계였다.

'술 마시고 노래하고 춤을 춰 봐도 가슴에는 하나 가득 슬픔뿐이네/무엇을 할 것인가 둘러 보아도 보이는 건 모두가 돌아앉았네/자 떠나자 동해 바다로 삼등삼등 완행열차 기차를 타고 허~…/자 떠나자 동해 바다로 신화처럼 숨을 쉬는 고래 잡으러.' 고래고래 소리를 지르며 부르던 송창식의 '고래사냥'은 당시에는 청춘에 바치는 송가였다.

'고래사냥'은 영화 〈바보들의 행진〉 삽입곡이었다. 영화는 1970년대를 살아가는 젊은이들의 방황과 우울을 영상 이미지에 담았다. 최인호의 동명 신문 연재소설이 영화의 원작이다. 영화에는 술만 마시면 동해로 예쁜 고래를 잡으러 가겠다는 넋두리가 등장한다. 1980년대에 나온 이문열의 동명 소설을 영화화한 〈젊은 날의 초상〉도 그 시절 청춘의 풋풋함을 담았다. 이 영화에서도 방랑의

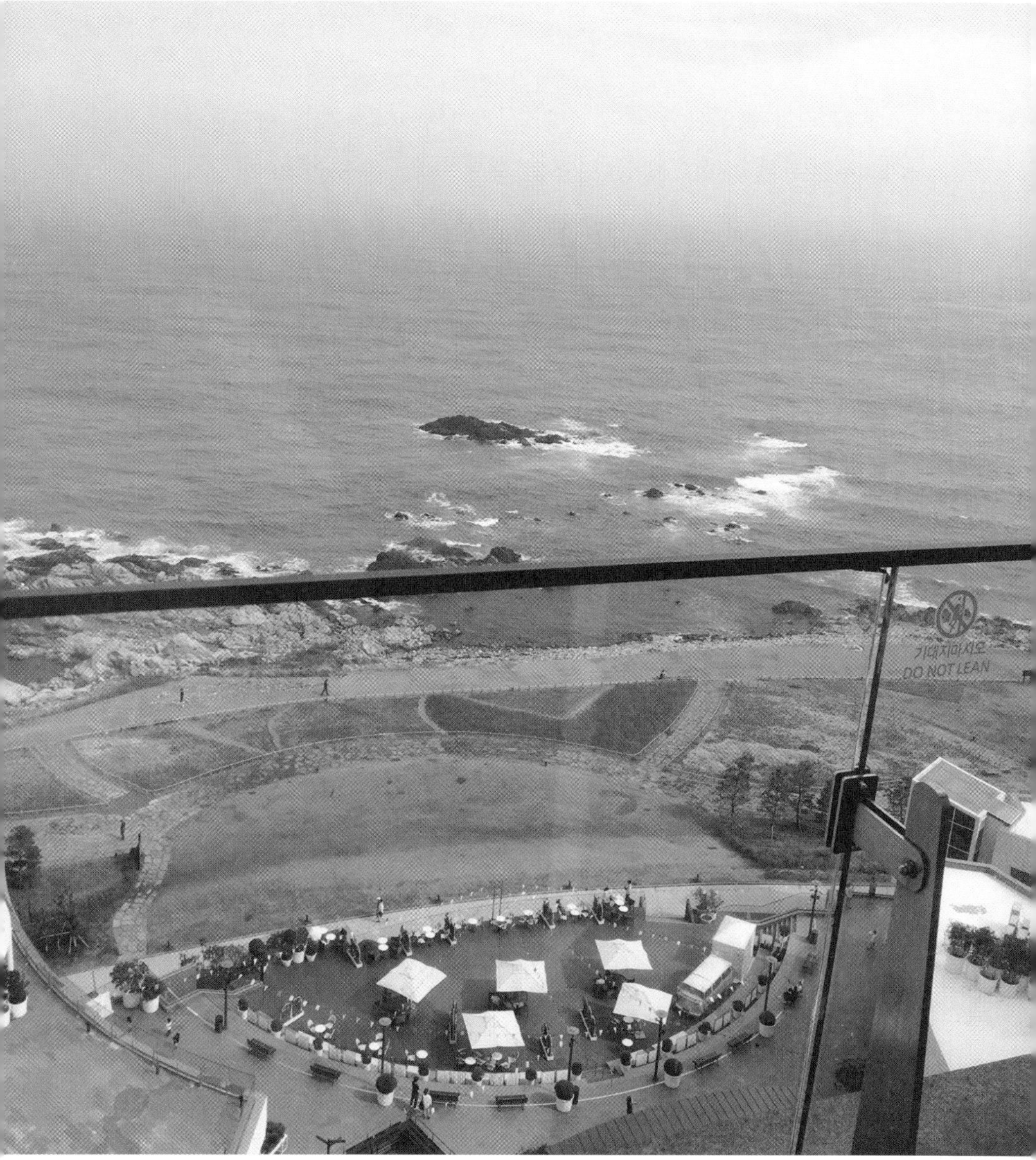

기장의 핫 플레이스 부산힐튼호텔

청춘 시대에 마침표를 찍기 위한 순례로 동해를 찾아가는 장면이 나온다.

억눌리고 분단된 조국의 남쪽 하늘 아래에서 동해는 시원처럼 늘 푸르게 출렁이고 있었다. 푸른 해원 어느 곳에서인가 만나게 될 것만 같은 깊고 푸른 내일에의 꿈이 시원을 향한 노스탤지어처럼 꿈틀대고 있었던 것이다. 그리고 동해의 출렁이는 파도는 미지의 세계를 향한 항해를 재촉하는 듯했다.

김광석의 노래 '광야'에서는 '해 뜨는 동해에서 해 지는 서해까지/뜨거운 남도에서 광활한 만주벌판'을 노래하지만 현실은 철책과 비무장지대(DMZ)에 가로막혀 두 동강 난 한반도의 남쪽 섬나라에서 살아가는 답답한 청춘을 대면해야만 했다. 이 땅의 청춘이라면 누구나 군대에 가야 하는 개병제의 나라여서 분단된 조국의 현실은 아픔과 고통이 되어 다가오게 마련이었다.

길은 그래서 늘 굴절되고 꺾여 바다로 향했고, 일출의 희망과 푸름, 고래의 신화가 펄떡이는 동해는 이 땅의 젊은이들을 유혹하기에 충분했다. 애써 동해를 찾아가는 젊음의 행진이 소설과 영화의 주요 모티브가 되었다.

동해의 떠오르는 해와 푸른 바다가 함께하는 해파랑길 혹은 정박하는 포구마다 따뜻한 인정을 느끼게 되는 아홉 포구 길 혹은 부산 갈매기의 길인 갈맷길을 걷노라면 길은 마침내 동해의 시원을 향해 뻗어 있다. 그리고 청춘의 한 시절을 향한 노스탤지어가 맥박처럼 힘차게 꿈틀거리고 있음을 새삼 확인하게 된다.

기장美의 정체

미와 예술과 감성적 인식을 주제로 미적 삶의 문제를 다루는 미학에서 볼 때 기장의 미적 특징은 기장의 정체성과 밀접한 관련을 맺는다. 기장의 자연미, 예술미, 인간미, 도시미, 생활미 등이 어우러져 기장 사람들만의 고유성을 낳았다고 볼 수 있기 때문이다.

기장美의 정체는 따라서 기장의 문화예술과 생활을 비롯하여 기장 사람들의 기질, 그리고 자연환경 등이 복합적으로 작용하여 나타난다고 하겠다.

기장의 자연과 기장 사람들의 기질을 생각했을 때 가장 먼저 떠올릴 수 있는 것은 변방과 경계의 땅에서 길러진 '저항성'이다. 이런 저항성은 어떤 특정한 외부 조건이나 계기가 생기면 언제든 터져 나오는 경향성을 보인다고 해석할 수 있을 것이다. 따라서 기장 사람들의 기질적 특성 가운데 단연 돋보이는 게 저항성이라 하겠다.

기장은 남산봉수, 임랑포봉수, 아이포봉수 등 연해봉수와 기장 고읍성, 기장읍성, 기장산성, 월평 반월성, 두모포진성 등 성곽이 상존하는 한반도 동남단의 요새 중 요새로, 바깥에서 침입하는 외적에 대한 경계심을 기장을 살아가는 사람들 마음속에 늘 내면화해 온 곳이다.

특히 기장의 관방은 대부분 바다 건너에서 호시탐탐 침탈을 노리던 왜구를 겨냥한 시설이었다. 이런 연장선에서 임진왜란이 일어났을 때 기장 민중들은 눈부신 의병 활동을 펼쳤다.

기장 정관읍 예림리 출신의 김일개 · 김일덕 · 김일성 삼형제의 활약이 대표적이다. 이들은 기장과 울산에서 의병 활동을 전개해 많은 공을 세웠고, 이런 공을 인정받아 기장 철마면 와여리 의열사에 배향되어 있다. 의열사에는 의병장으로 무공을 세운 김계금, 김보문, 김학의의 신위도 함께 모셔져 있다.

기장읍 대변리 산5번지에는 임란 때 기장에서 의병을 일으켜 싸운 김산수 · 김득복 부자의 묘가 있다. 이들은 경주 · 울산지역 의병장들과 함께 수많은 전투에 참가했다. 오홍 · 오춘수 종형제를 비롯하여 김윤룡, 정인정, 정언룡 등 의병장으로 이름을 남긴 이들이 수두룩하다.

정발 장군이 이끄는 부산진성에서 싸운 신옥 · 신기운 부자, 송상현 동래부사가 이끄는 동래성에서 싸운 이청춘 · 이응원 부자 등 정규군에서 활약한 이들도 많다. 임란 공신은 아니지만 평민 출신의 최개동과 천민 출신의 정팔동도 왜군에 맞서 싸운 충의의 인물로 꼽힌다.

두 번째는 역동성이다. 기장 사람들의 대표적인 기질인 저항성은 대체로 밀물지듯 대단히 역동적인 양상을 띤다. 그리하여 마침내 역동성은 저항성에 이어 기장 사람의 대표적인 기질로 돋을새김 된다.

임란 못지않게 일제강점기에도 일본에 저항하는 항일독립운동가들이 기장에 대거 등장하는데, 밀물지고 봇물 터져 나오듯 역동적인 흐름을 보인다는 것은 대단히 이례적인 일로 눈여겨볼 대목이 아닐 수 없다. 기장시장, 좌천시장 등지에서 일어난 3·1운동의 경우 장날을 맞아 거리에 나온 민중들까지 가세해 전국 여느 지역 못지않은 응집력과 파급력을 보였다.

이는 변방과 경계의 땅 기장을 살아가면서 내면화해 온 저항성에다 거친 바다라는 자연적인 환경에서 길러진 억세고 강인한 기질이 역동성으로 분출했다고 봐야 할 것이다. 특히 기장은 귀족을 비롯하여 지배계층이 발달하지 않은 고장이고, 농업과 어업에 생계를 기댄 민중이 대부분이라는 점에서 체제에 아랑곳하지 않은 저항성과 역동성의 분출은 가위 폭발적이었다.

세 번째는 민중 특유의 실질성이다. 기장에서는 지배계급의 고급문화가 발달하지 않았고 민중의 기층문화가 번성했다. 특히 노동요인 어요와 농요 등 민요가 성행했다. 후리소리, 쾌지나칭칭나네, 베틀가, 지신풀이, 성주풀이, 각설이타령 등 일과 생활을 실질적으로 반영하는 소리가 널리 불렸다. 민중 연희인 풍물놀이가 정월 대보름 등 명절마다 행해졌고, 동해안별신굿을 비롯한 무속과 세시풍속 등 생활문화도 크게 발달했다.

도자문화가 발달한 것도 기장의 실질성을 돋보이게 한다. 왜관 등의 영향으로 예부터 부산은 도자문화가 은성했는데, 그중에서도 단연 중심지는 기장 장안읍 일대였다. 장안읍 장안리 상장안, 장안읍 장안리 하장안, 장안읍 기룡리, 장안읍 오리, 장안읍 명례리 등 부산에서도 가장 많은 가마터가 발굴되고 있는 사실이 이를 뒷받침한다.

장안읍 일대는 도자기 제작에 필요한 흙, 물, 불의 삼박자를 제대로 갖춘 곳이다. 질흙을 비롯한 점토층이 넓게 분포했고, 불광산 · 삼각산 · 석은덤산 등지에서 나는 땔감이 풍부한 데다 장안천 · 효암천 등의 수량이 넉넉했기 때문이다.

넷째는 개방성이다. 진취성이라고도 할 수 있는 개방성은 바다로 열려 있는 해양성을 닮아 미래를 열정적으로 개척하는 정신이다. 그리고 난관을 예측하고도 포기하지 않고 승부를 거는 모험심과도 닮아 있다. 이는 기장의 미래 지향성을 드러내는 대목으로 앞으로 많은 가능성을 안고 있는 지역이 기장이라는 사실을 웅변하기도 한다.

기장은 원효의 일심 · 화쟁 · 무애 사상을 바탕으로 불국토를 지향한 곳이라는 점에서 역사적으로도 특유의 개방성을 증명한다 하겠다. 신분사회의 굴레를 박차고 차안과 피안의 경계를 넘나드는 걸림 없는 열린 사고는 태생적으로 바다를 안고 살아가는 곳이기 때문일 것이다.

근현대에 들어와 기장 첫 사립학교인 보명학교와 명정의숙을 중심으로 미래지향적이고 열정적인 젊은이들이 많이 배출되었다는 사실도 눈에 띄는 대목이다. 이들은 항일독립운동은 물론이고 사회주의, 공산주의 등 이념적 실험에도 나섰다. 그리고 머나먼 타국 땅으로의 망명은 물론이고 해외 유학을 하면서 대처에서 자신의 꿈을 키워 나갔다.

기장은 여성들에게도 기회의 땅이었다. 여성들의 활약이 두드러졌는데 항일운동가, 사회주의 활동가, 사회운동가로 활약한 권은해(1903~1994)가 대표적이다. 그리고 이승만 자유당 독재에 항거한 국회의원으로 야당 총재를 지낸 박순천(1898~1983)도 기장 대변이 낳은 통 큰 여성 정치가로 꼽힌다.

포항제철을 세계적인 철강회사로 우뚝 세운 '철강왕' 박태준(1927~2011)은 한국 근대화와 산업화를 논할 때 빼놓을 수 없는 인물이다. 진취적이고 모험적이었던 그의 경영철학은 경영과 소유의 분리로까지 진도를 나가 한국 사회에 귀감이 되었다.

근래에 들어와서도 기장과 장안을 중심으로 인재들이 많이 배출되었는데 부산과 울산으로 진학하여 학업을 성취하는 등 기장의 개방성을 적극적으로 계승해 나갔다. 학구열 높은 젊은이들이 계속해서 나온다는 것은 기장의 장래가 밝다는 사실을 증명하기에 충분하다.

기장은 변방과 경계의 땅이다. 그곳을 살아온 사람들의 미적 특성은 저항성, 역동성, 실질성, 개방성이 두드러진다. 고급하고 세련된 예술문화보다는 실질적인 생활문화가 발달했고, 사람들의 감성은 개방적이고 진취적이며 모험적이다. 바다에서 뭍으로 나와 처음으로 만나는 곳, 동해의 새벽빛이 가장 먼저 닿는다는 신화가 꿈틀대는 기장은 늘 새로운 빛을 찾아 나가는 가능성과 기회의 땅이다.

5장

고향 그리고 삶터

고향론

고향은 묵직하다. 고향이라는 어감의 질량부터 우선 상당하다. '고향' 하고 한번 불러보면 영혼의 저 깊은 곳에 닿은 듯한 근원적인 안도감이 느껴지고, 그래서 그곳에서 자칫 벗어나기라도 할라치면 심오한 그 무언가를 훼손하고 욕보일 것 같은 근원적인 불안감이 스쳐 지나간다. 근원에 가까운 안도와 불안이 교차하는 복잡한 감정의 곳간, 그곳이 고향인지도 모른다.

고향은 장소성을 띠면서 비로소 두렷해진다. 고향과 같은 뜻으로 사용하는 말들을 살펴보면 대부분 고향의 언덕과 산, 마을의 모습을 표현하고 있다. 고구(故丘), 고리(故里), 고산(故山), 고원(故園), 관산(關山), 구리(舊里), 모향(母鄕), 전리(田里), 향관(鄕關), 향리(鄕里)…. 고향은 삶을 살아가는 한 장면이면서 역사가 기록되는 한 장소이기도 하다.

고향은 유년이나 유년의 기억으로 갈무리되기도 한다. 어느 근원적인 공간에 숨어 있는 고향이라는 존재를 불러내 시간으로 등치하면 유년이나 유년의 기억에 가깝게 고향은 자신의 모습을 드러낸다. 공간을 시간으로 환기한다는 지점에서 고향은 유년의 추억과 기억에서 존재감을 뽐낸다. 시간을 거슬러 올라가면 어느덧 고향에 닿을 것이라는 기대가 그래서 있다.

공간과 시간, 그리고 그런 시공간을 유영하는 인간이라는 존재가 직조하는 고향에 관한 담론은 근원적이다. 존재의 심저에 닿으려는 노력이 '고향론'에 담겨 있기 때문이다. 존재의 심저는 시간과 공간 여행을 통해 드러난다는 점에서 고향을 찾아가는 일은 공간과 시간의 벽 모두를 뛰어넘어야 한다. 고향에 관한 담론, 고향에서 피어나는 모든 이야기는 시원으로 거슬러 올라가는 까닭에 애써 고향론이라는 묵직한 이름으로 불러야 마땅하지 않겠느냐는 강박감을 주기에 충분하다.

소설가 이문열은 "진정으로 사랑했던 고향에로의 통로는 오직 기억으로만 존재할 뿐, 이 세상의 지도로는 돌아갈 수 없다"라고 했다. 『그대 다시는 고향에 가지 못하리』라는 작품에서였다. 토마스 울프도 대공황기의 미국을 그린 『그대 다시는 고향에 가지 못하리(You Can't Go Home Again)』에서 세계의 갈등과 불화에서 벗어나 고향과 어린 시절로 돌아갈 수는 없음을 소설로 형상화했다. 양(洋)의 동과 서를 떠나 고향으로 가는 길은 '오디세우스의 모험'처럼 지난하기만 했던 셈이다.

국립국어원 표준대국어사전에서 '고향(故鄕)'을 입력하면 네 가지 뜻풀이가 뜬다. '자기가 태어나서 자란 곳', '조상 대대로 살아온 곳', '마음속 깊이 간직한 그립고 정든 곳', '어떤 사물이나 현상이 처음 생기거나 시작된 곳'이 그것이다.

고향에 관한 '관용구/속담'으로는 유일하게 '고향을 떠나면 천하다'는 말이 표준대국어사전에 올라 있다. '제 고향이나 제집을 떠나 낯선 고장에 가면 자연 천대를 받기 쉬우며 고생이 심하고 외롭다는 말'이라고 풀어놓았다. '고기도 저 놀던 물이 좋다', '집 떠나면 고생이다'라는 속담도 고향을 떠나면 뿌리 뽑힌 나무처럼 온전하지 못하다는 것을 강조한다. 고향은 삶을 지켜주는 든든한 울타리가 아닐 수 없다.

고향이란 때로는 깨지기 쉬운 질그릇 같이 위험천만하기도 하다. 고향에서는 웬만하면 사람의 이목을 숨기기가 쉽지 않은 탓이다. 감추려 해도 삶의 이면들이 속속들이 들춰지기에 십상이다. '부처를 건드리면 삼거웃이 드러난다'라는 속담처럼 아무리 점잖은 사람도 이면을 들추면 허물이 드러나게 마련이기 때문이다.

예수도 '고향 푸대접론'을 제기한 바 있다. 신약 성서는 '예수께서 그들에게 이르시되 선지자가 자기 고향과 자기 친척과 자기 집 외에서는 존경을 받지 못함이 없느니라'라고 기록하고 있다. 아무리 천하의 선지자라 하더라도 자기 살아온 이력을 죄다 아는 고향에서는 대접받기가 그리 쉽지 않다는 뜻이다. 그렇게 본다면 고향은 실로 두려운 존재가 아닐 수 없다.

고향은 따라서 모순적이다. 시쳇말로 '고향 떠나면 개고생'이라고 하다가 '나는 네가 지난여름에 한 일을 알고 있다'라는 식의 미스터리 스릴러를 갑작스럽게 연출하기도 한다. 따라서 고향은 분열적인 심상을 일으킨다. 편안함과 불안함, 현재에 안주하고 싶은 욕망과 내일에 도전하는 모험심이 교차한다.

고향론이란 세상이 끝나지 않는 한 영원한 주제일 수밖에 없다. 누구도 고향에서 태어나지 않은 이가 없으며, 고향을 그리워하지 않으며 살아가는 이 또한 몇이나 되겠는가. 고향은 이래저래 안주할 수 없는 현실의 벽 같은 것이어서 극복의 대상이 되기도 한다. 고향은 안으로 붙들어 두려는 구심력과 밖으로 나가려는 원심력을 두루 갖추고 있다. 구심력과 원심력의 팽팽한 싸움의 결과는 결국 한 인간의 자유의지로 나타날 수밖에 없다.

되돌아보면 1930년대는 세계사적인 문맥에서 고향에 관한 논의가 분출한 시기였다. 근대화와 고향 상실을 같은 맥락에서 보는 흐름이 있었기 때문이다. 일제강점기 한국을 살아간 이들에게는 고향이 빼앗긴 조국, 고국 혹은 민족과 겹쳐 애절함을 더하기도 했다.

정지용의 시 「고향」(1932)이 대표적이다. '고향에 고향에 돌아와도/그리던 고향은 아니러뇨.//산꿩이 알을 품고/뻐꾸기 제철에 울건만,//마음은 제 고향 지니지 않고/머언 항구로 떠도는 구름//오늘도 메 끝에 홀로 오르니/흰 점 꽃이 인정스레 웃고,//어린 시절에 불던 풀피리 소리 아니 나고/메마른 입술에 쓰디쓰다.//고향에 고향에 돌아와도/그리던 하늘만이 높푸르구나.'

산업화와 도시화가 급속하게 진행된 시기는 고향 담론의 전성시대였다. 한국에서는 '탈(脫)고향' 러시가 이뤄진 1960~1970년대가 이에 해당한다. 시대상을 곧장 반영하는 대중가요의 경우 고향을 그리는 노래로 넘쳐났다. 나훈아의 노래 '머나먼 고향', '고향역', '물레방아 도는데' 등이 대표적이다.

도시화가 진행된 1980년대를 지나면서 고향을 그리는 노래는 잦아들고 어느덧 도시에 정착한 도회인의 정서가 노랫말 속에 살아난다. 윤수일의 노래 '제2의 고향', '아파트', '황홀한 고백' 등이 이 시절을 대표하는 유행가다. 이제 향수를 자극하는 노래는 잦아들었다. 1990년대를 통과하면서 고향은 명절 때나 찾는 세시풍속의 하나가 되었다.

오늘에 와서도 고향은 여전히 시간과 공간 그리고 존재의 근원에 대한 속 깊은 물음을 토해 낸다. 무엇보다 자연은 늘 고향의 품속처럼 사람 곁으로 다가온다. 자연에 대한 동경은 물질문명이 고도화할수록, 그리고 자연과 동떨어진 가운데 도시화가 빠르게 진행될수록 더 커진다. 자연의 삶을 동경하는 것은 곧 현대문명을 극복할 대안으로 자리 잡았다.

고향은 이제 생태주의, 귀농, 귀촌 따위의 말로 변주되고 있다. 산업화, 도시화의 진전에 따라 자연 훼손에 대한 경각심이 커졌지만 자연을 인간을 둘러싼 환경 정도로 여기는 인식으로는 근본적인 대책을 강구할 수 없게 되었다. 인간도 생태계의 일부로 보고 자연과의 조화가 필요하다는 데 생각이 닿았다. 지구라는 생명체 안에 인간과 자연이 유기적으로 연결되어 있다는 사실을 깨닫게 된 것이다.

도시생활에 정착하게 된 1990년대 이후 농촌으로 돌아가 농사를 짓는 귀농은 도시인의 로망이자 사회적인 현상이 되었다. 전원생활을 꿈꾸며 고향의 품속 같은 자연에서 생태주의적 삶을 구가하겠다는 것이다. 하지만 농사라는 게 만만할 리 만무하다. 힘든 귀농 대신 도시와 시골을 오가는 귀촌 생활이 주목받고 있는 이즈음이다. 귀농이든 귀촌이든 존재의 본향과 영원을 찾아가는 사람들의 노력은 계속된다. 고향이라는 인간의 원풍경을 찾으려는 노스탤지어에서 사람들은 여전히 헤어나지 못하고 있다.

고향을 삶터로 삼는다는 것

지금 사는 곳이 부산 기장군 기장읍이다. 태어난 곳은 사는 곳과 가까운 기장군 장안읍이다. 동해남부선 기차역으로 치면 두 정거장 차이다. 기장읍이 기장군청 소재지이다 보니 태어난 곳에 비한다면 사는 곳이 대처인 셈이다. 노모를 모시고 있는 처지라 병원이 가깝고, 시장과 마트 등이 두루 발달해 이래저래 생활 편의가 나은 곳이다.

로컬이 뜻하는 '지금 여기'는 부산이자 기장이다. 부산이 광역자치단체인 광역시 차원의 로컬이라면, 기장은 기초자치단체인 군(郡) 차원의 로컬이다. 부산이라는 광역시에서 시골 느낌이 물씬 나는 군에서 살아간다는 게 희한한 감정을 부른다. 도시와 시골의 공존이랄까, 도회에서 운명적으로 고향을 느끼며 살아야 한다는 팔자 같은 걸 떠올리게 된다.

되돌아보면 어쩌다(?) 고향이 삶터가 된 듯하다. 고교 때 고향을 떠나 울산으로 진학했고, 대학은 서울에서, 군 생활은 강원도 전방에서 보냈다. 한창 성장기를 제외하고는 고향에서 나고 자라 내처 생활하고 있는 셈이다. 부산 기장은 어제의 삶터이자 오늘을 살아가는 삶터이고, 내일은 오늘에서 비롯하는 까닭에 지금의 삶터는 계속될 수밖에 없을 터이다.

과문한 탓인지 고향에서 나고 자라 일생을 보내는 경우를 그리 많이 알지는 못한다. 고향을 삶터로 삼는다는 것에 대해 생각할 때면 떠오르는 이가 있다. 헨리 데이비드 소로(1817~1862)이다. 미국 매사추세츠주 콩코드에서 태어난 그는 하버드대학을 다닐 때와 몇 차례에 걸친 여행을 할 때를 제외하고는 평생 고향을 떠나지 않았다고 한다. 고향의 월든 호숫가에 통나무집을 짓고 생활한 2년간의 경험을 기록한 『월든』을 남기기도 했다.

처음에는 '월든 또는 숲속의 생활'이라는 제목을 붙였는데 이후에 소로가 '또는 숲속의 생활'을 제목에서 빼 달라고 출판사에 요청했다고 한다. 한국에는 공교롭게도 『숲속의 생활』이라는 제목으로 먼저 번역되었는데, 대학 시절 문고판을 읽고는 월든 호숫가에서의 생활을 동경하기도 했다.

'첫 번째 여름에는 책을 읽지 못했다. 콩밭을 가꾸어야 했던 것이다. 그러나 가끔 일하는 것보다 더 나은 방법으로 시간을 보냈다. 꽃처럼 활짝 핀 어느 순간의 아름다움을, 육체적 일이든 정신적 일이든 일을 하느라 희생할 수 없는 때들이 있었다. 나는 내 인생에 넓은 여백이 있기를 원한다… 이런 계절에는 나는 밤사이의 옥수수처럼 무럭무럭 자랐다.'

'간소하게, 간소하게, 간소하게 살라'고 주장한 소로는 하루에 세 끼를 먹는 대신 필요할 때 한 끼만 먹을 것을 강조하기도 했다. 간소한 삶에다 월든 호수로 대표되는 자연은 기쁨과 행복의 샘물이었다.

'시 한 줄을 장식하는 것이/나의 꿈은 아니다./내가 월든 호수에 사는 것보다/신과 천국에 더 가까이 갈 수는 없다./나는 나의 호수의 돌 깔린 기슭이며/그 위를 스쳐 가는 산들바람이다./내 손바닥에는/호수의 물과 모래가 담겨 있으며,/호수의 가장 깊은 곳은/내 생각 드높은 곳에 떠 있다.'

소로에게 월든은 호수였지만 기장을 살아가는 처지라면 월든은 바다다. 바다를 중심으로 산과 강이 둘러싸 있고, 세계가 펼쳐진다. 바다는 무엇보다 온 생명이 살아 있는 세상이었다. 어린 시절 먹거리는 대부분 바다에 있었다. 바다에는 '앙장구'라 불렀던 말똥성게, 고둥, 게, 돌미역, 다시마, 파래가 지천이었다. 바다에는 노래미, 전갱이, 망상어, 쥐치가 흔해 빠졌다. 바다 곁에 산다면 굶주림은 면할 듯싶었다. 바닷가에서 잔가지를 모아 불이라도 지필라치면 바닷속 온 생명이 훌륭한 만찬으로 둔갑했다.

온 생명이 조화를 이루는 바다에서는 생각이 늘 바닷속 깊은 곳과 바다 저 너머로 내달리기 일쑤다. 어린 시절 임랑 바다에 가면 대마도가 바로 저 수평선 너머에 있을 거라는 생각에 사로잡히곤 했다. 바다가 어디로든 우리를 데려다줄 것이라는 생각에 미지의 세계가 눈앞에서 잇따라 펼쳐졌다.

배를 타고 나가 자칫 유랑하는 신세라도 된다면 우리는 어디쯤 닿을 것인가. 대마도일까, 오키나와일까. 생각은 푸른 해원을 넘어 출렁거렸다. 바다는 육지의 모든 것이 마침내 닿은 일심의 세상이면서 또 다른 세상이 뭉게뭉게 피어오르는 꿈과 상상의 원천이었다. 바다가 세상 모든 곳을 이어줄 것이라는 믿음이 있었기에 바다는 어디든 갈 수 있는 세상의 중심이었다.

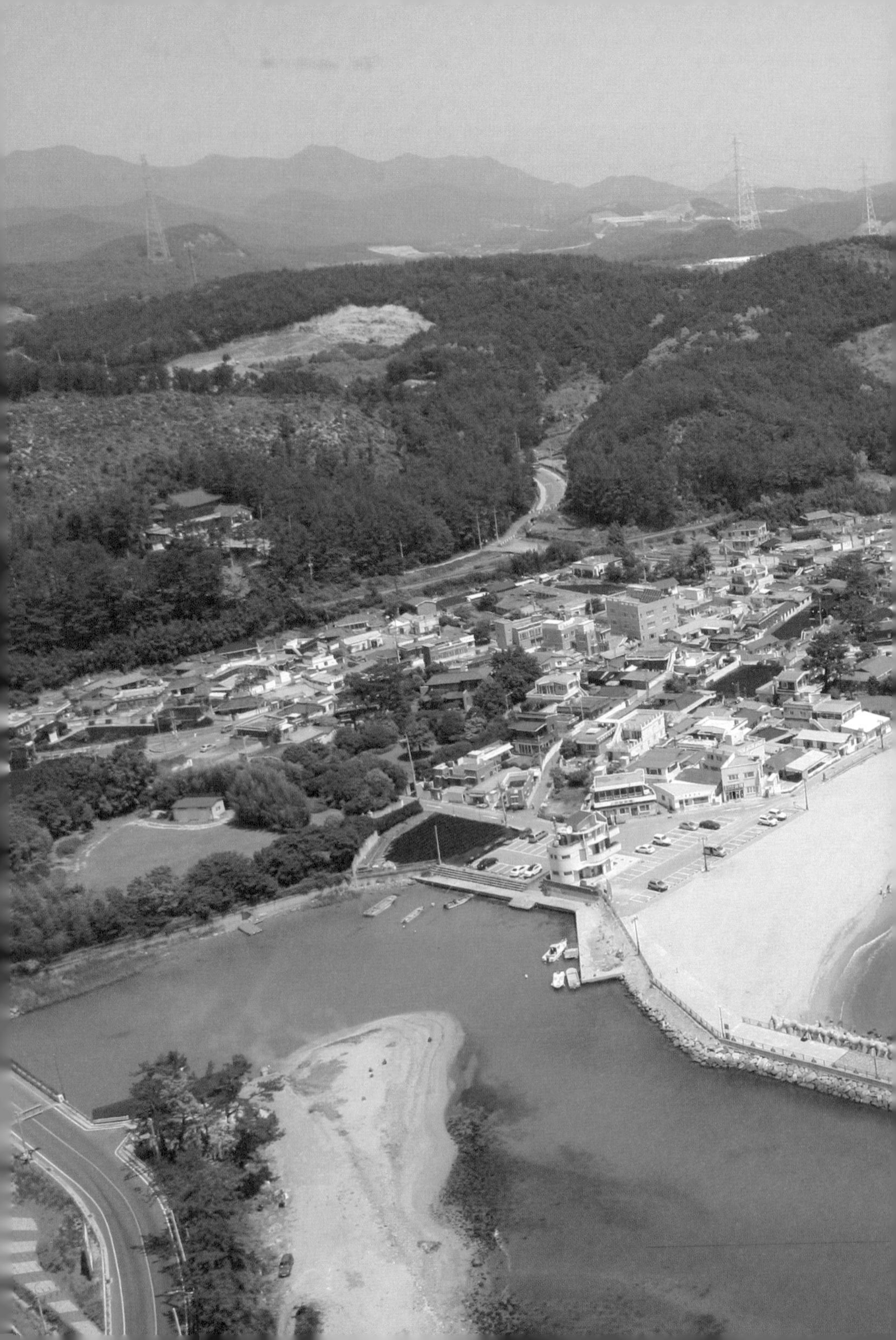

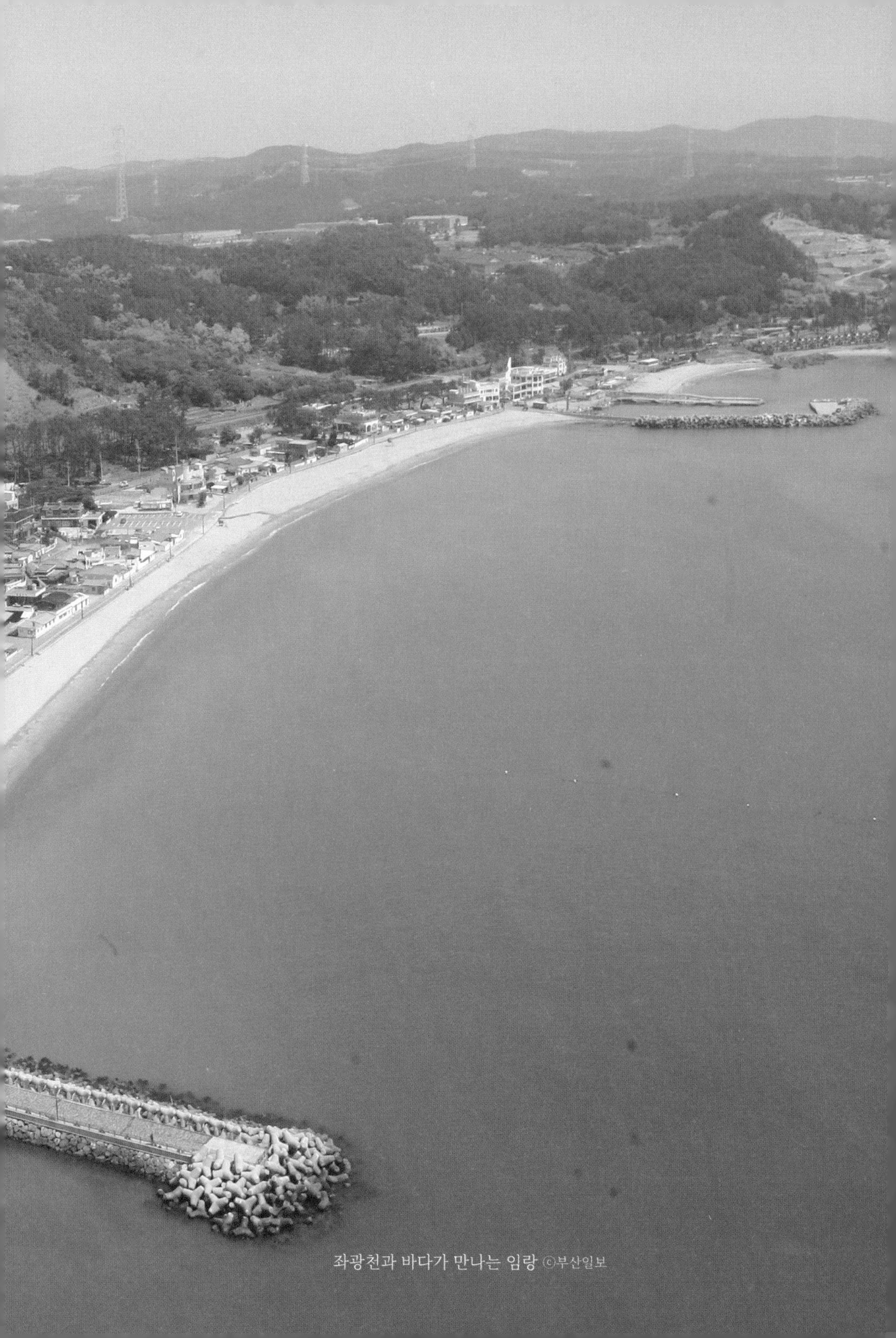

좌광천과 바다가 만나는 임랑 ⓒ부산일보

바다는 또한 길이기도 했다. 부산으로 가든 울산으로 가든, 울산 너머 경주와 포항으로 가든 길은 바다를 따라 나 있었다. 동해남부선 철길이 바다를 따라 오르락내리락했다. 바다를 따라 자동차가 달리는 길도 함께 나 있었다. 바다는 세상으로 나가는 통로였던 셈이다.

바다를 에워싼 산과 내는 시원을 묵상하기에 그저 그만이다. 동해의 남부에 있어 내를 따라 산으로 올라가는 길이 강원과 경북의 그것처럼 깊고 가파르지는 않지만 여느 동해의 산과 내에서 느껴지는 그런 멋과 맛은 있다. 바다를 저만치 옆에 두고 달리는 태백산맥의 기운도 느껴진다.

바다와 산, 강을 끼고 있는 기장은 예부터 변두리 중의 변두리였다. 살아오는 동안 '부산 기장'이 세 번이나 그 이름을 바꾸는 것을 경험했다. 태어날 무렵에는 경상남도 동래군이었고, 자라면서는 경상남도 양산군이었다가, 장성한 후로는 부산광역시 기장군이 되었다.

기초자치단체 차원에서는 세 번, 광역자치단체 차원에서는 두 번 이름을 바꿨다. 경남과 부산, 동래군과 양산군과 기장군 사이를 오간 것이다. 편지가 올 때마다 주소가 달라져 생경했던 기억이 아직도 남아 있다.

변두리 중의 변두리에 머무는, 경계를 살아가는 주변인이라는 생각이 아주 오래전부터 고개를 들었다. 고향에 대한 의무감이나 부채감 따위도 차츰 무뎌져 갔다. 고향이라는 강박에서 놓여나고 인습의 굴레에서 벗어난 만큼 이제 고향이라는 말에서조차 자유로워졌다. 변두리에서 살아가는 주변인의 삶이 주는 혜택인지도 모른다.

달리 말하자면 언제든 훌훌 떠날 수 있어서 한곳에 오래도록 멈추는 것은 아닐까 하는 생각이 들기도 한다. 고향에 대한 부채감이 덜한 만큼 언제든 떠날 수도 있을 것이기 때문이다. 고향을 떠난 이후의 감상은 그때 가서나 한번 생각해 볼 문제다. 아직은 '지금 여기'를 여전히 생각해야 할 장면이기 때문이다.

이러구러 고향이 삶터가 되었다. 고향을 삶터로 삼는다는 것은 어떤 의미일까. 오래된 물음이다. 어쩌다 보니(?) 그리되었다는 게 현실적인 답일지 모른다. 어쩌다 보니 고향에서 태어나 자랐고, 어쩌다 보니 공부를 한 대처에서 귀향하게 되었고, 어쩌다 보니 고향에서 일자리를 얻게 되었고, 어쩌다 보니 일과 함께 고향에 머무는 시간도 자꾸만 길어지고 있다고 말이다.

고향이 삶터가 되는 바람에 고향의 상실 혹은 고향과 삶터의 분열에 따른 상실감 혹은 분열감은 그다지 없는 편이다. 시원에 대한 그리움은 누구나 갖게 마련이지만 '그대 다시는 고향에 돌아가지 못하리' 따위의 저주에 가까운 막막한 상실감은 피할 수 있게 되었다. 대신에 현실은 추상적이지 않게, 더욱더 구체성을 띠게 되었다.

로컬에 천착하게 된 것은 다행이라면 다행이랄 수 있겠다. 고향이 삶터가 되는 바람에 '지금 여기'에 오롯이 집중할 수 있게 되었다. '지금 여기'를 살았고, '지금 여기'를 살아가는 까닭에 '지금 여기'를 제외하고 달리 생각할 수 있는 때와 장소도 없기 때문이다.

로컬의 장면이 두렷해지고 로컬에서 사는 삶이 절박해지는 것은 아마도 그런 이유에서일 것이다.

조개잡이와 모래 아이스크림

‘새파란 수평선/흰 구름 흐르는/오늘도 즐거워라/조개잡이 가는 처녀들/흥겨운 젊은 날의 콧노래로 발을 맞추며/부푸는 가슴마다 꿈을 담고 파도를 넘어/새파란 수평선/흰 구름 흐르는/오늘도 즐거워라/조개잡이 가는 처녀들.’

초등학교 때 어깨너머로 배웠던 기타를 치며 흥얼거렸던 노래 중에 ‘진주조개잡이’라는 곡이 있다. 하와이 민요에 영어 가사를 붙인 이 노래는 1960년대 번안곡으로 국내에 소개돼 젊은이들 사이에 인기를 끌었다. 흥겨운 가락에다 반복되는 후렴이 인상적이었다.

1970년대에는 뉴질랜드 마오리족의 민요를 번안한 노래 ‘연가’도 인기를 끌었다. ‘비바람이 치던 바다 잔잔해져 오면/오늘 그대 오시려나 저 바다 건너서/저 하늘에 반짝이는 별빛도 아름답지만/사랑스런 그대 눈은 더욱 아름다워라/그대만을 기다리리 내 사랑 영원히 기다리리/그대만을 기다리리 내 사랑 영원히 기다리리.’

‘진주조개잡이’든 ‘연가’든 태평양 어느 바닷가에서 불리던 민요가 바다 건너 한국에 와서 통기타에 맞춰 부르는 로맨틱하고 서정적인 노래가 되었다는 게 흥미롭다. 이제 와 생각하면 이런 세계의 민요가 번안되어 널리 불리던 1960~70년대의 기장 바다도 태평양 여느 곳 못지않게 로맨틱하고 서정적이었다. 태평양이라는 같은 바다를 두고 있기 때문일까, 바다라는 자연의 속성 자체가 그렇기 때문일까.

임랑 바다는 유년의 바다다. 여름이면 바닷속에서 트위스트 춤을 추고는 했다. 모래밭에 숨은 조개를 발바닥의 감촉만으로 찾아내 건져 올리기 위해서다. 발바닥을 모래에다 비비고는 물밑으로 자맥질해 한 손 가득 조개를 캐냈다. 지천으로 널린 게 조개라는 사실이 신기했다. 아직도 기억에 생생한 여름날의 아름다운 풍경이 아닐 수 없다.

하지만 임랑 바다의 그 아름다운 장면도 점차 지워져 갔다. 언제인가부터 동네가 부산스러워지기 시작했다. 뭔가 큰 공사가 시작된다는 술렁거림이 동네에 넘쳐났다. 한번은 서울에서 높은 분이 온다며 초등학교 운동장이 갑자기 헬기장으로 바뀌는 일도 있었다. 나중에 보니 대통령이 방문한 것이었다.

임랑 바다 너머 빤히 보이는 고리에 건물이 올라가기 시작했다. 브라보콘을 닮은 듯한 원전 돔이었다. 시간이 갈수록 원전 돔은 높아만 갔고, 원자력발전소가 동네를 크게 발전시킬 것이라는 기대도 덩달아 높아갔다. 원자력발전소라는 게 당시로써는 놀라움과 호기심의 대상이었지만 지역경제의 흥청거림은 파시처럼 짧디 짧았고, 많은 것들이 모래처럼 손아귀 사이를 빠져나가는 시간이 이내 찾아왔다. 조개는 이제 더는 임랑 바다에서 찾을 수 없게 되었다. 조개잡이 트위스트 춤도 멎었다. 바다 생태계가 확 바뀐 것이다. 그 많던 조개는 다 어디로 갔을까. 내내 궁금한 대목이 아닐 수 없다.

'달의 물방울', '선녀의 눈물방울'로 불리는 진주를 옛 중국 사람들은 달빛과 조개의 사랑으로 만들어졌다고 믿었고, 로마인들은 '얼어붙은 신의 눈물'이라 했다. 진주는 조개 안에 모래알이나 기생충 등 이물질이 들어오면 그 자극을 줄이기 위해 진주질을 분비해 이물질을 둘러싸는 바람에 탄생한다고 한다. 유년의 임랑 바다에서 건져 올리던 조개는 생태계 변화의 이물질을 눈물로 삼킨 까닭에 내 마음속에는 잊을 수 없는 영롱한 진주로 남아 있다.

조개를 시작으로 바다는 서서히 변해 갔다. 앙장구도, 고둥도, 노래미도, 꼬시래기라 불렀던 망둥이도 점점 개체 수가 줄어들었다. 임랑 바다로 이어지는 좌광천을 거슬러 올라가던 민물장어와 은어, 숭어도 시간이 갈수록 사라져 갔다. 임랑 바다에 밤이면 교교하던 달빛도 그 빛을 잃었다. 바다의 뭇 생명이 사라지고, 사람이 떠나고, 달빛마저 존재의 의미를 잃어버리게 된 것이다.

'모래 아이스크림'이라는 사진전이 생각난다. 2007년 부산에서 사진 전문 미술관으로 문을 연 고은사진미술관이 2017년 마련한 '부산 참견록'의 일환이었다. '부산 참견록'은 고은사진미술관이 한국 중견 사진가 한 명을 매년 선정해 부산의 역사성과 지역성을 자신만의 시각으로 기록하도록 전폭적으로 지원하고, 그 결과물을 전시로 선보이는 한편 도록으로도 만들어 내는 야심 찬 기획이다. 2012년부터 시작된 10년 장기 프로젝트다.

사진가 정주하는 '모래 아이스크림'에서 고리원전을 끼고 살아가는 동해남부선 일대의 은폐된 불안을 다루었다. 그의 렌즈는 고리원전이 훤히 바라보이는 임랑 바닷가에서 모래 아이스크림을 만들며 노는 아이에 주목했다. 해운대에서 고리원전까지를 촬영 동선으로 삼은 작가는 한국 최고의 관광지 해운대와 위험한 핵발전소의 기묘한 동거를 통해 부산 삶의 이중성 혹은 양면성으로 곧장 육박해 들어갔다.

원전이라는 달콤한 문명의 이기와 그것이 가져올 재앙이 '모래 아이스크림'이라는 이름으로 은유 된 셈이다. 여기서 2016년 개봉된 영화 〈판도라〉의 한 장면과 겹쳐진다. 원전 돔이 바라보이는 바닷가에서 놀던 아이들이 수런수런 대화를 나누기 시작한다.

"우리 형님이 그러더라. 엄청시리 큰 밥솥이 있어가 그걸로 물을 끓여갖고 전기를 맨든다꼬. 형님이 그러더라. 저 밥솥 때문에 우리가 호강하고 산다꼬. 점마 덕에 우리나라가 부자 나라가 될 기라꼬. 억수로 고마운 밥솥이라꼬." 밥솥과 판도라의 상반된 이미지가 '모래 아이스크림'과 겹쳐지는 대목이다.

조개잡이의 추억과 '모래 아이스크림' 놀이가 교차하는 임랑 바다에 서면 세월에 따라 변해 가는 고향을 실감하게 된다. 하지만 변화라는 게 늘 부정적인 것만 있는 것은 아니다. 상전벽해라는 말이 그럴듯할 정도로 과거에는 상상도 못 할 정도의 변화가 찾아오기도 한다.

지방자치제도가 도입된 이후에 좋아진 것 하나만 꼽으라면 서슴지 않고 걷기 좋은 동네가 되었다는 점을 들고 싶다. 바닷길, 산길, 둑길이 정비되면서 자연과의 교감은 물론이고 사람과 소통하

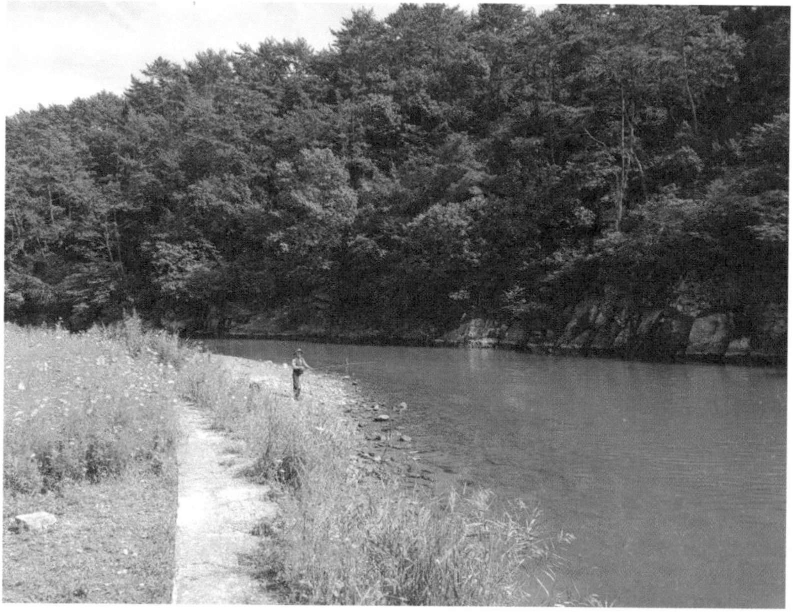

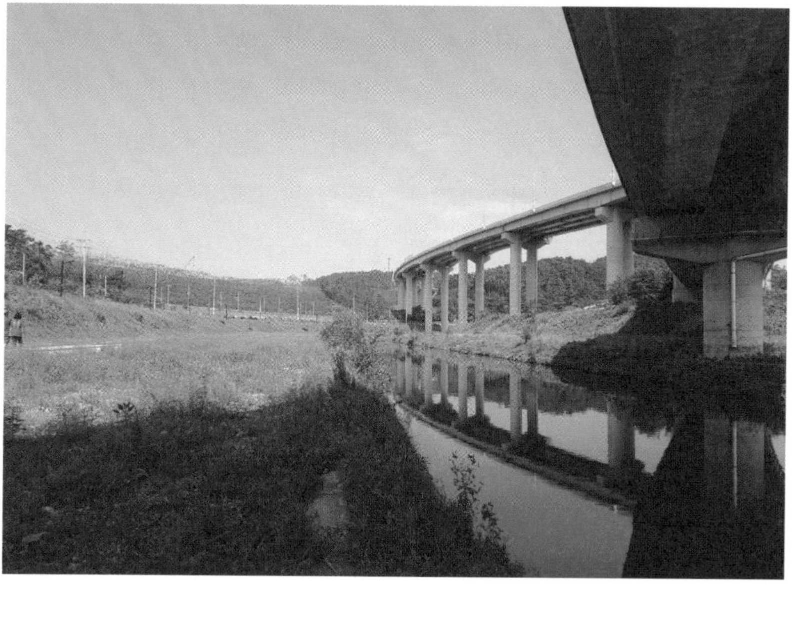

좌광천

는 통로도 넓어지고 깊어졌음을 실감한다.

임랑 바다에서 좌광천을 따라 좌천, 정관에 이르는 길은 전국 어디에 내놓아도 손색이 없는 길이 되었다. 내를 따라 사람은 걷고 자전거는 달리는 길이 만들어졌다. 임랑 바다에서 해와 달이 뜬다면 그 해와 달이 지는 곳은 달음산 중턱이다. 임랑에서 달음산까지 동에서 서로 가는 둑길, 산길이 산뜻하게 난 것은 반가운 일이다.

고향이 어디냐고 누가 물으면 보통은 "부산 기장"이라고 답하지만 속으로는 "달음산이 보이는 곳이자 달음산에서 내려다보이는 곳"이라고 생각하곤 한다. 우주의 중심에 있다는 수미산에 비견해도 될 정도로 달음산은 세상과 세계의 중심이다.

경주에 가면 신들이 노닌다는 숲(神遊林)이 있다. 경주시 보문동, 구황동, 배반동에 걸쳐 남북으로 길게 누에고치처럼 누운 100m 남짓한 낭산(狼山)이 바로 그곳이다. 신라 최초의 여왕인 제27대 선덕여왕(632~647)은 이곳을 우주의 중심인 수미산으로 여겼고, 그곳에 영면하기를 자청했다. 자신이 살아가는 '지금 여기'의 서라벌이야말로 세상의, 이 우주의 중심이라는 신념이 그곳에 묻혀 있다.

여왕이 어느 날 내가 죽으면 도리천에 장사 지내라고 했는데 그곳이 어디냐고 신하들이 묻자 낭산 남쪽이라 말했다고 『삼국유사』는 전한다. 훗날 여왕의 무덤 아래에 사천왕사가 건립되었는데, 사천왕천 위에 도리천이 있는 까닭에 모두가 여왕의 신령스러움에 탄복했다고 한다.

수구초심(首丘初心)이라 했던가. 여우가 죽을 때 제가 살던 굴이 있는 언덕 쪽으로 머리를 둔다는 말이 있다. 명절이나 기일 등 특별한 날이 오면 달음산을 중심으로 고향의 산과 바다를 둘러보는 게 언제부터인가 통과의례가 되었다.

보통은 일광에서 길을 잡아 산수곡마을, 월음산을 거쳐 달음산에 오른 뒤 갈미산, 옥정사로 해서 내려와 좌광천을 따라 임랑 바다까지 걷는다. 임랑에서 바다를 따라 문중, 문동, 칠암, 동백, 온정, 이동, 일광 등을 내처 걷는다. 산과 바다와 강은 한결같고, 고향의 품은 늘 넉넉하기만 하다.

상실과 치유의 바다

'겨울날 아침나절 집 앞 담벼락에 기대어 먼바다를 바라보고 있노라면 햇살에 천 이랑 만 이랑 부서지는 바다가 마치 은비늘 돋친 물고기 떼가 놀고 있는 것 같은 착각을 자아내게 하며, 봄이랑 가을날 달밤이면 바다에 금비늘 돋친 물고기 떼가 놀고 있는 것 같은 환상에 사로잡히곤 한다. 그러나 나는 지금 그 바다를 바라볼 수 있는 자리를 영영 잃고 말았다.'

시인 이해웅(1940~2015)은 자신이 편찬위원장을 맡아 2015년 7월 펴낸 『고리향토사와 스토리텔링』의 말미에 '고리의 추억'이라는 글을 실었다. 1969년 원자력발전소가 들어서기 위해 마을이 철거되었지만 고향 마을 고리를 잠시도 잊을 수 없었노라고 고백했다. 연구실 벽에다 걸어 두고 하염없이 바라보던 고향마을 사진 한 장은 「고향-고리의 추억」이라는 시가 되었다고 한다.

'밤이면 액자 속에서 걸어 나와/하늘로 날아오른다//때론 뚜벅뚜벅 베갯가로 걸어와/단말마적 비명으로/핵분열을 일으키는/구천을 떠도는 영혼//침잠하라 침잠하라/다시 침잠하라//내 젖은 손수건으로/네 눈물을 닦아주마//무너진 팔다리/풍비박산된 두개골/나뭇가지에 널브러진 내장/도처에 유리 파편처럼 치솟는/절규 절규 절규//-내미는 푸른 손/결 고운 머리카락/청옥 같은 눈

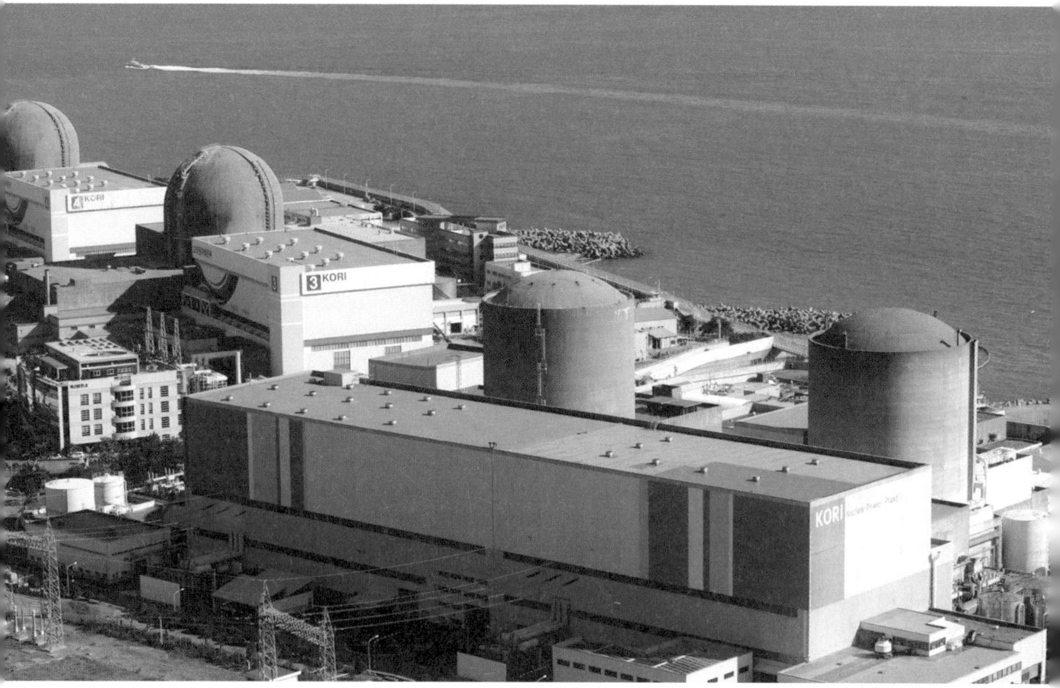

고리원전 전경 ©부산일보

동자-//그러나 다시 보면/젖은 눈만 끔벅이다/감쪽같이 사라지는/너//오늘 남루처럼 펄럭이며/파도 소리로 귓전을 맴도는/내 질긴 목숨의 인연.'

시인은 『고리향토사와 스토리텔링』 출판기념회를 이틀 앞둔 2015년 10월 26일 거짓말처럼 이 땅에서의 '질긴 목숨의 인연'을 다했다. 50년 가까운 실향의 아픔과 상실감 속에서 세상에 빛을 본 『고리향토사와 스토리텔링』은 그의 마지막 저술이 되고 말았다.

이해웅 시인은 '부산 내 실향민'이었다. 1940년 부산 기장군 장안읍 고리 156번지에서 태어난 그는 고향 마을 고리에 원전 4기가 들어서면서 실향민 신세가 된 것이다. 160호가량 되던 마을 사람들은 인근 기장군 일광면 동백리(온정마을)와 울산 울주군 서생면 신리(골메마을)로 집단 이주하거나 동서남북으로 뿔뿔이 흩어졌다. 고향에는 이제 고리 1, 2, 3, 4호기라는 이름의 원전 4기가 점령군처럼 버티고 섰다.

시인은 2012년 시 68편을 묶어 『파도 속에 묻힌 고향』이라는 이름의 고리 시첩을 내놓기도 했다. 고리에서 태어난 사람으로서 묘비명을 쓰는 심정이었다는 게 그의 고백이다. 노년에 와서까지 시의 소재로 삼지 않았다가는 고향 마을 고리가 형체도 없이 영영 사라져 버릴 것이라는 조바심도 한몫했다고 한다.

'한때 사라호 태풍으로/머리 어깨 팔 무너져 내렸어도/봄마다 밑둥치에서 새순 내밀어/근근 목숨 연명터니/마을 철거될 무렵부터/밑둥치마저 삭아져 내려/지금은 흔적조차 찾을 수 없으니/알개로부터 고리까지 이어 오던/마을 없어지매/한목숨 다한 고리의 산증인'이라는 노래로 '고리 당솔'을 호명했다.

「진혼굿」에서는 '서생 골메와 동백 온정/두 마을로 나뉘어 간 동네 사람들/명당자리 잡아 한데 모아주시고/천세 만세 복락을 누리게 하소서'라는 간절한 비손도 잊지 않았다. 새로 마을을 마련해 고리 사람들이 이주해 갔기에 집들은 모두 새 건물이었다. 주위 사람들은 그래서 그 마을을 '새마을'이라 불렀다. 여느 시골 마을 같지 않은 계획도시의 반듯함이 그곳에 있었다.

시인은 그때 고향에 돌아갈 수 있다고 생각하고 있었을까. 고리 1호기 폐로 소식이 들려와 시인이 타계하기 직전 전화를 한 적이 있다. "고리 1호기 폐로는 천만번 다행한 일이지요. 그런데 1호기 하나 폐로 되었다고 해서 고향에 갈 수 있겠습니까. 2, 3, 4호기가 남았고, 옆 마을 효암과 비락에도 신고리 원전들이 있는데요. 연한이 지났으니 이제 원자력이 아니라 자연에너지로 눈을 돌려야겠지요. 어릴 때 보던 월내 기장의 청정바다가 되살아났으면 합니다."

시인은 『고리 향토사와 스토리텔링』이라는 책이 곧 나온다는 말로 기자의 고향 안부를 묻는 말에 마침표를 찍었다. 그러던 시인이 책을 펴낸 지 석 달 만에, 그것도 고향 마을에서의 성대한 출판기념회를 이틀 앞두고 갑작스럽게 세상을 떠나 주위를 안타깝게 했다.

시인의 고향 고리로서는 2017년 6월 18일이 역사적인 날이 되었을 터이다. 1977년 완공되어 1978년 상업운전을 시작한 고리원전 1호기가 설계수명 30년에다 10년 연장 운영 끝에 이날 자정을 기하여 영구 폐로에 들어갔기 때문이다. 이제 잃어버린 옛 마을 고리(古里)로 가는 길은 언제쯤 모습을 드러낼까. 시작이 반이라지만 그 길은 오디세우스의 모험 못지않은 지난한 역정이 예고되며, 전망 또한 첩첩산중에다 오리무중이다.

고리 1호기는 해체에만 최소 15년 이상이 걸린다고 한다. 폐로 부지는 2030년대 중반께나 복원될 전망이라지만 그마저도 속단할 수 없다. 즉시 해체, 지연 해체, 영구 밀봉 등 폐로 방법을 둘러싸고 결정된 것도 없다. 폐로 부지를 어떻게 복원할지도 오리무중이다.

어쨌든 1호기를 시작으로 고리 일대 6기 원전은 앞으로 차례로 폐로의 길을 걷게 된다. 한국은 이제 탈핵 시대로 본격적으로 들어선 인상이다. 탈원전이라는 새로운 시대로 가는 도정이다. 이 길은 아직 아무도 가지 않은 길이어서 내딛는 걸음이 부산과 기장의 역사가 되고, 부산과 기장의 미래를 여는 이정표가 될 것이다.

푸른 생명이 출렁이는 시원의 바다를 찾아 나서는 '고리로 가는 길'에는 넘어야 할 산도 많고 건너야 할 강도 곳곳이다. 해체 과정의 방사선은 물론이고 폐로 이후에도 현장에 보관해야만 하는 사용후핵연료 등을 놓고 끝없이 지루한 공론화 과정이 기다리고 있다. 지역주민들이 서로 편을 갈라 싸우는 일도 생길 것이다. 상실의 바다 기장은 상심의 바다가 되었다.

기장을 전국에 두루 알린 두 가지를 들라면 기장 미역과 고리원전을 꼽을 수 있다. 임금님 수라상에도 올랐다는 기장 미역은 먹어 본 이라면 누구나 감탄한다. 동해남부 해안은 서해와 남해와는 달리 조류 속도가 빠른 데다 해류가 교차하는 바람에 미역에 특별

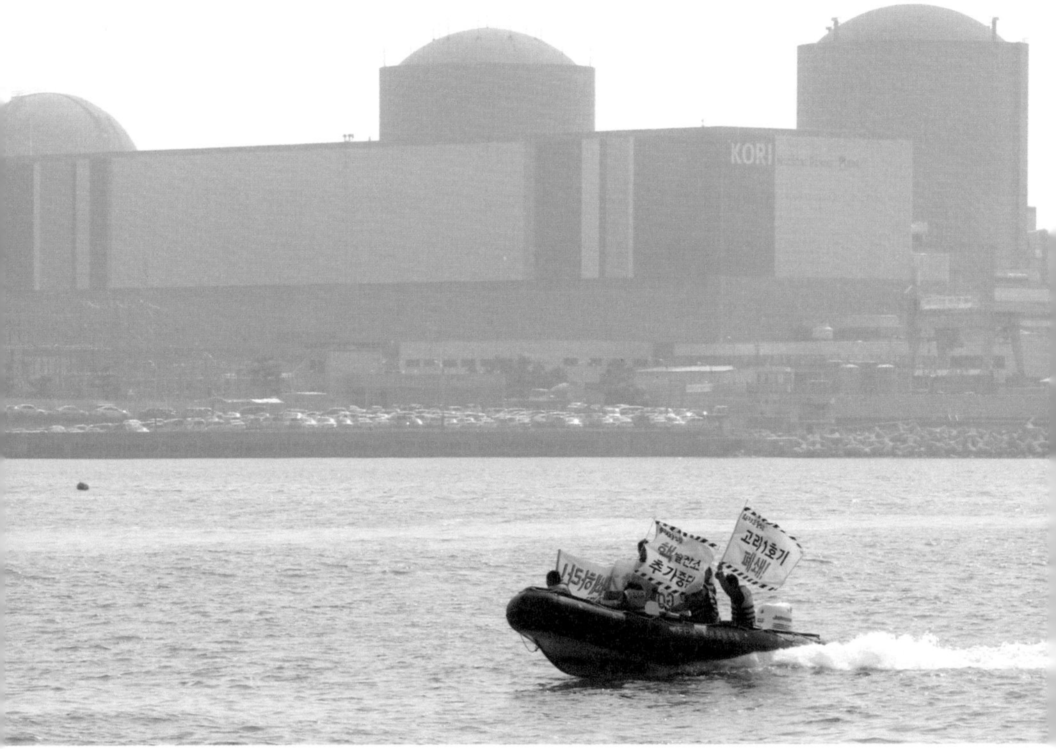

고리 1호기 폐쇄 촉구 해상 캠페인 ⓒ부산일보

한 맛을 내게 되었다고 한다.

다른 하나는 고리원전이다. 기장군 장안읍 고리에 들어선 고리원전은 국내 최초의 원자력발전소다. 1971년 11월 원자로 건물을 착공해 1977년 4월 핵연료 48톤을 원자로에 채워 넣었고, 같은 해 6월의 시험발전을 거쳐 1978년 4월 29일 설비용량 58만 7000kw의 원자력발전소로 준공됐다. 대한민국 사람 치고 고리원전 모르는 이가 어디 있을까.

기장의 상징이 된 미역과 원전은 이질적인 조합이 아닐 수 없다. 기장 미역의 명성은 원자력발전소로 이미 어느 정도 상처를 받았다. 2011년 3월 지진과 쓰나미로 방사능이 대거 누출된 '후쿠시마 원전 사고' 이후 기장 앞바다는 두려움의 바다가 되었다.

상실의 바다는 이제 치유의 바다를 꿈꾸고, 노래한다. 원시의 푸르디푸른 생명력을 회복할 시간을 기다리고 있다. 치유의 바다를 건너 옛 고리로 가는 길은 부산의 오래된 미래로 가는 길이 되었다.

경계를 넘어서는 동해남부선

기장 사람들에게 기차는 단순한 탈것 이상이었다. 생활의 현장이면서 세계와 소통하는 방편이었다. 일제강점기 부산에서 원산으로 가는 동해선의 남부구간으로 철도가 놓인 동해남부선은 부산에서 기장을 거쳐 울산, 경주, 포항으로 이어지는 길이 145.8km의 노선을 말한다. 부산광역시와 울산광역시는 물론이고 경주와 포항의 경북도를 월경하는 3개 광역시 · 도 철로다.

1930년 부산진역에서 건설공사가 시작되어 1934년 7월 부산진~해운대 간 18.9km, 1934년 12월 해운대~좌천 간 22.3km, 1935년 12월 좌천~울산 간 31.8km가 각각 개통되었다. 1936년 12월 울산~경주 간 41km가 이어졌고 경주~포항 간 철길도 놓이면서 동해남부선이 완전히 구축됐다. 부산에서 기장을 거쳐 울산, 경주, 포항으로 이어지는 동해남부선 철길이 완성된 것이다.

동해남부선은 부산 기장군에서 기장역, 일광역, 좌천역, 월내역 4곳의 정거장을 지나간다. 기장역 너머로는 바다를 바라보고 오른쪽으로 송정, 해운대, 수영, 동래, 거제, 부전, 범일, 부산진역으로 이어졌다. 월내역 너머로는 서생, 남창, 덕하, 울산을 지나 경주, 포항으로 기찻길은 나 있었다.

초등학교 다닐 때 악대부에서 북을 쳤는데, 좌천역에서 큰 행사

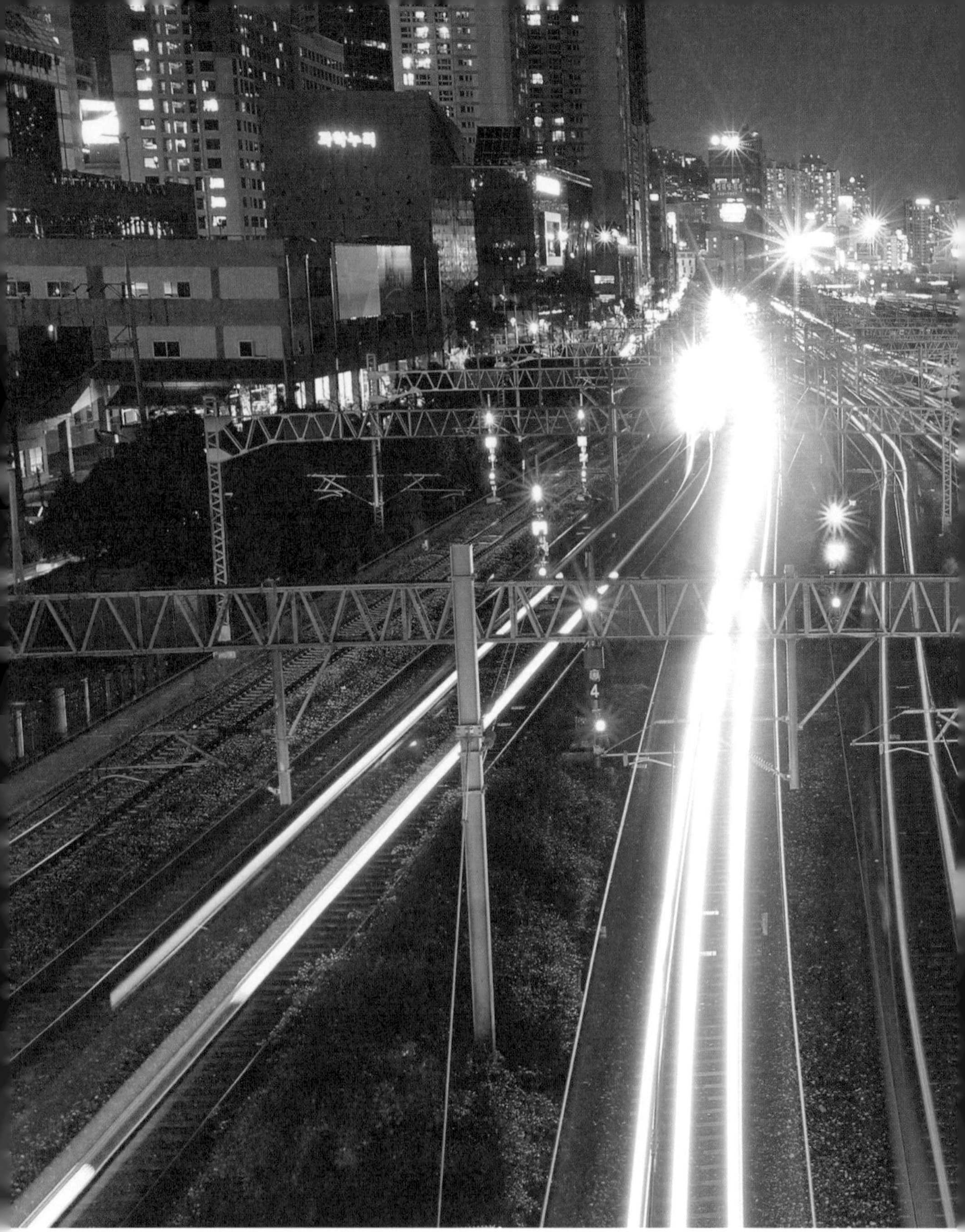

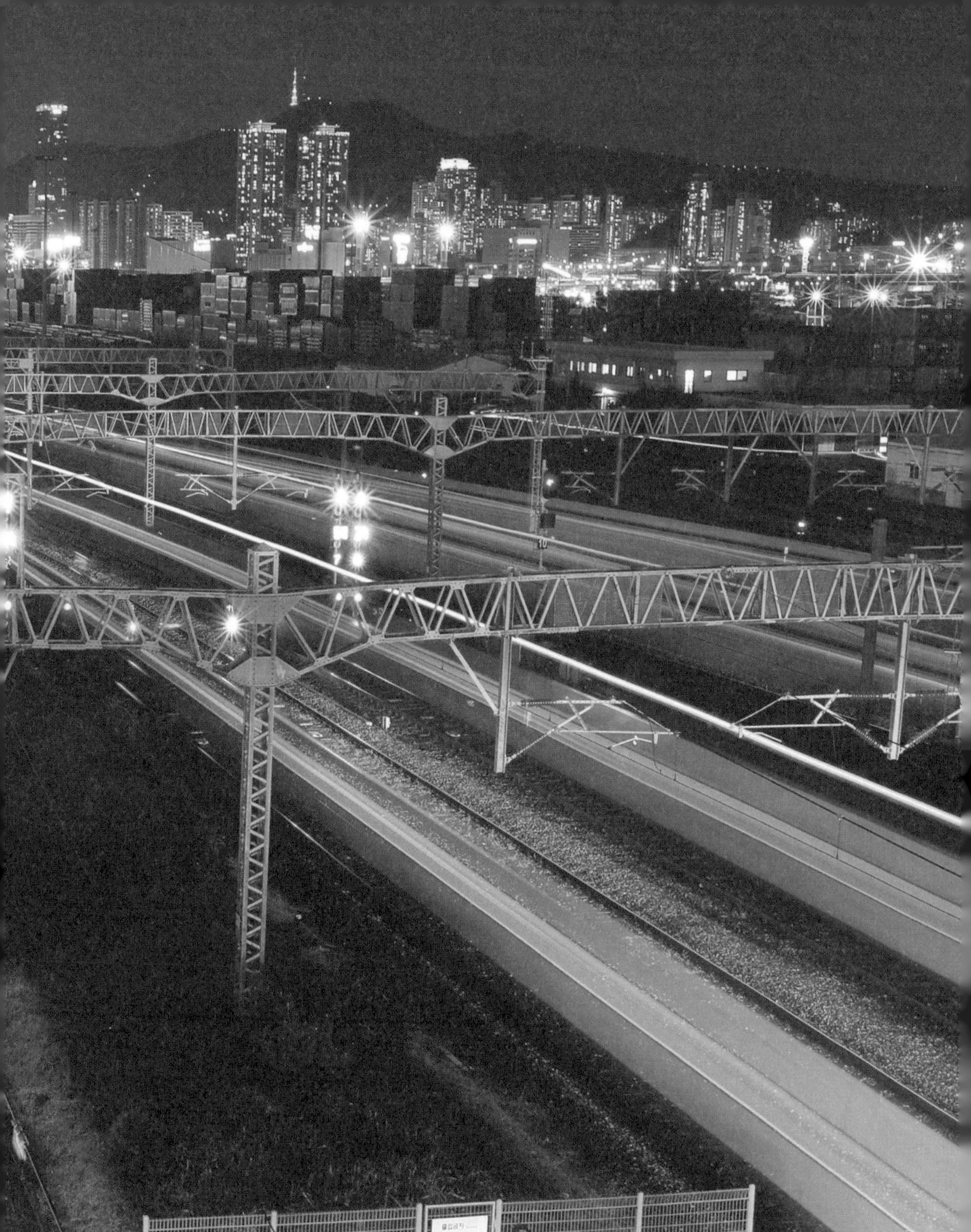

한반도 열차의 시발역이자 종착역인 부산역의 철도 궤적 ⓒ부산일보

가 있어 초대를 받아 연주한 적이 있다. 부산에서 강릉으로 가는 기차가 좌천역에 정차하게 된 것을 축하하는 자리였다. 부산을 떠난 기차가 울산과 경주를 지나 중앙선으로 갈아탄 뒤 영동선을 거쳐 강원도 강릉까지 거슬러 올라간다는 것은 세계 인식의 지평을 넓혀 주기에 충분한 하나의 사건이었다.

그 무렵 기장의 생활권은 부산에서 포항으로 넘나들었다. 동해남부선이 있었기 때문이다. 어른들은 기차를 타고 수확한 농수산물을 팔러 다녔고, 생활에 필요한 물품을 이곳저곳에서 구입하기도 했다. 동해남부선은 직장을 오가는 통근 열차이기도 했다. 청소년들은 학업을 위해 기차 통학을 했다. 기장이라는 변방에서 볼 때 기차가 있어 부산과 울산은 진학하기에 좋은 대처였다. 기장은 특히 교육열이 높아 일찍부터 통학문화가 발달했다.

통학하면서 부르던 노가바(노래 가사 바꿔 부르기)가 생각난다. '언제까지나 언제까지나 헤어지지 말자고 맹세를 하고 다짐을 하던 너와 내가 아니냐~'로 시작하는 '해운대 엘레지'를 '동해남부선 동해남부선~' 하고 바꿔 불렀다. 지척인 부산 해운대와 인식의 지평을 나누는 노래였다.

동해남부선은 부산 등 도회 사람에게는 바다와 낭만과 사랑을 찾아가는 일탈의 길이었다. 서울 젊은이들이 춘천 가는 기차를 타듯 부산의 경춘선 노릇을 한 게 동해남부선이었다. 대도시가 아닌 동해남부지역 주민에게는 이 길이 한편으로는 희생과 굴종의 길이기도 했다.

동해남부선이 가설된 동해남부지역은 바다와 일출이 아름다운 고장이지만 대도시 인근에 자리 잡은 외진 지역이라는 이유로 대도시를 떠받치고 지탱하는 데 필요한 무거운 짐을 묵묵히 감내해야만 했다.

인구가 많은 부산의 밤을 밝히는 한편 공단지역인 울산과 포항을 가동할 에너지를 생산하여 공급하는 역할과 수고를 고스란히 떠맡아야 했기 때문이다. 원자력발전소가 동해남부지역 일대에 집중적으로 건설된 것은 그런 이유에서다.

한번은 세미나에 참가하느라 경북 경주시 감포읍에 다녀온 적이 있다. 부산에서 울산을 거쳐 포항으로 가는 고속도로가 시원스레 뚫려 수월하게 그곳에 갈 수 있었다. 세미나 장소가 감포관광단지 앞이어서 푸른 동해를 보면서도 원자력발전소를 떠올리지 않을 수 없었다.

감포관광단지는 경북도와 경주시가 국제원자력안전연구단지로 조성하겠다고 밝힌 곳이었다. 관광과는 어울리지 않는 원전해체연구센터, 제2 원자력연구원, 원자력융합기술센터, 국제원자력기구(IAEA) 동북아 분소 등을 이곳에 유치하겠다는 것이다. 몇 년간 방치되다시피 한 감포관광단지 부지의 용처를 원자력 연구단지로 가닥을 잡은 셈이다.

인근 문무대왕릉 옆 바닷가에는 월성원전 6기가 가동 중이고, 중·저준위 방폐장도 있다. 경주와 동해안 여행을 위해 감포에서 울산, 울산에서 기장을 거쳐 해운대로 이어지는 버스 편을 애용하는지라 월성원전 단지는 고리원전 단지만큼이나 익숙한 편이다.

원전해체센터를 경주에 유치해야 한다는 플래카드가 경주 일대에 일제히 나붙은 적이 있다. 그렇지만 원전 관련 시설 유치를 후회하는 움직임이 없는 것은 아니다. 2016년 9월 12일 규모 5.8의 경주 지진이 일어난 이후에는 월성원전과 방폐장이 있는 경주시 양북면 봉길리 일대를 중심으로 방폐장 유치를 후회하는 플래카드가 곳곳에 걸렸다.

원전을 둘러싼 갈등은 동해남부지역 곳곳에서 발견된다. 한번은 울산 문수산에 올랐다가 울산 시내버스 715번을 타고 부산 기장 고리원전 앞으로 돌아온 적이 있다. 버스가 울주군 덕하, 남창을 거쳐 서생면 진하, 간절곶, 나사리, 신암리로 들어서자 문재인 정부의 신고리원전 5 · 6호기 공사 중단을 규탄하는 플래카드가 촘촘하게 나붙어 있었다.

신고리원전 5 · 6호기 공사 중단을 주장하는 부산 기장군 장안읍 분위기와는 완전 딴판이다. 울산 울주군 서생면과 부산 기장군 장안읍은 한때 경남 양산군에 속했고, 예나 지금이나 같은 생활권을 유지하고 있지만 신고리 5 · 6호기를 바라보는 시선은 이렇게 판이하였다.

부산에서 울산, 경주로 이어지는 동해남부선 철길의 동해남부지역은 한국의 대표적인 원전벨트다. 고리원전 단지에 6기, 월성원전 단지에 6기 등 모두 12기의 원전이 가동 중이다. 국내에서 가동 중인 원전 24기 중 절반을 차지한다(나머지는 경북 울진에 6기, 전남 영광에 6기가 있다).

동해남부지역은 또한, 지진의 참화를 부를 수 있는 한국의 대표적인 활성단층벨트이기도 하다. 양산 · 울산 · 일광 · 동래단층이 이곳에 집중되어 있다. 활성단층 위에 세워진 원전벨트라니, 동해남부지역 원전벨트는 생각하기에 따라 끔찍할 수밖에 없다. 만일의 경우 사고라도 나면 재앙에 재앙을 더한다.

동해남부지역이 부산, 울산, 경북도라는 세 개 광역자치단체로 나뉘어 있는 바람에 원전과 지진 참사 가능성에 대해 효율적인 공동 대처를 못 해 온 게 사실이다. 되레 막대한 예산을 한 손에 주무르는 중앙집권적 정치 체제 아래에서 동해남부지역은 '분할 통치(Divide and Rule)'를 하기에 딱 좋은 곳으로 전락하기 일쑤였다.

고준위핵폐기장을 유치하면 비교적 안전한 데다 돈벌이도 되는 원전해체센터를 주겠다는 중앙정부의 천박한 '1+1 상술'이 대표적이다. 중앙정부나 한국수력원자력이 던져 주는 이권을 놓고 싸움할 것이 아니라 서로 머리를 맞대고 지역이 연대해 함께 사는 방안을 찾아야 한다.

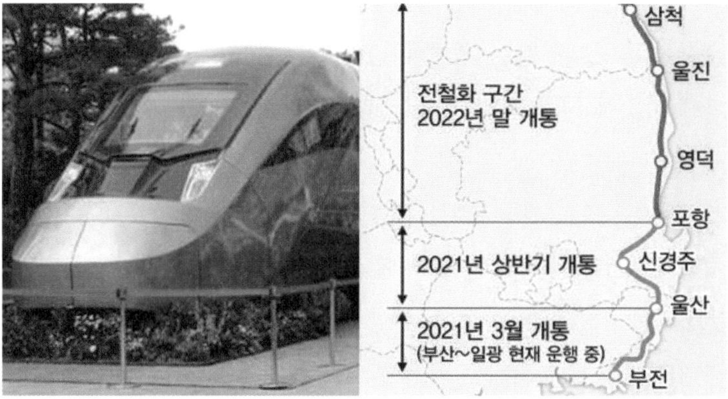

동해선 개통 계획 ⓒ부산일보

분명한 것은 동해남부지역 사람들은 공동 운명체일 수밖에 없다는 사실이다. 그리고 부산~울산~경주~포항으로 이어지는 고속도로가 개통하면서 동해남부지역은 한 시간 생활권으로 좁혀졌다. 동해남부선 전철화 사업도 속도를 내고 있다. 경계를 넘어 지역에 대한 인식을 공유해야 할 때다. 교통망이 좁아지면 세계 인식도 크게 변한다는 건 역사가 증명하는 바다.

둘러보면 명실상부한 동해선 시대를 활짝 열어나갈 준비가 착착 진행 중이다. 부산(부전역)과 강릉을 잇는 동해선 전철화 작업이 박차를 가하고 있기 때문이다. 비전철 구간으로 계획된 포항~동해 구간을 전철화하기로 방향을 틀면서 부산에서 강릉으로의 고속철 시대가 시동을 걸게 되었다. 동해안 관광 시대는 물론이고 경계를 넘어서는 인식의 전환을 가져올 만한 변화가 예상된다.

2016년 12월 31일 부산 부산진구 부전역에서 부산 기장군 일광역에 이르는 동해선 전철 남쪽 출발 구간의 역사적인 개통을 알렸다. 2021년 3월에는 기장군은 물론이고 부산이라는 경계를 넘어 울산광역시로 철길은 뻗어 나간다. 일광~태화강역(울산) 개통과 함께 비슷한 시기인 2021년 상반기 울산~신경주~포항 구간도 개통에 들어간다.

포항~동해 구간은 2022년 말 개통된다. 철도시설공단이 사업시행자가 되어 총사업비 4875억 원을 들여 2022년 공사를 마치고 종합선로시험을 거쳐 그해 말 운행에 들어간다는 계획이다. 동해에서 강릉까지는 이미 전철화가 되어 있는 터라 2022년 말이면 부산에서 동해에 이르는 동해선 전 구간이 사실상 개통하는 셈이다.

동해선이 주목받는 것은 남북철도로 이어져 유럽으로 가는 유라시아 대륙철도의 시발점이 될 것으로 기대되기 때문이다. 부산~강릉에 이어 강원도 고성군 제진역을 거쳐 북한의 금강산청년선과 이어져 함경남도 안변군 안변역, 나선특별시 나진역을 지나 두만강역에서 러시아 철도로 뻗어 나가게 된다.

부산에서 출발한 기차가 한반도의 남과 북을 지나 시베리아횡단철도를 거쳐 유럽으로 들어가는 날도 머지않았다. 남한은 이제 더는 섬이 아니며 대륙의 영토로 당당하게 서게 되었다. 한반도~아시아~유럽을 잇는 황금노선은 사람은 물론이고 화물도 싣고 날라 물류 대혁명을 예고한다.

경계를 넘어서는 동해남부선을 따라 부산 기장의 바다도 세계 오대양 육대주를 향해 힘차게 출렁이고 있다.

맺는말

발 딛고 살아가는 '지금 여기'의 기장에서 동해남부선을 따라 경계를 넘어 세계를 바라본다. 기장에서 부산, 동해남부지역, 남한, 한반도, 동아시아, 유라시아로 로컬은 확장과 변신을 거듭한다. 로컬 안팎으로 다른 로컬이 거미줄처럼 얽혀 있다. 로컬은 때와 곳이 구체화한 삶의 현장이자 다양한 관계의 교차 지점이다. 역사성, 장소성, 관계성이 겹쳐 있다.

세계는 한 송이 꽃이라 했다. 중국 당나라 때 시인이자 화가, 음악가였던 왕유는 '세계일화 조종육엽(世界一花 祖宗六葉)'이라는 말을 남겼다. "세계는 하나의 꽃이요, 조사의 종풍은 여섯 꽃잎이라"는 뜻이다. 멀리 갈 것도 없이 일본 후쿠시마 원전 사고 오염수의 바다 방류 가능성을 놓고 이웃 한국은 물론이고 세계의 우려와 고민이 깊어지고 있다.

세계는 로컬로 촘촘하게 연결된다. 지금 여기라는 로컬에 단단히 뿌리내리지 않는다면 그 세계는 모래성일 뿐이다. 밑돌 빼서 윗돌 고여 나가는 식은 곤란하며 자칫 로컬에 허방 짚다가는 세계가 모래성처럼 일순간 무너져 내리고 만다. 삶의 진실에 육박해 들어가는 길은 모든 추상성을 탈각한 자리인 로컬을 통해서다. 그것도 바로 지금 여기의 로컬로부터다.

나의 로컬 '부산'과 '기장'은 내 존재의 거처다. 세계는 기장과 부산을 중심으로 돌아간다. 기장과 부산이라는 로컬이 없다면 세계도 없다. 기장과 부산이라는 로컬이 없다면 세계를 인식하는 나도 또한 없다. 부산의 美와 기장의 美를 통해 부산의 미적 삶과 기장의 미적 삶을 들여다보는 로컬미학을 곧추세우는 일은 가치관 혹은 세계관의 정립과 닿아 있다.

나고 자란, 그리고 오늘을 사는 지금 여기의 부산 기장은 늘 연구 대상이다. 고향을 삶터로 삼는다는 것은 무슨 의미일까. 하필이면 여기서 기자로 살아야 하는 이유는 무엇인가. 오래된 물음이다. 되돌아보면 고향과 삶터가 분리되지 않은 까닭에 지금 여기에 오롯이 집중할 수 있었다. 로컬을 내딛는 발자국이 두렷해지고, 생각도 뼈와 살로 육화하는 인상이다.

자치분권 시대의 로컬미학. 자치와 분권은 '87년 체제'에서 한 걸음 더 나아간, 그리하여 민주주의의 마지막 퍼즐을 맞추는 일이다. 민주주의가 활짝 꽃을 피운 새 세상에서는 모든 껍데기를 버리고 지금 여기에 육박해 들어가는 로컬미학이 요청된다. 자치분권이든 로컬미학이든 결국은 먼저 삶의 주인공이 되어야 하기에 그렇다. 그래서 주문처럼 외운다.

'지금 여기, 수처작주 입처개진(隨處作主 立處皆眞)!'

참고문헌

공태도, 『기장의 민요와 민속』, 기장향토문화연구소, 2010.

공태도, 『기장 사람들』, 오동회, 2018.

기장문화원, 『기장의 문화지도-기장의 아홉 포구 답사체험길』, 기장문화원, 2015.

기장문화원, 『기장문화』 1~9, 기장문화원, 2001~2017.

기장문화원, 『기장의 금석문』, 기장문화원, 2017.

김문환, 『현대미학의 향방』, 열화당, 1985.

김성국, 「지역학으로서 부산학 연구」, 『부산학 연구의 방향과 과제』(11월 25일 세미나 자료집), 목요학술회, 1993.

동국대학교 문화학술원 한국문학연구소, 『'고향'의 창조와 재발견』, 2007.

백기수, 『미의 사색』, 서울대학교출판부, 1981.

부산대학교 한국민족문화연구소, 『기장향토사 교과서』, 부산광역시 기장군, 2012.

안성호, 『왜 분권국가인가-리바이어던에서 자치공동체로』, 박영사, 2016.

오병남, 『미학강의』, 서울대학교출판부, 2003.

이해웅 엮음, 『고리향토사와 스토리텔링』, 고리향토사편찬위원회, 2015.

임성원, 『한국미학의 정초를 위한 예비적 고찰』, 부산대학교 대학원 석사학위논문, 2007.

임성원, 『미학, 부산을 거닐다』, 산지니, 2008.

임성원, 『한국미학의 이론체계와 로컬미학론』, 부산대학교 대학원 박사학위논문, 2016.

정관박물관, 『연해방어의 긴요한 고을 기장』, 정관박물관, 2016.

조갑제, 「부산의 주민 성품과 민족과 종교-해양성 기질, 해양성 문화」, 『한국의 발견-부산』, 뿌리깊은나무, 1983.

조동일, 『동아시아문명론』, 지식산업사, 2010.

조요한, 『예술철학』, 미술문화, 2003.

채희완, 『탈춤』, 대원사, 1992.

채희완, 「민족미학의 정초를 위하여」, 『민족미학』 1, 민족미학연구소, 2003.

최해군, 『부산의 맥(상, 하)』, 지평, 1990.

최해군, 『부산사 탐구』, 부산을가꾸는모임, 지평, 2000.

Arthur. C. Danto, 이성훈 외 옮김, 『예술의 종말 이후』, 미술문화, 2004.

Henry David Thoreau, 강승영 옮김, 『월든』, 은행나무, 2011.

Wolfgang Welsch, 심혜련 옮김, 『미학의 경계를 넘어: 현대 미학의 새로운 시나리오, 진단, 전망』, 향연, 2005.

佐々木健一, 민주식 옮김, 『미학사전』, 동문선, 2002.

한국민족문화대백과사전(encykorea.aks.ac.kr).

한국향토문화전자대전(www.grandculture.net).

부산광역시 기장군(www.gijang.go.kr).

부산광역시청(www.busan.go.kr).

부산일보(www.busan.com).

산지니에서 펴낸 책

인문

루카치의 길 루카치 다시 읽기1 | 김경식 지음

삶으로서의 사유 루카치 다시 읽기2 | 게오르크 루카치 지음 | 김경식·오길영 옮김

루카치가 읽은 솔제니친 루카치 다시 읽기3 | 게오르크 루카치 지음 | 김경식 옮김

해양사의 명장면 김문기 외 지음

소비에트 러시아의 신체문화와 스포츠 박원용 지음 ***2019 대한민국학술원 우수도서**

파리의 독립운동가 서영해 정상천 지음

동아시아 엑스포의 역사 하세봉 지음

인도불교의 역사 다케무라 마키오 지음 | 도웅·권서용 옮김

근현대 중국 이상사회론 이연도 지음

마르크스의 마지막 투쟁 마르셀로 무스토 지음 | 강성훈·문혜림 옮김

깨달음 김종의 지음

루쉰과 동아시아 근대 서광더 지음

공자와 소크라테스: 동서 정치사상의 기원 이병훈 지음

저항의 도시, 타이베이를 걷다 왕즈홍 외 지음 | 곽규환 외 옮김 ***2016 타이베이국제도서전 올해의 책 *2016 대만 문화부 번역출판 지원사업 선정도서**

효사상과 불교 도웅 지음

탈학습, 한나 아렌트의 사유방식 마리 루이제 크노트 지음 | 배기정·김송인 옮김

가상현실 시대의 뇌와 정신 서요성 지음 ***제34회 한국과학기술도서상 수상 *2016 세종도서 우수학술도서**

고슴도치 시대의 여우 조규형 지음 ***2016 한국영어영문학회 YBM저술상 수상도서**

사포의 향수 주세페 스퀼라체 지음 | 김정하 옮김

조공과 사대: 춘추전국 시대의 국제정치 이춘식 지음

한 권으로 읽는 중국문화 공봉진·이강인·조윤경 지음 ***2010 문화체육관광부 우수학술도서**

무중풍경 다이진화 지음 | 이현복·성옥례 옮김 ***2006 영화진흥위원회 학술도서 *2009 대한민국학술원 우수도서**

단절 쑨리핑 지음 | 김창경 옮김 ***2007 한국간행물윤리위원회 11월의 책 *2008 대한민국학술원 우수도서**

한나 아렌트와 마틴 하이데거 엘즈비에타 에팅거 지음 | 황은덕 옮김

진화와 윤리 토마스 헉슬리 지음 | 이종민 옮김

파멸의 묵시록 에롤 E. 해리스 지음 | 이현휘 옮김

표절의 문화와 글쓰기의 윤리 리처드 앨런 포스너 지음 | 정해룡 옮김

사회생물학, 인간의 본성을 말하다 박만준 외 지음 ***2008 문화체육관광부 우수학술도서**

KNOTS: Depression 라깡과 임상 연구센터 지음

정신분석적 발달이론의 통합 필리스 타이슨·로버트 타이슨 지음 | 박영숙·장대식 옮김

반대물의 복합체 헬무트 크바리치 외 지음 | 김효전 옮김

동양의 이상 오카쿠라 텐신 지음 | 정천구 옮김

차의 책 오카쿠라 텐신 지음 | 정천구 옮김

차와 선 이토 고칸(伊藤古鑑) 지음 | 김용환·송상숙 옮김

침묵의 이면에 감추어진 역사 우르와쉬 부딸리아 지음 | 이광수 옮김

빼앗긴 사람들 우르와시 부딸리아 편저

힌두교, 사상에서 실천까지 가빈 플러드 지음 | 이기연 옮김

인도의 두 어머니, 암소와 갠지스 김경학·이광수 지음

인도사에서 종교와 역사 만들기 이광수 지음

무상의 철학 타니 타다시 지음 | 권서용 옮김

다르마키르티의 철학과 종교 키무라 토시히코 지음 | 권서용 옮김

인도인의 논리학 카츠라 쇼류 지음 | 권서용 외 옮김

불교의 마음사상 요코야마 고이츠 지음 | 김용환·유리 옮김

재미있는 사찰 이야기 한정갑 지음

대한민국 명찰답사33 한정갑 지음

불교와 마음 황정원 지음

중국 근대불교학의 탄생 김영진 지음 ***2018 대한민국학술원 우수학술도서**

흩어진 모래 이종민 지음 ***2014 대한민국학술원 우수학술도서**

근대 동아시아의 종교다원주의와 유토피아 장재진 지음 ***2012 문화체육관광부 최우수학술도서**

근대 서구의 충격과 동아시아의 군주제 박원용·박장배·신명호·이근우·조세현 지음

한국의 사랑채 윤일이 지음

제갈량과 21세기 동양적 혁명을 논하다 유원표 지음 | 이성혜 옮김

맹자독설 정천구 지음

삼국유사, 바다를 만나다 정천구 지음

한비자, 제국을 말하다 정천구 지음

논어, 그 일상의 정치 정천구 지음

중용, 어울림의 길 정천구 지음

맹자, 시대를 찌르다 정천구 지음

한비자 한비 지음 | 정천구 옮김

대학, 정치를 배우다 정천구 지음

논어 김영호 지음

사람 다치지 않았느냐 윤현주 지음

고전시가, 사랑을 노래하다 황병익 지음

해양풍경 구모룡 지음

바다가 어떻게 문화가 되는가 곡금량 지음 | 김태만·안승웅·최낙민 옮김

방법으로서의 중국 미조구치 유조 지음 | 서광덕·최정섭 옮김

혁명과 역사 아리프 딜릭 지음 | 이현복 옮김

부채의 운치 저우위치 지음 | 박승미 옮김

차의 향기 리우이링 지음 | 이은미 옮김

요리의 향연 야오웨이쥔 지음 | 김남이 옮김

도서관 인물 평전 이용재 지음

김범부의 건국사상을 찾아서 범부 김정설 지음 | 김정근 풀어씀

최성묵 평전 차성환 지음

발트3국에 숨겨진 아름다움과 슬픔 이상금 지음

발트3국의 역사 · 문화 · 언어 이상금·박영미·윤기현·이현진·허남영 지음

독일발트문학과 에스토니아문학 이상금 지음

발트3국의 언어와 근대문학 이상금·서진석 지음

에스토니아어 알기와 공부하기 이상금·허남영·성지혜 지음

브라질 광고와 문화 이승용 지음

브라질 흑인의 역사와 문화 이광윤 지음

사막의 기적? 조경진 지음 ***2015 대한민국학술원 우수도서**

라틴아메리카의 언어적 다양성과 언어정책 김우성 지음

멕시코를 맛보다 최명호 지음
여러 겹의 시간을 만나다 구경모·서성철·안태환·정이나·차경미 지음
로마인 이야기 찰스 스완 편저 | 장지연 옮김
지중해의 영화 박은지 지음
지중해 다문화 문명 김정하 지음
시칠리아 풍경 아서 스탠리 리그스 지음 | 김희정 옮김
지중해 문화를 걷다 부산외국어대학교 지중해지역원 지음
지중해 언어의 만남 윤용수·최춘식 지음 ***2015 세종도서 우수교양도서**
지역에서 행복하게 출판하기 강수걸 외 지음 ***2015 출판문화산업진흥원 우수출판콘텐츠 제작 지원 선정도서**
역사의 블랙박스, 왜성 재발견 신동명·최상원·김영동 지음
라틴아메리카 원주민의 어제와 오늘 구경모 외 지음
마닐라 갤리온 무역 서성철 지음
비즈니스 일본어에서 일본어의 비즈니스 인터액션으로 정규필 지음

문화·예술
미국 영화비평의 혁명가들 데이비드 보드웰 지음 | 옥미나 옮김
영화 열정 리차드 라우드 지음 | 임재철 옥미나 옮김
배리어프리(barrier-free) 영상제작론 김정희 지음
영화 프로듀서 매뉴얼 박대희 유은정 어지연 지음
패션, 영화를 스타일링하다 진경옥 지음 ***2016 세종도서 우수교양도서 *2016 부산문화재단 우수도서**
패션, 영화를 디자인하다 진경옥지음
한국 근대 서화의 생산과 유통 이성혜 지음
공공미술, 도시의 지속성을 논하다 구본호 지음 ***2014 한국연구재단 우수저서**
일상의 몸과 소통하기 강미희 지음
미학, 부산을 거닐다 임성원 지음
진짜 같은 가짜, 가짜 같은 진짜 신옥진 지음
생명건축, 그 아름다운 원풍경 백승완 지음
청중의 발견 김창욱 지음
영상문화의 흐름과 서사미학 정봉석 지음

부산 근대 영화사 홍영철 지음 | 부산대학교 한국민족문화연구소 엮음

중국 영화의 열광적 황금기 류원빙 지음 | 홍지영 옮김

중국 영화의 오늘 강내영 지음

상업영화 중국을 말하다 김명석 지음

상하이영화와 상하이인의 정체성 임춘성 외 지음

20세기 상하이영화: 역사와 해제 임대근 외 지음

영화로 만나는 현대중국 곽수경 외 9인 지음

중국 청년감독 열전:미지의 청년감독을 찾아서 강내영 지음

신문화지리지 김은영 외 지음

도시, 변혁을 꿈꾸다 정달식 지음

크로스크리틱

지식의 윤리성에 관한 다섯 편의 에세이 윤여일 지음

상황적 사고 윤여일 지음 ***2014 한국연구재단 우수저서**

천 개의 권력과 일상 사공일 지음 ***2014 한국연구재단 우수저서**

중국근현대사상총서

1 인학 담사동 지음 | 임형석 옮김

2 구유심영록 량치차오 지음 | 이종민 옮김

3 과학과 인생관 천두슈 외 19명 지음 | 한성구 옮김

4 신중국미래기 량치차오 지음 | 이종민 옮김

5 권학편 장지동 지음 | 송인재 옮김

6 천두슈 사상선집 천두슈 지음 | 송혜영 옮김 ***2018 세종도서 우수학술도서**

7 류스페이 사상선집 류스페이 지음 | 도중만 옮김